山东博物馆
辑刊

2023 年

山东博物馆　编

文物出版社

图书在版编目（CIP）数据

山东博物馆辑刊. 2023年 / 山东博物馆编. —— 北京：
文物出版社，2023.12
ISBN 978-7-5010-8270-4

Ⅰ. ①山… Ⅱ. ①山… Ⅲ. ①博物馆－山东－丛刊
Ⅳ. ①G269.275.2

中国国家版本馆CIP数据核字(2023)第225814号

山东博物馆辑刊（2023年）

编　　者　山东博物馆

责任编辑　秦　彧
责任印制　张道奇

出版发行　文物出版社
社　　址　北京市东城区东直门内北小街2号楼
邮　　编　100007
网　　址　http://www.wenwu.com
经　　销　新华书店
制版印刷　天津图文方嘉印刷有限公司
开　　本　889mm×1194mm　1/16
印　　张　14
版　　次　2023年12月第1版
印　　次　2023年12月第1次印刷
书　　号　ISBN 978-7-5010-8270-4
定　　价　190.00元

目　录

重庆市万州区晒网坝遗址糖坊墓群2005年发掘简报

文／山东博物馆

内容提要

为配合三峡水利工程建设，2005年11～12月山东博物馆考古队对糖坊墓群进行了第四次发掘，发掘面积3200平方米，发现墓葬12座，出土各类器物193件（套）。2005年是糖坊墓群最后一次发掘。本简报初步将这批考古资料进行了整理，并选取代表性墓葬M1、M10、M12、M2、M7进行了详细介绍。其中M1、M10、M12同为东汉晚期"刀"形砖室墓，出土器物以陶器为主，器形丰富。M2、M7为六朝墓，出土器物主要是各种青瓷器。重庆万州糖坊墓群的汉墓及六朝墓的发现，丰富了三峡地区的馆藏资料，为研究重庆三峡地区的汉代及六朝时期的社会状况提供了新资料。

关键词

重庆万州区　晒网坝遗址　糖坊墓群　东汉晚期　六朝

一　地理位置

糖坊墓群位于重庆市万州区五桥陈家坝办事处晒网村，地处长江南岸，西距万州市区约10千米。位于北纬30°34′13″，东经108°26′30″，海拔135～152米。整个墓群面积约100000平方米，北靠长江，东、西两面傍小河，南倚山峦，是一处平坦的坪坝，坝子原来传说为三王坝，后因渔民常在此晒渔网，且坝子又像一张撒开的网，故又叫作晒网坝。在早年的考古调查中，将晒网坝上的遗迹分为两个部分，即"瓦子坪遗址"和"糖坊墓群"。因此在后来的发掘中均分为两个部分来发掘，糖坊墓群位于晒网坝的东侧（图一）。

二　墓葬概况

为配合三峡水利工程建设，2000、2001、2002年，山东博物馆考古队连续3次对糖坊墓群进行了考古发掘，发掘面积4500平方米[1]（图二）。2005年11～12月山东博物馆考古队对糖坊墓群进行了第四次发掘，发掘面积3200平方米。由于三峡水库预计蓄水至三期水位，整个晒网坝即将淹没，因此，2005年是糖坊墓群最后一次发掘。此次共清理墓葬12座，其中东汉墓4座（M1、M10～M12），六朝墓5座（M2、M6～M9），晚期墓3座（M3～M5）。出土各类器物193件（套），其中陶器79件、铜器19件、瓷器86件、其他9件。现选取2005CWTM1、2005CWTM10、2005CWTM12、2005CWTM2和2005CWTM7（以下简称M1、M10、M12、M2和M7）简报如下。

图一　重庆市万州区晒网坝遗址糖坊墓群位置示意图

（一）东汉墓葬

糖坊墓群共发掘东汉墓葬4座（M1、M10、M11、M12），其中M11介绍过，将M1、M10、M12介绍如下。

1.M1

（1）墓葬形制

M1位于发掘A区的T0104及其扩方内，墓向180°（图三、四）。砖室墓，平面呈"刀"形，由甬道和墓室组成，总长4.4、墓室宽2.5米，甬道宽1.7、高2米。墓葬保存较好，拱顶几乎没有破坏，东西向起券。拱顶为竖券，墓室竖券共9层，甬道竖券7层。东西壁下部条砖共9层，北壁条砖18层。墓底无铺地砖，墓口没有封门砖。墓砖两种：子母口券砖，长41、宽18、厚10厘米，砖纹为"十"字菱形纹；条砖，长40、

宽20、厚10厘米，砖纹为"十"字菱形纹（图五）。

（2）出土遗物

出土遗物有陶器50件、银指环3件、琉璃耳珰1件。

陶壶　3件。

M1：16，泥质红陶。侈口，尖唇，平沿，束颈，弧肩，扁圆腹，高圈足。腹部饰四道凹弦纹。缺盖。口径14.4、腹径22、底径15、高29.7厘米（图六，1）。

M1：17，泥质红陶。侈口，圆唇，平沿，束颈，弧肩，扁圆腹，高圈足。覆碟式盖，上有一环形钮。腹部饰一对铺首衔环和多道凹弦纹。口径14、腹径20、底径14.9、通高32厘米（图六，2）。

M1：21，泥质红陶。侈口，圆唇，盘较深，长直颈，弧肩，扁圆腹，圈足残。腹部饰一对铺首衔环和多道凹弦纹。覆碟式盖，上有一环形钮，钮周边有三个柱状钮。口径12.2、腹径21.5、底径12.2、盖径15、通高36.7厘米（图六，3）。

陶釜　4件。

M1：3，泥质灰陶。敞口，圆唇，平沿，束颈，溜肩，鼓腹，圜底。下腹饰绳纹。口径21.9、腹径29.6、高22厘米（图六，4）。

M1：23，泥质红陶。环形附耳，大敞口，圆唇，沿内凹，束颈，圆鼓腹，平底内凹。口径9.4、腹径9、底径5、通高7.4厘米（图六，5）。

M1：15，泥质灰陶。敞口，圆唇，平沿，束颈，溜肩，圆鼓腹，圜底。腹部饰有一折棱，两侧有一对称盲鼻。口径26、腹径30.4、高23.3厘米。

M1：32，泥质红陶。大敞口，圆唇，宽平沿内凹，束颈，圆鼓腹，小平底。口径9.7、腹径9.7、底径5.4、高5.5厘米。

陶甑　3件。

M1：20，泥质红陶。敞口，圆唇，宽平沿，弧腹，平底。底有6个箅孔。口径11.8、腹径10.4、底径5.2、高5厘米（图六，6）。

M1：24，泥质灰陶，大口，卷沿，沿面内扣，腹壁斜内收，上腹部微鼓，小凹底。底有小箅孔。口径33.5、腹径32.6、底径13.4、高20厘米（图六，7）。

M1：4，泥质灰陶。敞口，尖唇，卷沿，折腹下腹内收，平底。底有箅孔。口径30.5、腹径28、底径

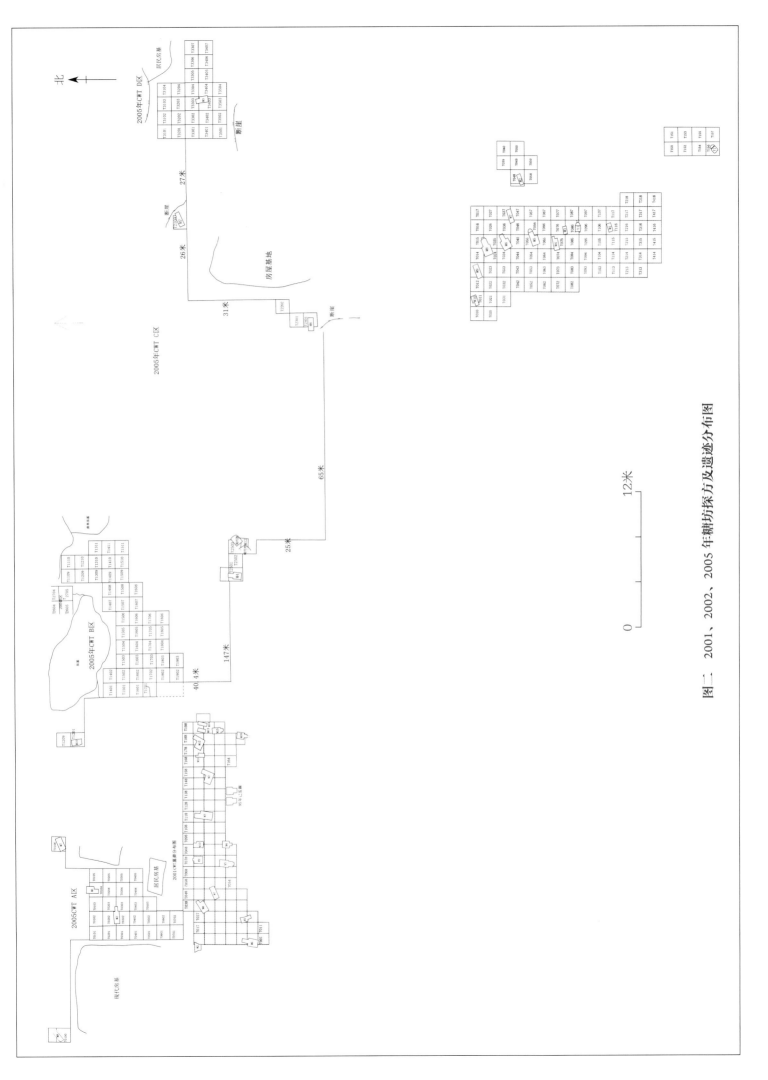

图二　2001、2002、2005 年辉防探方及遗迹分布图

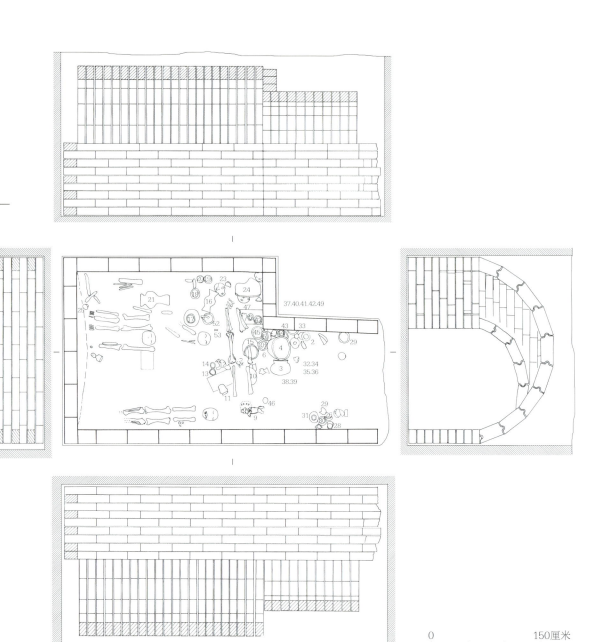

图三 M1 平、剖面图

1.银指环 2、5、11、18、42、47.陶囷 3、15、23、32.陶釜 4、20、24.陶甑 6.陶壶盖 7、27、45.陶盘 8、19、25、44.陶魁 9.陶狗 10、14、31、34.陶罐 12.陶鸡 13、28、29、33、37、43、46.陶钵 16、17、21.陶壶 22、49.陶俑 26、41.陶杯 30.陶碗 35、36、40、48.陶盂 38、39、51.陶熏炉 50.陶镇墓兽 52.陶盆 53.琉璃耳珰

北 ←

0 ————— 150厘米

图四 M1（北—南）

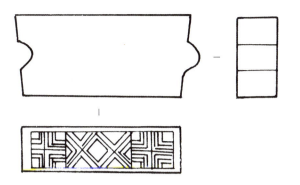

图五　M1 墓砖砖纹

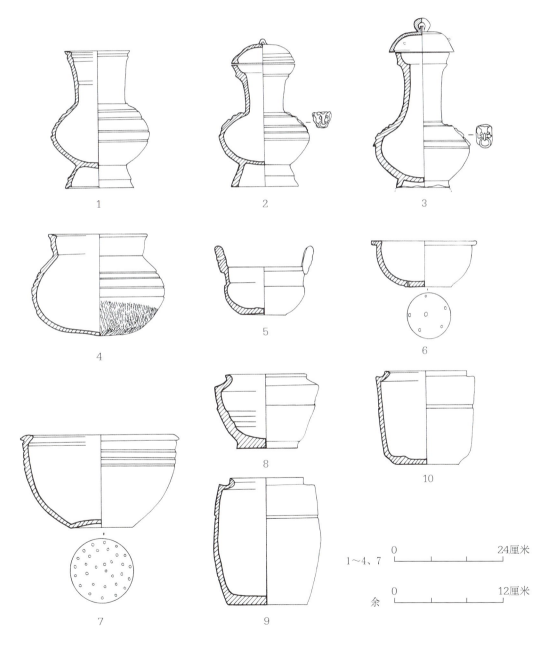

1～4、7　$\vdash$───┼───┼───┤　0　24厘米

余　$\vdash$───┼───┼───┤　0　12厘米

图六　M1 出土陶器

1～3.陶壶 M1：16、17、21　4、5.陶釜 M1：3、23　6、7.陶甑 M1：20、24　8～10.陶囷 M1：11、18、47

17.5、通高17厘米。

陶困 6件。

M1：11，夹砂灰陶。微敛口，圆唇，折肩，斜腹内收，小平底。口径9、腹径21.7、底径6.8、高8厘米（图六，8）。

M1：18，夹砂灰陶。微敛口，圆唇，折肩，筒形腹，腹较深，腹壁略内收，大平底。上腹部有一道凹弦纹。口径8、腹径11.9、底径8.8、高13.8厘米（图六，9）。

M1：47，夹砂灰陶。微敛口，圆唇，折肩，筒形腹，腹较深，腹壁略内收，平底。腹部有一道凹弦纹。口径9.04、腹径11.2、底径7、高10.2厘米（图六，10）。

M1：2，夹砂灰陶。微敛口，圆唇，折肩，斜腹内收，小平底。腹中部饰一道凹弦纹。口径8.6、腹径13、底径6、高8.6厘米。

M1：5，夹砂灰陶。微敛口，圆唇，折肩，斜腹内收，平底。腹中部饰一道凹弦纹。口径9.6、腹径11.2、底径6.6、高10厘米。

M1：42，夹砂灰陶。子母口，筒形腹，腹较浅，腹壁略内收，近底部腹壁急收，腹中部饰一道凹弦纹，平底。口径9.5、腹径11.2、底径6.4、高9.5厘米。

陶罐 4件。

M1：10，泥质灰陶。小口，圆唇，卷沿，短颈，广肩，扁鼓腹，圜底。上腹饰凹弦纹，下腹满饰竖向绳纹。口径10、腹径30.4、高17.4厘米（图七，1）。

M1：31，泥质红陶。小口，圆唇，溜肩，鼓腹，小平底。口径6.5、底径5.2、腹径9.96、高5.6厘米（图七，2）。

M1：34，泥质红陶。小直领稍内束，腹部鼓出，有折棱，平底。口径8.4、腹径10.3、底径4.5、高5.5厘米（图七，3）。

M1：14，泥质红陶。敛口，圆唇，平沿，束颈，折腹，下腹内收，平底。口径8.7、腹径9.1、底径5.8、高5厘米。

陶钵 7件。

M1：13，泥质红陶。敞口，圆唇，平沿，上腹稍直，下腹斜收，小平底。口径11.6、底径5、高4.5厘米。

M1：28，泥质红陶。直口，圆唇，平沿，上腹稍直，下腹内收，小平底。口径8.9、底径4、高2.5厘米。

M1：29，夹砂红陶。直口，圆唇，上腹稍直，下腹内收，平底。腹部饰一周凹弦纹。口径8、底径4、高3.2厘米（图七，4）。

M1：43，泥质红陶。敛口，圆唇，上腹稍直，下腹斜收，平底。腹饰一周凹弦纹。口径10.4、底径4.6、高4.8厘米。敞口，圆唇，卷沿，腹部斜直，平底。外壁饰凹弦纹。口径11.5、底径5.94、高4.4厘米。

M1：46，泥质红陶。敞口，圆唇，卷沿，腹部斜直，平底。外壁饰凹弦纹。口径11、底径5、高4.5厘米。

M1：33，泥质红陶。直口，圆唇，上腹稍直，下腹斜收，平底。腹部饰一周凹弦纹。口径10.5、底径5.2、高5厘米。

M1：37，泥质红陶。敞口，圆唇，卷沿，腹部斜直，平底。口径11.5、底径5.7、高4.4厘米（图七，5）。

陶碗 1件。

M1：30，泥质红陶。敞口，圆唇，微鼓腹，矮圈足，小平底。腹部饰一周凹弦纹。口径12.6、腹径12、底径4.8、高4.8厘米（图七，6）。

陶盆 1件。

M1：52，泥质红陶。敞口，圆唇，宽平沿，折腹，下腹急收，小平底。口径13.8、腹径10.7、底径5.2、高4.5厘米（图七，7）。

陶盘 3件。

M1：7，泥质红陶。敞口，圆唇，宽平沿，折腹，下腹内收，平底。口径9.2、腹径7.7、底径4.7、高1.7厘米。

M1：27，泥质灰陶。敞口，圆唇，宽平沿，浅腹，平底。口径13.5、腹径11.5、底径4、高2厘米（图七，8）。

M1：45，泥质红陶。敞口，圆唇，平沿，浅腹，平底。口径15.4、腹径14.3、底径6.4、高3.5厘米。

陶盂 4件。

M1：40，泥质红陶。敞口，圆唇，大卷沿，束颈，溜肩，折腹，圜底。口径8.5、腹径7.7、高5.8

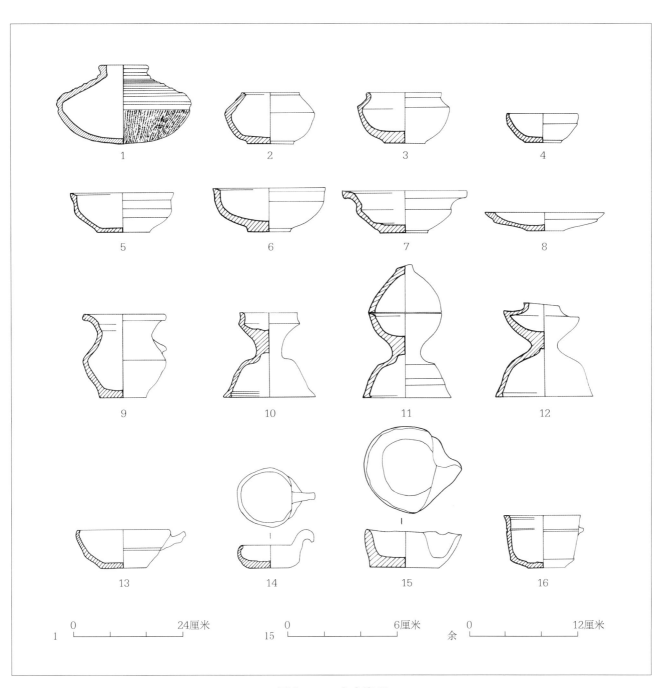

图七　M1 出土陶器

1～3.陶罐 M1：10、31、34　4、5.陶钵 M1：29、37　6.陶碗 M1：30　7.陶盆 M1：52　8.陶盘 M1：27　9.陶盂 M1：48
10～12.陶熏炉 M1：38、39、51　13～15.陶魁 M1：19、25、8　16.陶杯 M1：41

厘米。

　　M1：48，泥质红陶。敞口，圆唇，大卷沿，外侈，束颈，鼓腹，平底。颈部饰一竖桥形钮。口径9、腹径9.4、底径5.4、高9厘米（图七，9）。

　　M1：36，泥质红陶。敞口，圆唇，卷沿，外侈，束颈，鼓腹，平底。口径7.7、腹径7.6、底径4.8、高5.3厘米。

　　M1：35，泥质红陶。敞口，圆唇，大卷沿，外侈，束颈，鼓腹，平底内凹。口径9、腹径8.1、底径5、高6厘米。

重庆市万州区晒网坝遗址糖坊墓群 2005 年发掘简报

陶熏炉　3件。

M1：38，泥质红陶。子母口，圆唇，深盘，束腰，短柄，大喇叭状圈足。缺盖。口径6.4、底径10.2、高9.2厘米（图七，10）。

M1：39，泥质红陶。圆唇，平沿，弧腹，喇叭形柄，覆碗形底座。盖整体呈覆碗形，钮残。口径8.2、底径9.9、通高14.5厘米（图七，11）。

M1：51，泥质红陶。子母扣，圆唇，平沿，弧腹，喇叭形柄，覆碗形圈足。缺盖。口径4、底径11、高10.2厘米（图七，12）。

陶魁　4件。

M1：19，泥质红陶。敛口，圆唇，鼓腹，下腹内收，平底。鸟首鋬，较短小。口径10.3、底径5、高4.2厘米（图七，13）。

M1：25，泥质红陶。敛口，圆唇，鼓腹，下腹内收，平底。鸟喙形长柄。口径5.6、底径4.5、高2.5厘米（图七，14）。

M1：44，泥质红陶。敛口，圆唇，鼓腹，平底。鋬以口沿捏制而成。口径5.7、底径3.4、高3.1厘米。

M1：8，泥质红陶。侈口，圆唇，斜腹，平底。鋬以口沿捏制而成。口径5.3、底径3.8、高2.1厘米（图七，15）。

陶杯　2件。

M1：41，泥质红陶。敞口，圆唇，窄平沿，深腹，斜直壁，平底。上腹饰一周凹弦纹，一侧有乳丁钮。口径8.6、腹径8、底径4、高5.8厘米（图七，16）。

M1：26，泥质红陶。敞口，圆唇，深腹，下腹稍内收，平底。腹部饰一周凹弦纹。口径7.4、腹径6.9、底径5、高4厘米。

陶俑　2件。

M1：22，泥质灰陶。头戴平顶冠，五官清晰，外着右衽交领宽袖长袍。长10.8、宽13、通高17厘米（图八，1）。

M1：49，泥质红陶。面目不清，外着交领宽袖袍，作双手拱立状。长5、宽4、残高11厘米（图八，2）。

陶狗　1件。

M1：9，泥质灰陶。昂首站立状。双耳竖起，前肢外撇，狗尾盘卷于臀部，狗颈及前腹有两条饰带，狗背饰上方有带环，通体做仰吠状。长24.6、宽9.9、通高22.2厘米（图八，3）。

陶鸡　1件。

M1：12，泥质灰陶。尖嘴，高冠，圆眼，低首站立状，垂尾。双翅交叉刻划线表示翅膀上的翎毛。长20、宽8.2、通高17.5厘米（图八，4）。

镇墓兽　1件。

M1：50，泥质灰陶。似熊，后肢蹲坐，前肢长，直接撑地。眉目不清，头顶有两支短角，两侧有一对大耳，大口，长舌吐出，下垂至下腹部，大肚鼓出。长13、宽12、高19厘米（图八，5；图九）。

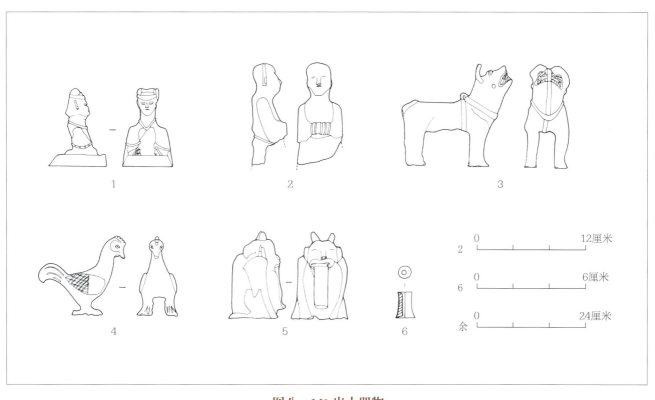

图八　M1 出土器物

1、2.陶俑 M1：22、49　3.陶狗 M1：9　4.陶鸡 M1：12　5.陶镇墓兽 M1：50　6.琉璃耳珰 M1：53

图九　M1 出土陶镇墓兽 M1：50

银指环　3件。

M1：1，圆形，横断面呈圆形。直径2.2厘米。

琉璃耳珰　1件。

M1：53，灰白色，上窄下宽，中部呈亚腰状，中有穿孔。上径0.8、底径1、高1.4厘米（图八，6）。

2.M10

（1）墓葬形制

M10位于发掘B区的T1201内，墓向175°。砖室墓，平面呈刀字形，由墓室和甬道组成，总长3.6、墓室宽2、甬道宽1.74、高1.44米。墓葬保存较好，大部分拱顶完好，东西向起券，墓口处一段券顶不存，但不似后代破坏所致，而是建筑墓葬时即是如此。拱顶为竖券，墓室竖券共7层，甬道券层不存。东西壁下部条砖共8层，南壁条砖18层。墓室后部东侧的墓底有二排铺地砖，大约长1.7、宽0.7米，类似棺床，其上有琉璃耳珰及少量人体骨骼，可能是放置死者的地方（图一〇、一一）。墓砖两种：子母口券砖，长42、宽20、厚8厘米，砖纹为联体菱形纹；条砖，长44、宽20、厚8厘米，砖纹为联体菱形纹（图一二）。

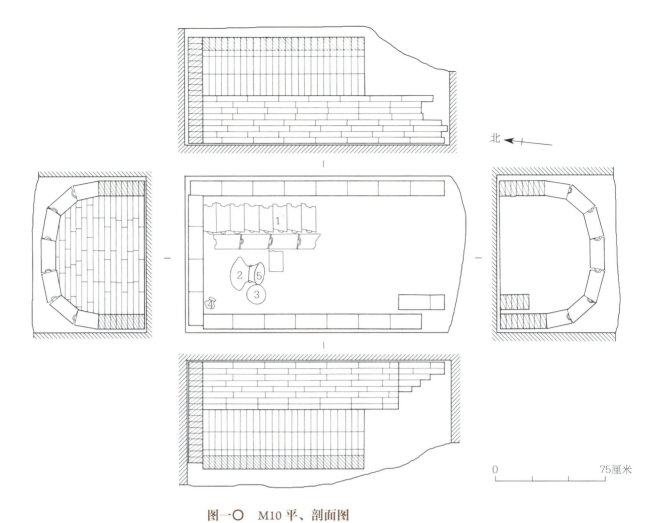

图一〇　M10 平、剖面图

1.琉璃耳珰　2.铁釜　3.铜盆　4.陶罐　5.陶甑

图一一　M10（东北—西南）

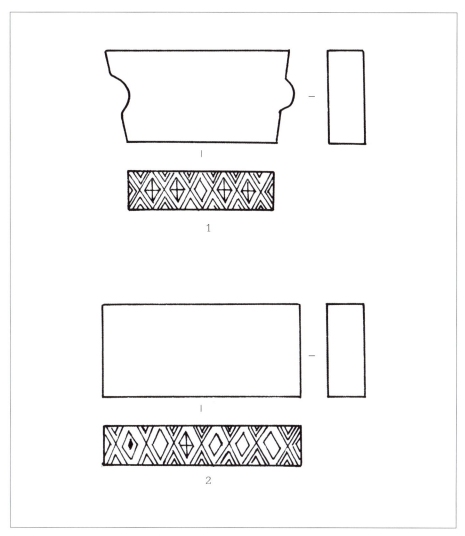

图一二　M10 墓室墓砖砖纹

（2）葬具葬式

人骨腐朽严重，只在墓室东侧发现几段肢骨。

（3）出土遗物

墓内出土器物5件（套），有铁釜、陶甑、陶罐、铜盆、琉璃耳珰等。陶器2件。

陶罐　1件。

M10：4，泥质灰陶。微敛口，圆唇，短领，广肩，扁鼓腹，小平底。口径9.5、腹径16、底径7.5、高11.5厘米（图一三，1）。

陶甑　1件。

M10：5，泥质灰陶。敞口微敛，尖唇，卷沿，上腹部微鼓，下腹壁斜内收，小平底。底有大箅孔。口径31.4、腹径27.5、底径13.5、高18.5厘米（图一三，2）。

铜盆　1件。

M10：3，敞口，尖唇，宽沿，腹深，下腹微弧，平底。腹中部有一对环耳。口径26、腹径22、底径12、高10.4厘米（图一三，3）。

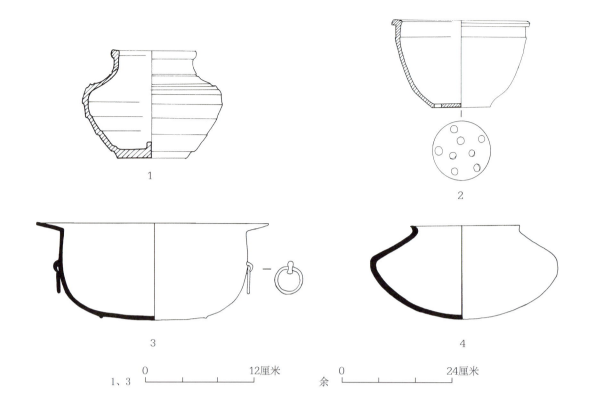

图一三　M10 出土器物

1.陶罐 M10：4　2.陶甑 M10：5　3.铜盆 M10：3　4.铁釜 M10：2

铁釜　1件。

M10：2，侈口，扁鼓腹，下腹急收成尖圆底。口径26、腹径41.9、高23厘米（图一三，4）。

琉璃耳珰　2件。

M10：1，呈灰白色，柱状，上窄下宽，中间有穿孔。上径0.9、底径1.1、高1.7厘米。

3.M12

（1）墓葬形制

位于发掘C区T2503、T2603及扩方内，墓向3°。砖室墓，由墓室和甬道组成，墓葬破坏严重，其北、西侧各有一个现在的扰坑，将墓葬打破，墓内堆积土层中有大量的陶片。北壁仅存底部一层砖，西壁不存，南壁最高保存6层砖，东壁最高保存6层砖。整个墓葬残长3.2、墓室残长3.2、宽2.80米，甬道几乎破坏殆尽，具体尺寸不明（图一四、一五）。铺地砖不够规整，多是用残断的半砖铺成。墓砖两种：子母口券砖，为墓内堆积物，推测原是墓顶的券砖，长41、宽18、厚10厘米，砖纹为联体菱形纹；条砖，长40、宽

18、厚11厘米，砖纹为"十"字纹。

（2）葬具葬式

人骨保存不好，难以辨认葬具和葬式。

（3）出土遗物

尽管破坏严重，仍然出土了4件可复原器物，有铜耳杯、陶罐、陶摇钱树座、陶熏炉等。

陶罐　1件。

M12：3，泥质灰陶。直口，腹较浅，腹壁略内收，近底部腹壁急收，平底。口径8、腹径10、底径7.2、高7.7厘米（图一六，2）。

陶熏炉　1件。

M12：5，泥质红陶。豆形，深盘，子母口，束腰，有短柄，大喇叭状圈足。口径6.1、底径10.4、高9厘米（图一六，3）。

陶摇钱树座　1件。

M12：4，泥质红陶。两侧可见合范痕迹，整个器身可以分两层来描述，上下层间以一条带状物隔断。上层雕塑一羊的形象，羊角卷曲，羊的四肢弯曲，似

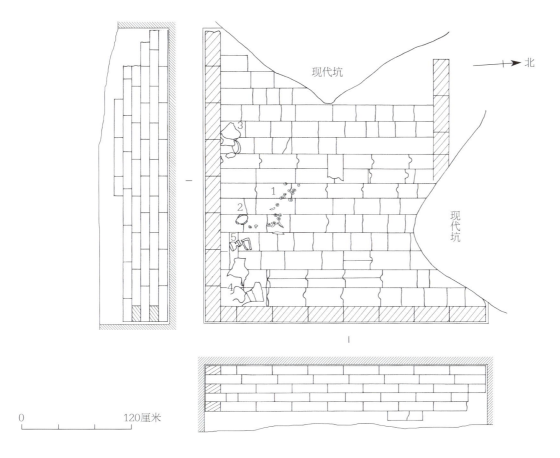

图一四 M12 平、剖面图

1.铜钱 2.铜耳杯 3.陶罐 4.陶摇钱树座 5.陶熏炉

图一五 M12（北—南）

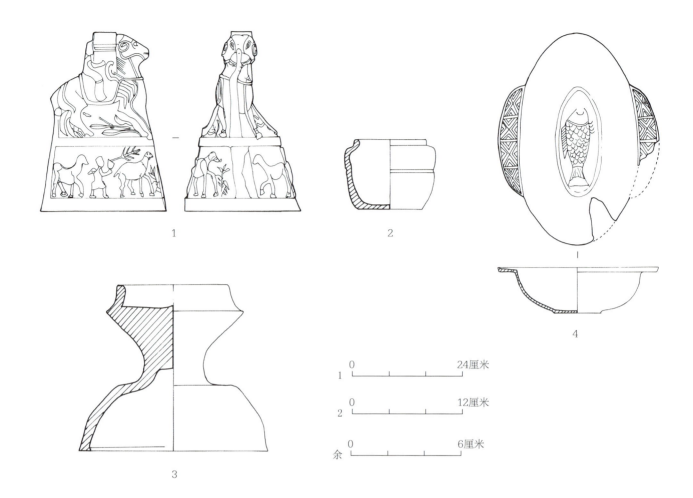

图一六　M12 出土器物

1.陶摇钱树座 M12：4　2.陶罐 M12：3　3.陶熏炉 M12：5　4.铜耳杯 M12：2

在奔走，在前肢的上端画双翼，羊尾部下垂羽毛状物，羊身下有两棵枝蔓；一人骑在羊身上，上身五官不清晰，下肢紧贴在羊腹部；在羊头和人之间有一柱形，中空，为插摇钱树干之用。下层为椭圆形，外壁刻画人和动物：以上层羊头部为前方向，椭圆形左侧刻画三只羊，正在行走，姿态各异；右侧两只羊，两羊之间有一人。长28、宽26、高39厘米（图一六，1；图一七）。

铜耳杯　1件。

M12：2，敞口，深弧腹，平底。耳与杯口平，耳上刻画对三角式几何纹，内底刻画一鱼。短径6.5、长径11.5、高2.5厘米（图一六，4）。

（二）六朝墓

糖坊墓群共发掘六朝墓葬5座（M2、M6、M7、M8、M9），以具有代表性的M2、M7介绍如下。

图一七　陶摇钱树座 M12：4

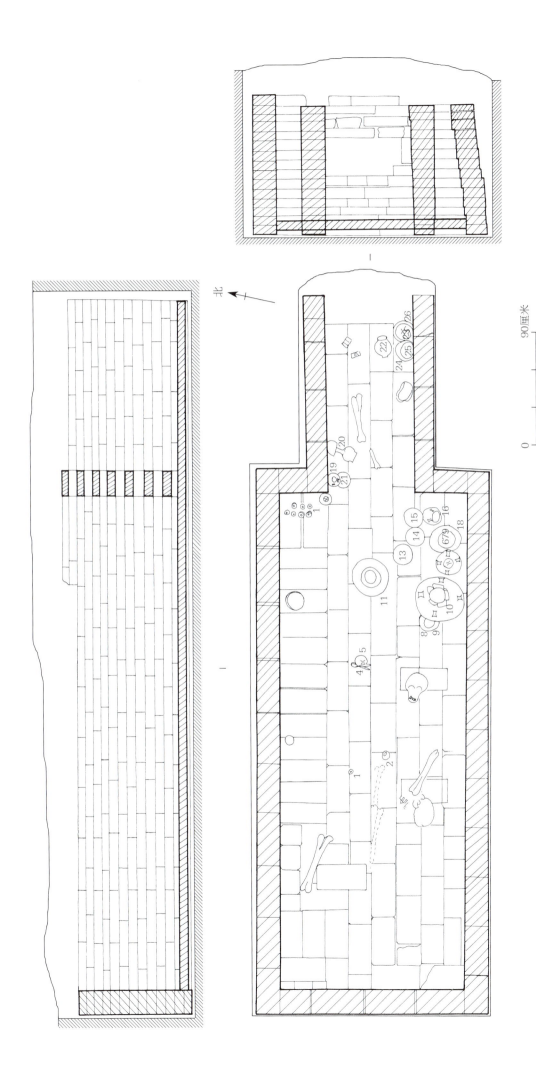

图一八 M2 平、剖面图

0 _____ 90厘米

1.铜钱 2.银镯 3.铜镯 4.铁剪 5.铜镜 6～9、13～15、17、23～25.青瓷碗 10、11、19.青瓷壶 12、16、22、26.青瓷罐 18.陶釜 20.青瓷薰炉 21.青瓷盘

重庆市万州区晒网坝遗址糖坊墓群 2005 年发掘简报

1.M2

（1）墓葬形制

M2位于发掘A区的T0202、T0302、T0203等内，墓向85°。"凸"字形砖室墓，由甬道和墓室组成，总长5.96、宽2米。墓葬上部券层几乎破坏，但在墓内堆积中发现有楔形券砖，估计是构筑墓顶的券砖。墓壁保存最高1.1、最低0.72米（图一八、一九）。下部条砖层保存较好，最高保存15层，最低保存9层。墓口以砖封门，铺地砖较为规整。墓砖两种：楔形砖，联体钱纹；条砖，长40、宽17、厚8厘米，砖纹为车轮纹，车轮纹又可分两种。

（2）葬具葬式

墓室的中部发现有人体骨骼，有2个头骨，头向相背，另有几段肢骨，在甬道内也有零乱的肢骨。据此可知，墓内最少有2个个体。

（3）出土遗物

墓内出土器物26件，主要为青瓷器20件，还有少量的陶、铜、铁、银器等，另有少量的五铢钱。器物主要放置在甬道和墓室的前端。

青瓷盘口壶 3件。

M2：11，盘口，短颈，弧肩，鼓腹，平底。肩饰4个对称横桥形钮。内外壁施青釉，外壁施半釉，釉层剥落。口径17、腹径26、底径13.4、高34.6厘米（图二〇，1）。

M2：19，盘口，短颈，弧肩，鼓腹，平底。肩饰4对称横桥形钮。内外壁施青釉，外壁施半釉，釉层剥落。口径5、腹径10、底径6.8、高9.5厘米（图二〇，2）。

青瓷罐 4件。

M2：12，侈口，方唇，鼓肩，圆腹，平底内凹。肩饰4对称横方桥形钮。内外壁施青釉，外壁施釉及腹下，釉层剥落。口径10、腹径20.2、底径13.6、高21.8厘米（图二〇，3）。

M2：16，小直口，斜肩，鼓腹，平底。肩饰4对称横方桥形钮。内外施黄釉，外壁施釉及腹下，釉色好。口径8.8、腹径15.2、底径8.8、高14.8厘米（图二〇，4）。

M2：22，敞口，尖唇，鼓腹，平底。覆碟形盖，上置环钮，肩饰4对称横方桥形钮，上腹饰凹弦纹。内外壁施青釉，外施半釉及腹下，釉色好。口径8.5、

图一九 M2（东—西）

腹径13、底径8.2、盖径9.3、通高16.7厘米（图二〇，5）。

青瓷碗 11件。

M2：9，敞口，尖唇，弧腹，圈足，平底。外壁刻划莲花纹，内、外底均有支钉痕。内外壁施青釉。口径14.6、底径8.8、高8厘米（图二〇，6）。

M2：15，敞口，口沿微外翻，尖圆唇，弧壁，圈足，平底略内凹。口径16、底径5.6、高7厘米（图二〇，7）。

M2：24，敛口，尖圆唇，上腹微鼓，下腹内收，饼形底。内外壁施青釉，外施半釉及腹下，釉多已脱落，内外壁施化妆土，口沿上有细密的支钉痕，内底有方形的大支钉痕。口径17.5、底径10、高7厘米（图二〇，8）。

M2：25，敛口，尖唇，弧腹，饼形底。内外施青釉，内底有支钉痕，外底有垫圈痕，垫圈痕和碗底直径大小相当。口径13.5、底径9、高6.7厘米（图二〇，9）。

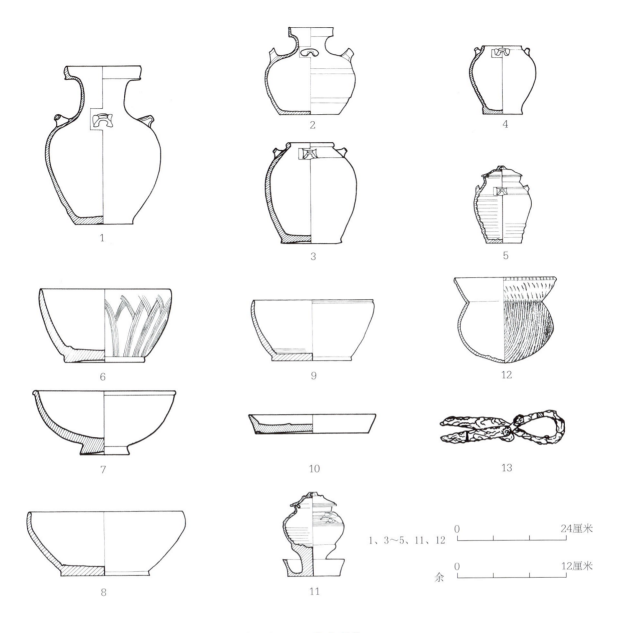

图二〇 M2 出土器物

1、2.青瓷盘口壶 M2：11、19　3～5.青瓷罐 M2：12、16、22　6～9.青瓷碗 M2：9、15、24、25
10.青瓷盘 M2：21　11.青瓷熏炉 M2：20　12.陶釜 M2：18　13.铁剪 M2：4

青瓷盘　1件。

M2：21，敞口，平底，浅盘。内外底均有支钉痕迹。口径14、底径12.6、高2厘米（图二〇，10）。

青瓷熏炉　1件。

M2：20，罐形香熏，上有菱形孔，下承托，底有碗形托盘。覆碟式盖，上置桥形钮。口径12、底径12、通高18.5厘米（图二〇，11；图二一）。

陶釜　1件。

M2：18，泥质红褐陶。敞口，大折沿，垂腹，圆底。底部饰绳纹。口径23、腹径21.6、高18.7厘米（图二〇，12）。

图二一　青瓷熏炉 M2：20　　　　　　　　图二二　铜镜 M2：5

银镯　1件。

M2：2，圆形，表面饰以浅槽，形成类似连珠的效果。直径6.2、宽0.8、厚0.4厘米。

铜镯　1件。

M2：3，圆形，表面饰以浅槽，形成类似连珠的效果。直径5.8、宽0.6、厚0.45厘米。

铜镜　1件。

M2：5，圆形，背饰规矩、凤鸟纹。直径10.1、厚0.26厘米（图二二）。

铜钱　1枚。

M2：1，五铢钱。方孔圆钱，正面有轮无郭，背面轮郭俱全。钱文篆书，文字清晰，字体中宽。"五"字中间两笔交叉弯曲；"铢"字的"金"字头呈"镞"形、与"朱"等齐，"朱"字上部圆折、下部方折。直径2.5、穿径0.9、厚0.13厘米。

铁剪　1件。

M2：4，后部弯曲向前交叉呈剪刀形。长14厘米（图二〇，13）。

2.M7

（1）墓葬形制

M7位于发掘C区的T2103及其扩方内，墓向65°。"刀"形砖室墓。由甬道和墓室组成，总长5.36、墓室宽1.86、甬道宽1.48米。墓葬上部券层均已破坏，但在墓内发现了楔形券砖，估计是构筑墓葬用的。下层条砖保存较好，最多有14层，最少也有9层（图二三、二四）。墓口以石板封门。铺地砖较为规整。墓砖两种：楔形砖，联体菱形纹；条砖，长34、宽17、厚5.5~6.5厘米，

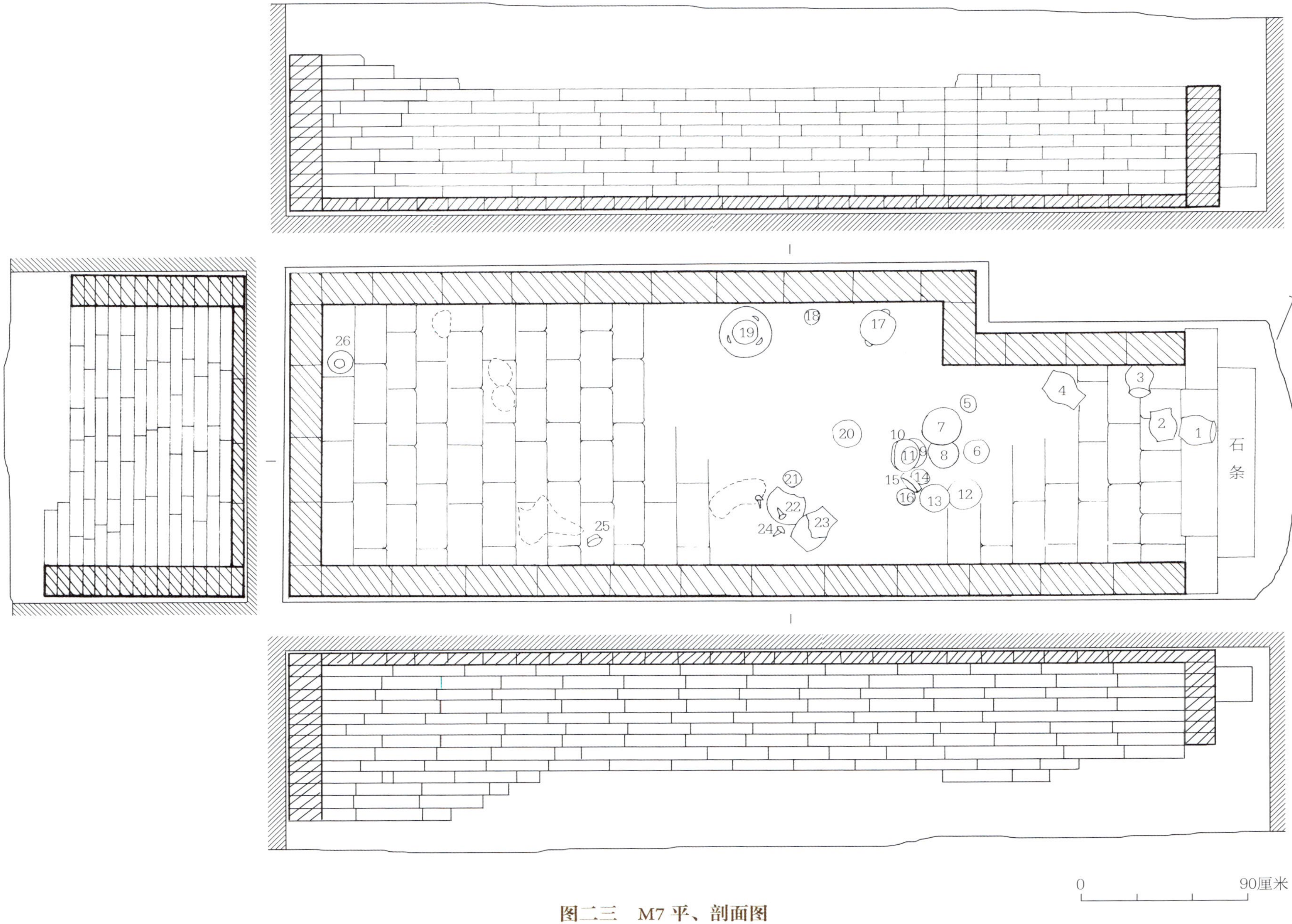

图三三 M7 平、剖面图

1～4、17、23. 青瓷罐 5～14、16、20～22、25. 青瓷碗 15. 青瓷盘 18. 铜镯 19、26. 青瓷盏 24. 鎏金铜饰件

重庆市万州区晒网坝遗址糖坊墓群 2005 年发掘简报

砖纹为联体钱纹，钱纹又可分两种。

（2）葬具葬式

在墓室的后部发现多处朽烂的人骨，难辨个体数目。

（3）出土遗物

墓内共出土26件器物，主要是青瓷器24件，以瓷碗为大宗，另有鎏金铜饰件等。器物主要放置在甬道和墓室的前端。

青瓷盘口壶　2件。

M7∶19，圆唇，短颈，宽肩，鼓腹，下腹斜收，平底微内凹。肩上饰4对称横桥形钮。内外施青釉，外施半釉。口径15、腹径26.8、底径14、高31厘米（图二五，1）。

M7∶26，敞口，圆唇，短颈，溜肩，鼓腹，大平底微内凹。内外施青釉，釉未及底。口径9.8、底径10.3、高11.2厘米（图二五，2）。

青瓷罐　6件。

M7∶1，敞口，方唇，溜肩，下腹外鼓，平底。沿下有凹弦纹，肩上饰4对称横方桥形钮。内外施青釉。口径12、底径12.4、高18.9厘米（图二五，3）。

M7∶17，侈口，方唇，小卷沿，宽肩，收腹，小平底。肩上饰2对称竖环形抓手。内外施青釉。口径19.8、底径13、高15.6厘米（图二五，4）。

青瓷碗　15件。

M7∶9，口较直，尖圆唇，弧腹，大平底。内外壁施青釉，外施半釉，多已剥落。口径16.6、底径11.5、高5.8厘米（图二五，5）。

M7∶11，口微敞，弧壁，平底内凹。口径9.1、底径5.7、高3.7厘米（图二五，6）。

M7∶22，敞口，尖唇，斜壁，大平底内凹。口沿下饰一周凹弦纹。口径20、底径12、高6.4厘米（图二五，7）。

青瓷盘　1件。

M7∶15，浅盘，敞口，尖唇，斜腹，平底内凹。内外施青釉，外底有支钉痕。口径15、腹径14.4、底径12.6、高2.3厘米（图二五，8）。

铜镯　1件。

M7∶18，圆形，残断。

漆器附件　1套6件。鎏金饰件。

M7∶24，两种形制，一种卷云头，连接长棱形饰，头尖；一种类钥匙，头部穿圆环，均鎏金。大者长6.6、宽1～2.3、环径0.4厘米；小者长3.8、宽0.8～1.1、环径1.4厘米（图二五，9）。

图二四　M7墓室（北—南）

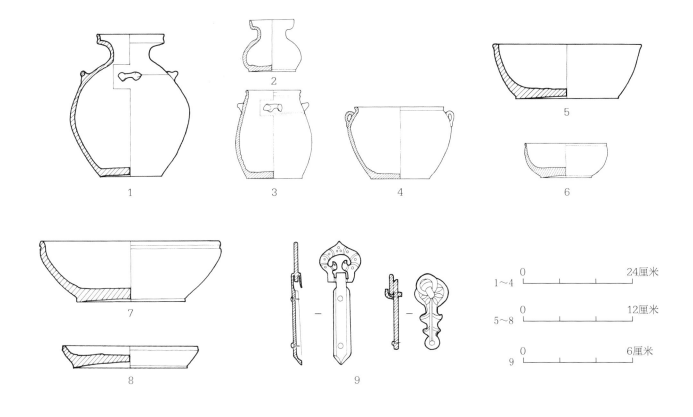

图二五　M7 出土器物

1、2.青瓷盘口壶 M7：19、26　3、4.青瓷罐 M7：1、17　5～7.青瓷碗 M7：9、11、22　8.青瓷盘 M7：15
9.鎏金器 M7：24

三　结语

2005年糖坊考古发掘共清理墓葬12座，其中东汉墓4座，六朝墓5座，晚期墓3座。墓葬形制分为刀形、凸字形、长方形三种，均为峡江地区常见墓葬形制。出土各类器物193件（套），其中陶器79件、铜器19件、瓷器86件及其他9件，为判断墓葬时代提供了依据。

其中M1、M2、M10、M12为"刀"形砖室墓，墓葬形制与2002CWWM3[2]、2002CWWM7[3]一致，M7为"凸"字形砖室墓，墓葬形制与2002CWWM6[4]一致。

M1出土器物较多，出土器形有甑、罐、壶、钵、釜、熏炉、灯、鸡、狗、陶俑等。出土的罐、魁、杯都与2001CWWTM10蜀汉墓[5]中的器物一致，M12出土的陶摇钱树座和铜耳杯与《重庆市万州区晒网坝遗址糖坊墓群东汉墓M11发掘简报》[6]中的摇钱树座和

铜耳杯接近，可以断定这三座墓为东汉晚期墓葬。

M2、M7出土瓷器数量种类较多，组合也比较固定，青瓷四系盘口壶、罐、碗成为六朝时期常见的随葬品组合，瓷器的使用标志着社会生产力的进步，简单的器物组合又揭示出六朝时期崇尚简约的生活习俗。M7以中小型瓷碗为多，多为平底，腹部不太深，与2002CWTM6[7]中的瓷器形制相近，年代定为西晋晚至东晋早中期。M2以中小型瓷碗为多，腹较深，多见饼形底，且出现莲花纹装饰图案。与2002CWWM7[8]、丰都汇南M2[9]相似。丰都汇南M8有较多的厚饼底碗，发掘者将其定位为南朝早、中期墓葬，是比较可信的。

这批墓葬中，东汉时期墓葬呈现有规划的家族墓地形式，砖室墓为家族出资建造，但是安葬个体不局限于一个家族的一对夫妻，而是采取多次开启墓门的形式，安葬一个家族的多对夫妻，最多者达到6对，这种葬俗在其他地区少见，应为峡江地区的特有墓葬习

俗，究其原因，应与土地稀少，无法建筑大规模的墓地有关。也反映出峡江地区宗法制度的宽容性以及家庭之间的和睦关系。这种现象在其后的六朝墓葬中消失不见，六朝墓中只有夫妻双方，分居两侧，随葬器物也放在各自的地方，证明在这一时期宗法制度和社会约束发生了重大变化。

随葬器物方面，东汉墓随葬器物除了铁釜、铁支架、陶甑等大型器物外，其余的陶器均为模型明器，是专门的作坊为死者烧造的器物，火候低，在酸性土壤中保存不佳。六朝墓中的青瓷器除了个别器物外，均为实用器，反映出当时人的生活面貌，尤其是大型青瓷盘口壶的出土，其形制与南京六朝墓中出土的一致，说明六朝时期长江水道已经成为重要的运输通道，这些青瓷器的产地不在峡江地区，而是长江下游的窑系作品。无论是东汉墓，还是六朝墓，装饰品的出土

以银器为主，也有铜镯，个别有金耳环，证明这一时期本地区经济状况较为低下，这与峡江地区多山、交通不便等客观因素有关。钱币方面五铢钱居多，但具体到每座墓葬，其数量都不多，鲜见上百枚的情况，这点与装饰品的分析是一致的。这次考古发掘重要的一点是，墓葬除了个别因为取土、后期建造墓葬破坏，或者耕作、建造房屋破坏券顶外，大部分墓葬保存完好，墓葬形制、葬俗葬式、随葬器物组合均完好保存下来，为峡江地区的东汉、六朝时期的社会、经济、文化、手工业等方面的研究提供了重要的参考资料。

绘图：朱华、刘梦雨

摄影：于秋伟

执笔：朱华、于秋伟、肖贵田、刘梦雨

注　释

[1] 重庆市文物局、重庆市水利局：《万州糖坊墓群2001年度发掘简报》，《重庆库区考告集·2001卷·中》，科学出版社，2007年。重庆市文物局、重庆市水利局：《万州糖坊墓群2002年度发掘简报》，《重庆库区考告集·2003卷（一）》，科学出版社，2019年。

[2] 重庆市文物局、重庆市水利局：《万州瓦子坪遗址2002年度发掘简报》，《重庆库区考告集·2003卷（一）》，科学出版社，2019年。

[3] 重庆市文物局、重庆市水利局：《万州瓦子坪遗址2002年度发掘简报》，《重庆库区考告集·2003卷（一）》，科学出版社，2019年。

[4] 重庆市文物局、重庆市水利局：《万州瓦子坪遗址2002年度发掘简报》，《重庆库区考告集·2003卷（一）》，科学出版社，2019年。

[5] 山东博物馆：《重庆晒网坝一座蜀汉墓发掘简报》，《汉江考古》2007年第4期。

[6] 山东博物馆、山东大学博物馆：《重庆市万州区晒网坝遗址糖坊墓群东汉墓M11发掘简报》，《四川文物》2019年第4期。

[7] 重庆市文物局、重庆市水利局：《万州糖坊墓群2002年度发掘简报》，《重庆库区考告集·2003卷（一）》，科学出版社，2019年。

[8] 重庆市文物局、重庆市水利局：《万州瓦子坪遗址2002年度发掘简报》，《重庆库区考告集·2003卷（一）》，科学出版社，2019年。

[9] 四川文物考古研究院等：《重庆丰都县汇南墓群发掘简报》，《重庆库区考古报告集（1997卷）》，科学出版社，2001年。

内容提要

本文结合前掌大墓地出土大量带有"史"铭的器物进行综合文化分析，尝试通过"史"青铜器探索"史"族背后的史实，分析"史"器区域分布情况及出现在不同地区的原因，进而对前掌大墓地文化因素和族属进行深入解读，显示前掌大遗址不同寻常的地位。

关键词

前掌大　史铜器　史族

一　前言

前掌大遗址位于滕州市官桥镇前掌大村周围，距市区约25千米。遗址位于滕州市南部薛河中游地区。其东约3千米即为山间丘陵地带，其西为广袤的滕西平原。遗址东邻薛河，西邻小魏河。遗址正位于两河交汇处的河旁高地之上，其西约300米为全国重点文物保护单位——薛国故城遗址。2006年、2013年分别被公布为山东省和全国重点文物保护单位。

遗址自1981年至2001年二十年间，先后经过中国社会科学院考古研究所山东队和滕州市博物馆十余次考古发掘，清理商周时期墓葬一百余座，1994年被评为"全国十大考古发现"。薛国故城缺乏西周中期以前的相应遗存，而前掌大遗址揭露出的商代中期居住遗迹、商代晚期墓地与居住遗迹、西周早期的祭祀场所等，正是薛国故城遗存中缺失的链接，前掌大遗址可能和商代薛国紧密相连或为一体。前掌大遗址出土商周青铜礼器总体呈现出以酒器为主，食器为辅的格局。酒器为大宗，包括爵、角、觚、卣、觯、尊、罍、壶等十余类，占全部青铜礼器种类的一半以上，说明当时饮酒的风气确实很盛。在鼎、罍、簋、爵、角、觚、卣、觯、尊、罍、壶等器类上发现有铭文，其中含有"史"字铭文者约60余件，其中单一"史"字者52件，其次有"史子曰癸""史父乙""父乙史""史午"等。"史"字数量之多为目前发掘的商周时期墓地所仅见，具有重要的学术价值和史料价值。目前出有"史"字青铜礼器者，在商周之际的中原、燕赵及关中地区都有出土，如此多有"史"字铭文的青铜器分布在这么广大的范围之内，是何原因所致，成为我们不得不思考的一个问题。

二　铜器介绍

（一）史爵

通高19.6、腹深9.6、足高8.8厘米（图一）。窄长流，三角尾，高菌

文/葛海洋　方权　滕州市博物馆

图一　史爵

图二　史父乙角

图三　史午觚

状柱，柱面饰涡纹，卵形底，三棱形锥状足外撇明显，足两侧各有一竖凹槽。器腹三面各有一条瓦棱状扉棱，与鋬一起将纹饰分为两组四部分。流、口的外侧饰以蕉叶纹，内填以变体夔龙纹，地为云雷纹，在蕉叶纹间各饰两个双重三角纹。腹饰两组分解兽面纹，以鋬后部为鼻，宽直鼻，另一组兽面纹以扉棱为鼻。鋬首为圆雕牛头，后角长伸，"臣"字形目，圆睛突起。腹部与鋬相对处有铭文"史"字。

（二）史父乙角

通高24.3、两翼距18、腹深10.8、足高9.6厘米（图二）。圆角方形口，口有两翼，翼作凹弧形，呈相等的三角形，口上有盖，中部有一半环形钮首，深腹，腹中部内收明显，弧底，底径大于腹径。腹下三足，足呈三棱锥状，足尖外撇明显。盖边缘饰四组连体兽面纹，两组位于中部，以矮扉棱为鼻，地填以雷纹。盖的两角分别饰一组同样的连体兽面纹。腹上部及下部各饰两周连体兽面纹带，上部的两组兽面纹其中一组以鋬为鼻，另一组以高浮雕兽头为鼻。鋬首为高浮雕牛头，形象生动。鋬与腹间有铭文"史父乙"三字。

（三）史午觚

通高25.4、口径13.9、底径9厘米（图三）。大敞口，方唇，平底，中腰微鼓，喇叭状圈足。腹部、中腰和圈足上有三角形扉棱。器口下饰四组蕉叶纹，内填以折棱、鳞纹和"T"形纹，蕉叶纹下饰一周卷云纹。中腰饰四组夔龙纹，以扉棱为界，云雷纹衬地。圈足上部有四道横卷云勾纹，下饰四组夔龙纹，两首相对，头顶长弯角，小眼，嘴向下弯曲呈勾状，躯干向下弯曲呈"S"形，尾向内卷，足下伸，地填以云纹。通体纹饰分三层，花纹清晰华丽，为难得的珍品。圈足内有铭文"史午"两字。

（四）史卣

通高28.5、口径9.2×12.2、底径11.5×14.1、腹深14.9厘米（图四）。带盖。直口，平沿，圜底，圈足外撇，切地处下折呈矮阶。菌状钮由"T"形曲尺纹分成六瓣。盖面有两道扉棱，扉棱上有凸棱，呈"F"状。盖面由内到外分三层纹饰，最内层为一周圆涡纹，中层为一周直棱纹，外侧为浮雕的双体共首蟠龙纹，龙首两侧延伸出龙身，呈波浪形盘绕，尾上卷，龙身上饰连续的多重菱形纹，两侧间以圆形乳丁，地填以

图四　史卣　　　　　　　　　　　　　图五　史觯

雷纹。半圆拱形提梁，梁两端各饰一圆雕羊头，提梁面上饰浮雕双体共首蟠龙纹，龙头在提梁中部。整器通体饰四重龙纹，采用圆雕、高浮雕和浮雕的方式，构成一件花纹繁缛、层次分明、风格独特的珍品。器底内壁和器盖内壁均有铭文"史"字。

（五）史觯

通高18、口径7.8×8.7、底径8.0×8.9厘米（图五）。盖面鼓起，呈椭圆形，中央有一半环形兽首钮，边沿斜内折成子口。侈口，尖唇，束颈，鼓腹，圜底，圈足外撇明显。盖面、颈、腹部和圈足分别饰两道和四道节状扉棱，断面呈三角形。盖钮兽头大角弯曲向上，圆睛凸起，窄鼻，大嘴，两叶形耳附于角两侧。盖面饰两组高浮雕独立兽面纹，两侧配以变体夔龙纹，整个兽面纹风格极尽夸张。颈部在四道三角形扉棱间装饰出两组夔龙纹。圈足上亦饰对首夔龙纹，唯躯干为单肢。腹部所饰两组独立兽面纹。器盖和底各有一铭文"史"字。

（六）史尊

高30.8、口径24.3、底径16.8厘米（图六）。敞口，方唇，鼓腹，圜底，高喇叭形圈足，颈、腹、圈足上分别饰四道高扉棱，扉棱上饰"F"形凹线纹。颈部的扉棱较长，伸出口沿外侧，器体纹饰繁缛。器口下以扉棱为中线，组成四个蕉叶纹，每个蕉叶纹内填以抽象分解的兽面纹。腹饰两组高浮雕兽面纹，以扉棱为鼻，"臣"字形巨目，嘴角外翻，尖齿外露，粗大弯角突出于器表，上饰鳞纹，桃形大耳同样突出于器表。兽面纹两侧分别饰一竖置夔龙纹，大眼，

图六　史尊

图七　史罍

张口，弯角，倒立直躯干。地填以云纹状。圈足上两组连体兽面纹。空余部分填以小夔龙纹。圈足内侧有铭文"史"字。

（七）史罍

通高49.6、口径13.2×14.8、底径12.5×16.5、腹深36厘米（图七）。器口呈长方形，直口，高折颈，方唇，溜肩，深弧腹，平底，长方形圈足外撇明显，肩部两侧有对应的半环形兽首耳，衔大圆环，下腹部一侧置半环形兽首钮。盖呈四阿攒尖顶式，上置长方形钮柱，钮顶同为四阿式。盖顶四面纹饰分四组，宽面饰高浮雕兽头，两侧配以大圆涡纹泡。窄面各饰两个大圆涡纹泡。钮正面饰简化兽面纹，侧面为三角纹。器颈部和圈足均饰四组连体兽面纹。肩上部饰四组简化的兽面纹。双耳和鼻钮的圆雕，均为桃形大卷角，窄眉，"臣"形目，凸睛，高鼻梁，阔嘴，嘴下有凸面以便手握。盖内壁有铭文"史"字。

三　几点认识

通过对前掌大遗址相关青铜器介绍，结合当前考古发掘资料对比分析，有如下几点认识：

（1）"史"，族名。殷卜辞及金文习见。卜辞云：壬辰卜，内：五月史出（有）来？今五月史亡其至？六月又（有）来曰："史出（有）疾。"贞：勿至史？"史"

即为族名，或为人名，乃史族宗子。"史"本为官名，但殷代史官与西周之史职司不尽相同。西周之史或兼《周礼·春宫》七史之职，且其中之内史、外史主司书记，而这个职守在商代则更多地由作册司掌，故商代及其以前之史当以典守天文占验为其主要工作。而古代征伐必合天时，史掌天时，事关兵祷，于军事关系甚切，故史也常参与战争。"史"字本之执旗，必存"旗"之读音。上古音"旗""史"同在之部，读音无掌天文，而取执灵旗兵祷为字，此与"王"取权杖之钺为字的做法如出一辙。

史关兵事，故或外任。卜辞又见四方之史，即此之谓。卜辞云："贞：才（在）北，史出（有）只（获）羌？贞：才（在）北，史亡其只（获）羌？庚子卜，争贞：西史旨，亡祸叶？"外史久居一方有功，或受封邑，其裔以官为氏。史氏家族封邑或即殷之东史子裔。史氏擒获夷方族首，以安殷室，仍存行战之职守。

（2）卜辞中的"史"用作于"事""使"讲，但也可以用作族名、官名或为国名，且商代史官又分为"卿史""御史""东史""北史"等。殷墟甲骨卜辞中有许多家族组织和活动的相关记载都可以和商末周初铜器上族氏铭文相合。"史"族作为商晚期的重要氏族，在《殷墟花园庄东地甲骨》中，编号为231的卜甲刻有："史入"，释义为"史"作为族名所进贡的物品。安阳殷墟西区GM2575卣所带有的"史"字铭文是发现器物中时代最早的，可追溯到殷墟二期。[1]在《殷周金文集成》所收的拓片中亦有出土在安阳、时代为晚商时期的"史"铭铜鼎，说明最迟在殷墟二期的时候，"史"族就作为独立的氏族而存在。

由于前掌大墓地的时代上限为商末，而安阳在殷墟二期就有"史"族的铜器，因此望族"史"氏在晚商显然居于殷墟而不在鲁南地区，前掌大成批的"史"字铭文青铜器的发现应与一定规模的商人迁徙到此有关。前掌大墓地和滕国墓地一样，都是从它处迁徙而来，并非是本地族系的发展和延续。而前掌大墓地商文化因素和本地文化因素的明显差别也可佐证这一点。

（3）前掌大墓地所在位置扼守泗水上游咽喉，南可依地势直下淮河流域，东隔泰沂山区可与东方部族相拒，北可通过济水进入鲁北地区，西与中原统治区相接，其战略位置不言而喻。商周两朝对该地的控制

意图十分明显，从前掌大墓地出土器物所带有的铭文来看，至少在一段时期真正控制该地区的应是以"史"族为代表的地方族属。前掌大M18出土的铜盉上有铭文："奔擒人方滩伯顽首毛，用作宝尊彝，史"，说明前掌大墓地中的"史"族成员直接参与了商末的"三次征人方"战争并发挥了很大的作用。前掌大墓地多数"史"族墓葬为西周早期，且多有兵器出现，说明至少在西周早期时泗水上游地区仍是由"史"族控制，是中原王朝经营海岱地区的"桥头堡"。

（4）据已公布的前掌大遗址考古成果得知，共含有"史"字铭文青铜器60余件，其中单一"史"字者52件，其次有"史子曰癸""史父乙""父乙史""史午"等。[2]滕州博物馆馆藏"史"器13件。除此之外，陕西耀州丁家沟村、辽宁喀左县山弯子、陕西岐山北郭乡北寨子村、泗水县张庄窑堌堆、河南安阳殷墟西区、陕西宝鸡竹园沟、邹城西丁村、郑州洼刘以及平邑洼子地等均有带"史"字铭文器物[3]。以上有确切地点的"史"族器物共79件，分布于泗水流域（滕州，邹城，泗水，平邑）的就有70件，占总数的88.6%，显而易见，"史"族分布于泗水流域，且集中于滕州地区。虽在商周之际的中原、燕赵及关中地区亦有零星分布，诸如河南、陕西所出现的带有"史"字铭文的器物，可以考虑或为西周初年东征的战利品，或为联姻的媵器，又或与西周初年分封诸侯和功臣时对殷遗民的分配和迁徙有关[4]。

这些带"史"字铭文器物，部分属于商代晚期，但大多出现在西周早期墓葬之中，器类涵盖各种礼器和部分兵器。前掌大墓地历年发掘所见带有族徽铭文的青铜器94件，带有"史"族族徽的器物数量是"鸟"族、"举"族、"臧"族、"子"族、"戈"族之和的三倍左右。"史"字族徽铜器占有压倒性优势，所以铜器族徽也支持对于墓地商文化属性的判断。从族徽反映的信息看，"史"族应为统治族群，"鸟"氏是统治下的一个部族，均为殷人后裔。

（5）由于安阳在殷墟二期就发现有"史"族铜器，从前掌大墓地的年代上限及出土器物来看早不过商末，因此是商末殷纣衰微的形势下，如同泾阳高家堡"戈"国等殷商贵族一样弃商投靠周王朝，并受封于前掌大一带统治该地区并维系族群发展的封国墓地。所以，

前掌大一带是"史"族在商末周初建立的方国，统治在成康时期达到了顶峰，但是随着周王朝统治政策的变化，在进入西周之后，族徽文字逐渐受到冲击。由于周人的抵制，惯于使用族徽文字的殷商后裔慑于周王室统治的威严，不得不逐渐淡化他们固有的政治信仰，从而导致西周中期以后族徽文字锐减，至西周末年消失，"史"族族徽最终也未能逃脱这种宿命，逐渐淡出历史舞台。另外，前掌大墓地将之与殷墟地区有所差别，殷墟以家族为单位分墓区而葬，前掌大以"史"族为中心，其余族属较为集中地分布在另外的区域，这种现象或许与社会变革有关。

综观前掌大"史"族墓地，可知商文化曾在这里牢牢地占据着主导地位。一方面顽强坚持自身传统，另一方面又通过吸收消化当地文化，从而形成独特突出的区域文化。遗址出土器物所蕴含和呈现的文化因素既有殷商文化因素的传承，又有当地文化因素的保留；既有东夷文化因素的影响，又有南方文化因素的交流，所蕴含和呈现的文化因素多彩而独特，显示了不同寻常的地位。

注 释

[1] 中国社会科学院考古研究所：《殷墟青铜器》，文物出版社，2005年。

[2] 中国社会科学院考古研究所：《滕州前掌大墓地》，文物出版社，2005年。

[3] 王文轩：《滕州前掌大墓地所见族属及其相关问题》，《殷都学刊》2017年第1期。

[4] 王文轩：《浅析前掌大墓地出土扁足鼎兼谈"史族"》，《西藏民族学院学报》2015年第3期。

滕州博物馆藏庄里西遗址出土青铜器（西周一）

内容提要

庄里西遗址是两周时期滕国"公墓"所在地，数十年来出土了诸多珍贵青铜器，一部分已公诸，另有部分尚不为学界所熟知，今选取部分西周时期的青铜器公之于众，并对部分铭文稍作考释，以求方家指正。

关键词

滕州庄里西　青铜器及铭文考略

文／杨光海　吕国华　李鲁滕　滕州市博物馆

一　前言

庄里西遗址位于山东省滕州市姜屯镇庄里西村西鄙，为黄淮下游地区常见的堌堆型遗址。根据历年来的考古发现和调查，自西周初年至战国早期，这里是历代滕国公室贵族集中葬埋之地。数十年来，滕州市博物馆在庄里西遗址发掘、征集了数以千计的两周时期的青铜器，许多具有非常重要的历史、艺术等研究价值，但"天生丽质难自弃"，"养在深宫人未识"。基于此，我们将逐步整理公布庄里西遗址出土的部分珍贵青铜器，以飨学者。

二　铜器介绍及部分铭文略考

（一）作尊彝方鼎

时代：周初

尺寸：通高17.6、口长径14.9、短径11.2厘米

平面呈长方形，敞口，斜直腹，平底，四柱足，两耳立于口沿上。腹上部饰四组夔龙纹，下部饰有乳丁纹，器内壁铸有铭义三字："乍（作）尊彝"（图一、二）。

（二）夔龙纹扁足鼎

时代：周初

尺寸：通高29.8、口径19.4厘米

口微敛，方唇，两立耳，浅腹圜底，三鸾鸟形扁足。腹部饰一周夔龙纹（图三、四）。

（三）夔龙纹圆鼎

时代：周初

尺寸：通高25.2、口径21厘米

历史与文物研究

图一　作尊彝方鼎

图二　作尊彝方鼎铭文

图三　夔龙纹扁足鼎

图五　夔龙纹圆鼎

图四　夔龙纹扁足鼎纹饰

口微敛，方唇，圆腹稍下垂，圜底，三柱足。两对称立耳，微外撇。口沿下饰夔龙纹，腹饰勾连雷纹，间乳丁纹（图五）。

（四）木父乙鼎

时代：周初

尺寸：通高25.7、口径19.6厘米

索状耳微向外侈，深腹圜底，三柱足。颈部饰有圆涡纹带间饰柿蒂纹，雷纹填地。器底有烟垢痕迹。器内壁铸铭文三字："木父乙"（图六、七）。

图六　木父乙鼎

图七　木父乙鼎铭文

图八　鬶鼎

图九　鬶鼎铭文

（宋）吕大临《考古图》4.55 著有同铭卣（实为觯）一件，其释文："云木者，恐氏族也"。聊备一说。

（五）鬶鼎

时代：西周早期

尺寸：通高 28.5、口径 23.4 厘米

索状耳，椭圆形口，鼓腹下垂，圜底，三柱足，口沿下一周列旗兽面纹；兽面的双角"T"字形，直鼻，圆睛，两侧躯干修长，尾向上卷，躯干上作列旗状，躯干下作云纹装饰象征脚爪，形成带状三层等分的列

旗装饰的连体兽面纹。此器器形较大，器底有较厚的烟垢，应为实用器。器内壁铸铭文 5 行 36 字："佳正月，辰才壬申。公令狩□□，鬶只珑豕。公赏鬶贝二朋。公□□。敢扬公休，用乍（作）父癸宝尊彝"（图八、九）。

是铭，笔者曾作过较为详细的考证[1]，此不赘。

（六）滕侯方鼎

时代：西周早期

尺寸：通高 27、口径 11.5 × 16、腹深 15 厘米

图一〇　滕侯方鼎

图一一　滕侯方鼎盖铭

图一二　寰鬲

图一三　寰鬲铭文

平面呈圆角长方形，子母口带盖，对称两附耳，腹外鼓略下垂，圜底，四柱状实足。覆盘形盖，弧顶、置卷龙状四小钮。盖沿及口沿均饰夔龙纹、凤鸟纹一周，盖沿又以云雷纹衬地。腹饰兽面纹四组，兽面纹边缘饰倒立夔纹。足饰蝉纹及卷云纹。底有交叉状加强筋。器、盖对铭，分别铸铭文两行六字："滕侯乍（作）宝尊彝"（图一〇、一一）。

目前在传世及发掘出土的数十件铭有"滕侯"字样的器物中，该器铭中的"滕侯"，是出现年代最早的一位。无论该"滕侯"究是"滕国"世系中的第二代抑或第

三代[2]，上述结论是无可置疑的。另外，铭文中作为国族名称的"滕"字，也是古文字材料中最早的例证之一。

（七）寰鬲

时代：西周早期

尺寸：通高17、口径13.5、腹深9.3厘米

侈口，圆唇，两立耳，束颈，鼓腹，分裆，三柱足。颈饰一周三角云纹。口沿内壁铸铭文十一字："寰乍（作）宝尊鼎，其万年用飨（享），各"（图一二、一三）。

图一四　吾鬲

图一五　吾鬲铭文

"各"，缀于铭后，金文未见相同辞例者。《宰㮚角》："王在闌，王各，宰㮚从……"[3]；《师痕簋》："各太室……其永宝用，享于宗室"[4]；《免簋》："王各于太庙"[5]；《吴方彝》："王各庙"[6]等等。上引金文铭中的"各"，学者皆读为"格"。格，"至也"（《尔雅·释诂》）。《沈子它簋》："……作兹簋，用口飨乙公、用徎（格）多公"[7]。铭中"用飨"与"用格"对举，意应相近或相同。鼀鬲铭中"用飨，各（格）"，或为"用飨""用格"于其皇祖、考XX之省。

（八）吾鬲

时代：西周早期

尺寸：通高17、囗径13厘米

侈口，束颈，鼓腹，分裆，三柱足。两立耳，微外撇。颈饰弦纹两周，腹饰饕餮纹三组，内壁铸铭文两行七字："吾乍（作）滕公宝尊彝"（图一四、一五）。

该器器主"吾"与滕侯簋的器主"滕侯"，同为逝去的"滕公"铸作祭器，二人或为同族同宗同亲的兄弟。另外，吾鬲和滕侯簋的铸作年代大体相同，或为同一祭日选铸的同一批次器物。

（九）重环纹甗

时代：西周晚期

尺寸：通高30.50、口径20厘米

图一六　重环纹甗

侈口，方唇，两耳立于沿上，上部为甑状，下部为鬲状，分裆，三柱状足，甑鬲连体，束腰，甑部饰一周重环纹（图一六）。

（十）丁兄簋

时代：周初

尺寸：通高17.3、口径21.3、底径17厘米

侈口，方唇，深腹微鼓，高圈足。两侧对称兽形

图一七　丁兄簋

图一八　丁兄簋铭文

图一九　夨簋

图二〇　夨簋铭文

耳，凤珥。口沿下饰夔龙纹四组，中有对称兽首突饰，足饰连体兽面纹二组；兽面纹角作竖立的云纹状，"臣"字形眼，直鼻，阔嘴，躯干折而向上，尾向内卷，两条躯干有钩状的刺，颈、足云雷纹填地。器内底部铸铭文二字："丁兄"（图一七、一八）。

（十一）夨簋

时代：西周早期

尺寸：通高11.5、口径16.6、底径13.5厘米

侈口，方唇，卷沿，束颈，鼓腹，高圈足、底缘略外撇。颈、腹之间有对称龙形双耳，龙首衔颈，龙身饰卷云纹，小勾珥。颈及圈足饰有双体龙纹，云雷纹为地。腹部饰直条纹。器内底部铸铭文七字："囗，夨乍（作）大夲（？）尊，舉"（图一九、二〇）。

殷墟曾出土一件铜簋，铭作"大亥作母彝"[8]。舉，族徽，为殷商时期著名的大族。

（十二）滕侯簋

时代：西周早期

尺寸：通高22.5、口径20.5、底座高9、底边长18.5厘米

圆唇，鼓腹，兽首形耳，下卷龙状珥，圈足连云座，颈中饰小铺首，两侧及圈足均饰夔龙纹一周，云雷纹填地，腹座饰斜方格乳丁纹，内填云雷纹，方座四边角饰兽面纹。器内底部铸铭文八字："滕侯乍（作）滕公宝尊彝"（图二一、二二）。

40

图二一　滕侯簋

图二二　滕侯簋铭文拓片

滕侯方鼎与滕侯簋同出一墓，故知二器铭中的滕侯为同一人。从滕侯簋全铭推知，滕侯方鼎的"滕侯作宝尊彝"或为"滕侯作滕公宝尊彝"的省减。

（十三）伯者簋

时代：西周早期

尺寸：通高14.9、口径19、腹深11.9、圈足高4.3厘米

侈口，圆唇，束颈，下腹外鼓，高圈足，腹部两侧附接兽头形半环状耳。口沿下二耳之间对称装饰一凸起的兽头，兽头两侧各排列二组凤鸟纹，云雷纹衬底。圈足饰一周夔龙纹，腹内底部铸铭文十一字："伯者乍（作）厥皇兄叔骁父宝尊"（图二三、二四）。

"伯者"，名"者"，长幼排序为老大。其与逝去的"皇兄叔骁父"的称谓关系，颇为费解。《说文》："兄，长也"；《尔雅·释亲》："男子先生为兄"。因此，二人若为同族同宗的兄弟，既然"伯者"为长，就不应称呼叔骁父为"兄"，"因为同一系级的平辈只有一个长幼排序，即使是孪生亦有先出后出之分"[9]。在宗法制度严苛的先秦时期，"长、幼有序""兄、弟分明"，且尚无"逝者为大"的观念，出现这种情况，或为作器者与叔骁父为同祖不同宗的叔、堂兄弟之故。

（十四）新孕簋

2件形制、纹饰、尺寸、铭文相同

时代：西周早期

尺寸：通高16.5、口径15.5、方座高5.3、方座边长14厘米

侈口，方唇，束颈，下腹外鼓，圈足，下接方形座。腹部附对称兽形半环状耳、方形垂珥。口沿下二耳之间对称装饰浮雕兽首，两周弦纹。圈足饰一周弦纹。腹内底部有五字铭文："新孕乍（作）馈簋"（图二五、二六）。

（十五）叔京簋

时代：西周早期偏晚

尺寸：通高13.9、口径19.5、腹深11.5厘米

侈口，方唇，束颈，两侧双附耳，下腹外鼓，高圈足。颈饰弦纹两周，器内底部铸铭文五字："叔京乍（作）旅彝"（图二七、二八）。

（十六）妊爵

时代：西周早期

尺寸：通高20.6、流尾通长19.5厘米

长流尖尾，伞形柱，直腹圆底，三棱形实心尖足外撇，兽形鋬，腹饰凸弦纹两周。口沿下内壁铸铭文五字："妊乍（作）级（极）赢彝"（图二九、三〇）。

"级"，国族名称，不见于经传及出土文字资料。《左传》载有"极"国。《左·隐二年》："司空无骇入极，费庈父胜之"，杜注："极，附庸小国"。《谷梁

图二三　伯者簋

图二四　伯者簋铭文

图二五　新孳簋

图二六　新孳簋铭文

图二七　叔京簋

图二八　叔京簋铭文

传》:"極,国也"。陈槃《譔异》称:"極",姬姓。"今山东兖州府鱼台县西有極亭"[10]。《淮南子·精神训》:"随其天资而安之,不極",高诱注:"極,急也"。"急""级"上古音皆属见母缉部[11],同声相假,故"级"可以用为"極"。是爵,是名为"妊"的丈夫为妻子所作器。金文中妻子的称谓通见形式为女子母国+本姓,正所谓:"丈夫对妻的称谓,不称女子所适国名,而称女子本国国名"[12]。准此,"级嬴",应该是嬴姓级(極)国之女,陈说不确。

(十七)乎(?)子父乙爵

时代:西周早期

尺寸:通高19.5、通长16、腹深8.5厘米

圆口,长流,尾向上翘,深腹圜底,伞状柱分别立于流鋬之间的口沿上,柱断面呈半圆形。三棱形实足,足尖向外撇。兽首形鋬在器身一侧,与一足相对,腹中部饰雷纹填地的鸟纹两组。一柱外侧铸铭文一行四字:"乎(?)子父乙"(图三一、三二)。

图二九　妊爵

图三○　妊爵铭文

图三一　乎(?)子父乙爵

图三二　乎(?)子父乙爵铭文

（十八）云雷纹觯

时代：西周早期

尺寸：通高20.50、口径13×0.5、底径12.3×9.4厘米

子母口，有盖，盖上部一捉手，口呈椭圆形外侈，束颈，鼓腹，腹部微下垂，椭圆形圈足外撇，盖、腹分别饰一周云雷纹，圈足饰一周弦纹（图三三）。

（十九）云雷纹觯

时代：西周早期

尺寸：通高16.9、口径7×6.7、底径6.2×5.5厘米

口呈椭圆形外侈，束颈，鼓腹，腹部微下垂，椭圆形圈足外撇。颈部饰一周云雷纹（图三四）。

（二十）史矞尊

时代：西周早期

尺寸：通高25.1、口径19.6、底径13厘米

大喇叭口，深腹，高圈足外撇，圜底，腹饰兽面纹二组；兽面纹两边各饰对称夔龙纹，兽面突睛，巨鼻，张口，嘴角内卷；腹上下部各饰凸起的弦纹两周，器底铸方格形纹；器内底部铸铭文8字："史矞乍父癸宝尊彝"（图三五、三六）。

（二十一）作宝彝尊

时代：西周早期

尺寸：通高28、口径21.3、底径15.6厘米

图三三 云雷纹觯

图三四 云雷纹觯

图三五　史龘尊　　　　图三六　史龘尊铭文拓片　　　　图三七　作宝彝尊　　　　图三八　作宝彝尊铭文

喇叭形口，腹稍外鼓，低台式高圈足。腹饰两组兽面纹，上下饰对称两周凸弦纹。器内底部有铭文3字："乍（作）宝彝"（图三七、三八）。

（二十二）鸟纹壶

时代：西周早期

尺寸：通高24.6、口径8、底径10.2厘米

子母口，带盖，盖顶置圈足状捉手，肩部有两贯耳，长颈，鼓腹，圈底，圈足稍向外侈。盖与颈部各饰鸟纹一周，云雷纹填地，圈足饰斜角云纹及贝纹（图三九）。

（二十三）對卣

时代：西周早期

尺寸：通高31.2、通宽25、底径15厘米

子母口，口上承盖，盖面隆起，上有菌状盖钮。扭索状提梁，两端各饰一羊首，深腹外鼓。颈部前后饰突出兽面纹，两侧饰以夔龙纹，盖、圈足分别饰一周夔龙纹，盖、腹及足均用云雷纹填地。盖内和器内底部铸有对铭9字："亚具（框内）炅對乍（作）父癸尊彝"（图四〇、四一）。

（二十四）史龘卣

时代：西周早期

尺寸：通高30.8、通宽25、底径15厘米

图三九　鸟纹壶

子母口，口上承盖，盖面隆起，上有菌状盖钮。拱形提梁，两端各饰一羊首，深腹外鼓。颈部前后饰突出兽面纹，两侧饰以夔龙纹，盖、圈足分别饰一周夔龙纹，盖、腹及足均用云雷纹填地。盖内和器内底部铸有对铭8字："史龘乍父癸宝尊彝"（图四二、四三）。

史龘卣（又单称龘—见龘鼎）与對卣同出一墓，形制、纹饰相同，又同为父癸作器，"龘""對"或为一字一名。

图四〇　對卣

图四一　對卣铭文

图四二　史羲卣

图四三　史羲卣铭文

（二十五）乍宝彝卣

时代：西周早期

尺寸：通高33、口径14×10.6、底径16.9×13.9厘米

器身椭圆形，子母口，口上承盖，盖面隆起，上有菌状盖钮，拱形提梁，两端各饰一兽首，垂腹，圈底近平。颈部前后饰突出兽面纹，两侧饰以夔龙纹，

盖、圈足分别饰一周夔龙纹。盖内和器内底部铸有对铭三字："乍（作）宝彝"（图四四、四五）。

（二十六）□陽（？）卣

时代：西周中期

尺寸：通高23.4、口径17.1×13、腹深14厘米

图四四 乍宝彝卣

图四五 乍宝彝卣铭文

图四六 □陽（？）卣

图四七 □陽（？）卣铭文

器身椭方，子母口盖，盖顶置圈状捉手，圈底近平，短圈足外侈。颈部前后饰突出兽面纹，两侧饰以鸟纹四组，雷纹填地，外饰凸弦纹。鋬端兽面圆耳，似幼鹿。盖内铸铭文三字："作宝彝"；器内底铸铭文三行十七字："□陽（？）□京享肇乍（作）厥文考父辛宝尊彝"（图四六、四七）。

（二十七）兽面纹方罍

时代：商末周初

尺寸：通高48.2、口径13.9×10.6厘米

器口呈长方形，直口，方唇，高折颈，溜肩，深弧腹，长方形圈足。肩部饰兽首衔环，下腹部一侧置半环形兽首钮。盖及上腹部饰兽面纹及火纹。颈部饰一周夔龙纹。圈足饰一周兽面纹，云雷纹衬底（图四八）。

历史与文物研究

图四八　兽面纹方罍

三　结语

　　庄里西遗址在两周时期为滕国公室贵族的集中葬埋之地，数十年来出土了以"滕侯鼎""滕侯簋"为代表的诸多珍贵的滕国有铭青铜器，为最终确定这个后世有着"善国"美称的西周封国的地望、国史等重要历史问题，提供了确凿的考古证据。20世纪末"亚异"族墓地及其"史夒"诸器的出土发现，不仅为滕国的始封确定了一个关键的时间点，更为周初"封建"的重要举措——"授民"的深刻内涵作了完美的诠释[13]。同时，"妊爵""子休戈"[14]等不见于记述的异邦青铜器的出土，也为山东古国史研究增添了更多新的内容和研究方向。

注　释

[1] 李鲁滕：《夒鼎及其相关问题》，《齐鲁文博》，齐鲁书社，2003年。

[2] 张志鹏：《滕国新考》，《河南大学学报（社会科学版）》2011年第4期。

[3] 宰椃角：《三代》一六·四八。

[4] 陕西省文管会：《陕西省永寿县、武功县出土西周铜器》，《文物》1964年第7期。

[5] 免簋：《三代》九·一二·二。

[6] 吴方彝：《三代》六·五十六·一。

[7] 沈子它簋：《三代》九·三八·一。

[8] 中科院考古所安阳发掘队：《1958—1959年殷墟发掘简报》，《考古》1961年第2期。

[9] 赵林：《商代的亲称"兄、弟"及其相关的旁系亲属问题》，《中国史研究》2009年第4期。

[10] 陈槃：《春秋大事表列国爵姓及存灭表譔异·续编》。

[11] 郭锡良：《汉字古音手册》，北京大学出版社，1986年。

[12] 李仲操：《两周金文中的妇女称谓》，《古文字研究》第18辑，中华书局，1992年。

[13] 李鲁滕：《夒鼎及其相关问题》，《齐鲁文博》，齐鲁书社，2003年。

[14] 李鲁滕：《虖台（丘）略考》，《古代文明》第六卷，文物出版社，2007年。

简约雄秀 气如虹见
——邾国故城发现的秦诏文陶量

内容提要

秦统一后，颁布统一度量衡的诏令是皇帝权威和国家意志的重要体现。在邾国故城发现的秦代诏文陶量，其诏文内容与文献记载一致，且国内发现极少，具有较高的历史研究价值。清末民初陈介祺、王献唐、周季木等收藏大家，倾毕生精力收藏，视秦诏量片为"气如虹见"，"各含殊彩"之珍品，研究著录，为今日综合研究提供资料。秦诏文的制作为钤印而成。其书法是典型的秦小篆字体，法度森严、结体严谨、笔画婉转，书法艺术价值极高，至今仍为篆书临习的最佳范本。

关键词

秦代诏文　邾国陶量　秦小篆　钤印　王献唐

秦始皇在公元前221年（始皇帝廿六年）统一全国后，即颁布统一度量衡的诏书，《史记》载："一法度衡石、丈尺，车同轨，书同文。"[1]又据《三辅旧事》云："铸金狄人，立阿房殿前，坐高三丈，铭其后曰：'皇帝廿六年，初兼天下，改诸侯为郡县，一法律，同度量'。铭李斯篆，蒙恬书。"秦量诏书曰："廿六年皇/帝尽并兼/天下诸侯/黔首大安/立号为皇/帝乃诏丞/相状绾法/度量则不/壹歉（嫌）疑者/皆明壹之。"秦在全国制发刻有诏文的度量衡标准器，结束各国量器不一的混乱局面。度量衡制度的颁行，是皇帝威权与国家意志的重要体现，对秦王朝的建立及统一意义重大，为我国两千多年封建社会的度量衡制度奠定基础。

目前国内发现的秦铜质、陶质诏文量器数量极少，其原因一是秦王朝时间短暂，短短14年，如光影乍现，遗存难寻。二是秦王朝灭亡后，虽"汉承秦制"，但刻有秦诏文的量具，多弃之不用。据统计，国内收录铜质诏文量具有11件，陶诏义完整量具仅存5件[2]，其中4件出土于山东邹城邾国故城。这些秦诏文陶量制作精细，保存完整，诏文清晰，具有较高的历史研究价值（图一）。

一　邾国秦诏文陶量的发现与收藏

最早收集秦诏陶量残片的是陈介祺，光绪元年十二月（1875年）陈介祺收集到一件诏文陶片，当时不知何物，在致王懿荣的信中写道："近得一秦诏残瓦，至佳。人皆不解何以刻诏于瓦，蒙窃谓此宫必李斯所作，故刻诏宫上之瓦，以记并兼之盛者。"开始误认为是秦宫建筑之瓦，后来很快认识到这是秦量上的诏文，每得一件，喜悦溢于言表，与王懿荣、吴大澂等信中说到："残字直与《泰山》《郎琊》刻石并为瑰宝……此真千古未有之

文／胡新立　邹城博物馆

图一　郑国故城出土秦诏量

奇，黄金不足比重，海上神光，从吾簋斋片瓦上气如虹见矣！"[3]陈介祺至光绪八年（1882年）收集到秦诏量残片二十余片，分别拓赠吴大澂、王懿荣等，平生共收集三十余片，以为至宝。

王献唐在1931年即开始对陈簋斋收藏的秦诏量拓片，尽心收藏、著录。曾先后三次到陈氏家中，为山东省立图书馆购藏大量陶文拓本。他在《秦始皇诏瓦量残字》中写道："秦瓦量残片拓本三十三纸，陈簋斋先生旧藏也。疏宕古穆，各含殊彩，雅在秦权诏版之上。刻者即李斯，真笔原刻初拓也。""以前金石学家所未见，文字精绝，每行二字，每四行作一阳文范，合十范而成全文，每范四周必见方郭，观此量亦阳范，故印成阴文。此字之范即雕版之滥觞，实是聚珍版之始，知古代刻字之术发明甚早。"王献唐收集的秦量诏文拓本，内有多幅自题跋和抄录陈介祺题跋文字，此册赠刘允忱，刘转赠于右任、屈武先生，今存西北民族大学图书馆[4]（图二）。

民国时期，周季木收藏有大量秦诏量残片，据《新编季木藏陶》统计：共有八十余件，每件均钤印清晰，拓片墨色匀称，字口爽利，可谓精品。大多拓片一侧钤有长方形"季木藏陶"印章，其中有一残片左侧刻有"壬申（1932年）正月老友□申之赠我秦瓦量三残片"。另据1943年《季木藏陶》孙洵跋："（周季木）既收陈（介祺）丁（辅之）二家之精品，复益以新发现者，前后亦得四千余种……又得秦诏瓦量，自三字至十字者六十片……今古藏家所藏秦瓦量无有逾之者"。周季木去世后，1946年其家人将所有藏品全部捐献给故宫博物院[5]（图三）。

20世纪50年代以来，在郑国故城遗址相继出土4件秦诏文陶量，分别收藏于故宫、国家博物馆和山东博物馆。其器物形制、诏文内容一致，均制作于秦始皇廿六年（前221年）。其四十字诏文，分为十组小篆阳文，钤印在陶量上部，字迹清晰，边框整齐（图四）。在陶量的底部和口沿，钤有"骀"字戳记，更可证明是当地所出（图五）。诏文内容完整，与文献记载和出土诏文一致，是研究秦代历史、书法的重要资料。

图二　王献唐秦诏量题跋

1064

皆 疑 壹
之 明 者 [歉]

1063

皆 疑 壹 [则]
明 者 歉

图三　《季木藏陶》收藏的秦诏量残片

图四　秦诏量拓片

图五　秦诏量底部"驺"字拓片

郱国陶量秦诏文的发现，见证秦统一文字的历史，彰显秦帝国恢宏的统一愿景，是我国汉字历史重大改革举措，炳耀悠久的中华文明史，意义深远。

刀锋犀利，劲健流畅，疏密有致、自然天成，是秦代技艺高超的工匠创造的精美杰作、至臻完美的鈢印珍品，对研究古代篆刻工艺具有重要价值。

二　秦量及诏文的制作

郱国陶量秦诏文有40个字组成，4字一组，共10组，依序钤印。每组印文为阳文，钤印在陶量上即成阴文。陶量上的每组文字，均有按压的周边凹痕，可清晰地看出每组印痕的尺寸，纵3.3、横3厘米，每字纵1.4、横1厘米（图六）。每字依笔画多寡，字径稍有出入。总体观察秦代篆字的字形稍显纵长，每字篆文均法度森严，结体严谨，笔画婉转，是最具典型的秦小篆文字。

历代收藏和考古发现的秦代诏文量具，多錾刻于金属量具，其文字多不规范严整，因出于不同工匠之手，难得统一。唯一与诏文书法比肩者，只有秦阳陵、杜虎符比较规范，可资对照。

郱国秦诏文量具系遗址出土，未有剥蚀，为郱国官方监督定制，制作工整，器壁厚薄均匀，快轮加工泥痕清晰，火候独到。钤印的字痕锋利如初，有的字口还有挤压湿泥时，溢出的轻微印痕，足以证明当时在泥坯潮湿时钤印，待泥坯完全阴干后，方可入窑火烧成器。郱国遗址的秦诏文陶量，均为陶器制作之精品。

究其钤印诏文的鈢印质地，绝非陶印，必为铜质刻凿，每组四字且字字精美。其篆文镌刻线条硬直，

三　秦诏文量的容积

战国、秦汉时期的度量衡，容积标准大致是相近而稳定的，差异和变化不大。由于齐国经济强盛，在度量衡方面影响到东方各国和强秦。统一前秦代的量制就采用了田齐量制，统一后秦在郱国设立制作中心，依齐国量制为标准，制作量具。汉承秦制，其度量衡制度也承袭秦代，相差很小。选择在郱国制作量具的原因，是因为郱国从战国时期起，制陶业比较发达，产量高且陶器制作精美，地处东西方交通要道，与各国贸易往来比较频繁。

陈梦家研究分析，战国和秦汉的量制大致以200毫升左右为一升，十升为一斗。战国秦量制同于齐人所做的《考工记》，商鞅所定量制也采用田齐的量制。如商鞅升铭有："（秦孝公）十八年（前344年）齐率卿大夫众来聘，冬十二月乙酉，大良造鞅，爰积十六尊，五分尊，壹为升"（图七）。其容积约为202.15毫升，为一升的标准量器。方升的底部加刻了秦始皇廿六年诏书，证明了秦统一后仍以商鞅所规定的量制标准，统一全国度量衡。传世陈氏三量的升值约为204.6～207.0毫升，与秦量相近而微大，陈氏三量约作于公元前314年左右，虽稍晚于秦孝公十八年（前344年），而实代表《左传》昭公三年所述的陈氏家量[6]。

图六　秦诏文局部拓片

图七　战国商鞅铜升

邾国故城发现的秦诏陶量，是斗量的标准器，也采用田齐量制。发现的四件秦诏文量的容积，分别是970、990、1000毫升的半斗量，2000毫升一斗量，秦廿六年诏文颁布的斗量标准，与田齐量制一致，证明秦统一前的量制，已经使用田齐的量制标准。

四　秦诏文的文字及内容

首先，秦诏文可以纠正文献中的错字。如"状"字，即丞相隗（wei）状的名字。《史记·秦始皇本纪》，则作"丞相隗林"。在隋代已为人们发现有误。颜之推在《颜氏家训·书证》篇，记述："开皇二年（582年）五月，长安民掘得秦时铁称（秤）权，旁有铜涂镌铭……今在官府，其丞相'状'字，为状貌之状，旁旁加犬，则知俗作'隗林'，非也，当作'隗状'耳。"[7]古人以出土秦权诏文，辨正文字，可谓先例。唐代司马贞在史记索隐也记载了这条内容[8]。20世纪50年代以来出土的秦廿六年诏文陶量及残片，发现数量较多，其"状"字清晰，钤刻精细，更可印证《史记》"林"字之误，"状"字之确也。

其次，诏文的书体承袭了两周金文遗风。小篆是秦统一后，为实现"书同文"而颁布的统一文字。许慎在《说文解字序》中说："七国语言异声，文字异形，秦始皇初兼天下，丞相李斯乃奏同之，罢其不与秦文合者。斯作《仓颉篇》，中书令赵高作《爰历篇》，太史令胡毋敬作《博学篇》，皆取史籀大篆，或颇省改，所谓小篆者是也"[9]。随着岁月的流逝，上述三篇规范的小篆样本，早已云消雾散，秦虽有七块刻石，只有《泰山》《琅琊》残石存世，又斑驳残损，且有争议。《峄山》虽全，终是后世摹刻！只有邾国秦量诏文，才能一睹小篆真容，展现其秦代书风神采。

诏文的小篆书体端庄严谨，笔画粗细均匀、婉转流畅，字形略微纵长，结构严谨质朴，两周金文的影响显而易见。有的字均衡对称，如"壹""皇帝""量""不""天""立"等。有的字是假借字，如"嫌"字，写成"歉"，读音有异。还有的字还保留古代籀文的写法，如"则"字，"贝"字就写成"鼎"字，在许慎《说文解字》里就收了一些小篆的异体字，说明在秦代诏文小篆里，"则"字的这两种写法仍然存在。虽然小篆里还有异体存在，但是，秦王朝用经过整理的篆文，统一全国文字，基本消除了各地"文字异形"的现象，使古文字异体众多的情况有很大改变，在汉字发展史上有重要意义[10]。

再者，有关诏文中"皇帝"二字的磨损问题。

从文献已知4件邾国出土完整秦诏文陶量及拓本分析，3件秦量的诏文中有两处"皇帝"文字磨去。（即"廿六年皇帝尽并兼天下"和"立号为皇帝"）这三件均为半斗量，容积为1000毫升，是使用最多的计量用具（图八）。只有一件斗量（容积2000毫升）其诏文完整且字形清晰，字口爽朗，40个字的诏文完整无缺，现收藏于山东博物馆[11]。

近年来一些学者对磨字看法不同，或因多数人没

图八　被磨去"皇帝"二字的诏文拓片

有见到诏文拓本和实物，以致疑窦重重，不利秦量诏文的研究。其说法大致有三：

一是"这'皇帝'二字是以印模打印到陶量壁上以后，在烧制之前才被铲掉的"。简称"烧前磨去说"[12]。

二是"传世残量，凡无磨灭及重刻形迹，当为秦代所造；其无'皇帝'字样者，盖在秦亡楚汉相争之际。彼时子婴被杀，天下无皇帝，故造量者仍以旧印钤之，将此二字磨灭"。简称"烧后磨去说"[13]。

三是"在秦始皇陶诏量铭文中空阙'皇帝'二字，应该是胡亥继位后这次针对始皇铭文，所采取行动的一部分。胡亥的真实目的，是要昭告世人他才是当下的真龙天子，世上独一无二的'皇帝'。对陶量上的铭文，不像铜质量器那样刻上二世的诏书，可陶量制作量大，不易操作；而且瓦器易碎，需要不断制作新品，于是让主管陶量制作的官员，就采取了一个临时性的变通办法，这就是铲掉原来印模上的'皇帝'二字，以清除先皇帝的遮挡"[14]。简称"烧后、二世时磨损说"。

三种看法，虽各有道理，但仔细观看原拓及实物，就会发现，磨损皇帝二字的地方，是在陶量烧成后，再把皇帝二字磨损掉的，王献唐烧后磨损说是有道理的。另外，仔细观察山东博物馆的两件秦量，有常年使用的痕迹，口沿有多处碰撞的斑驳缺痕，内外壁光滑平直。可以断定当年使用陶量的农民，在收获的季节，在向官府缴纳粮食的时候，是离不开量具的。至于磨去"皇帝"二字的时间，也未必就是在二世时期。从秦统一到二世亡，只有14年，陶制的量具可使用多年，并且斗量和半斗量的标准已被农民熟练掌握，在汉初仍然沿用，何况购置陶量也需费用。在没有新的法令出台，农民是不会轻易弃置不用。至于磨损，有可能在秦灭亡以后，西汉之初，量上的皇帝二字成了前朝的标记，"暴秦"的影响遍及全国各地。磨去皇帝二字是对大秦王朝的否定。但是磨去后的量具照样使用，何况诏文中还有"黔首大安""法度量则不壹，嫌疑者皆明壹之"的文字，有官署文字的量具，还有官家的影响力，不妨碍汉初的农民继续使用。

五　秦量诏文的书法艺术

秦量四十字的诏文，是典型的秦代小篆。如此真实、规范又是出土的考古实物，其史料价值高，书法艺术美轮美奂，可谓秦小篆文字的历史绝唱。无怪乎陈介祺得到秦量诏文后，欣喜若狂，感慨万千："此真千古未有之奇，黄金不足比重，海上神光，从吾簠斋片瓦上气如虹见矣！"王献唐评价："疏宕古穆，各含殊彩，雅在秦权诏版之上"。对比20世纪50年代以来出土的秦量诏文大多是刻款，虽小篆字形，却因镌刻工艺、技法所限，文字不规范，书风差异较大，无法与邾国秦量诏文相比，可谓灼然玉举，与众不同。

秦小篆相传是李斯所书，其目的是为秦王朝实现"书同文"，在两周金文及石鼓籀文的基础上，取其精华，规范求新，创立了小篆的标准字体。后世对其文字、书法赞颂有加。如张怀瓘《书断》云："李君创法，神虑精微，铁为肢体，蛟作骖骓，江海淼漫，山岳巍巍，长风万里，鸾凤于飞。"窦臮《述书赋》曰："斯之法也，驰妙思而变古，立后学而宗祖，如残雪滴溜，映朱槛而垂冰，蔓木含芳，贯绿林以直绳"。对小篆的书法艺术深加赞扬。

细审诏文篆书书法，个个珠玑，字字精彩。在结体上凸显小篆特点，其字形修长、左右对称、上疏下密，中宫收紧、重心上移，稳重扎实。行笔若行云流水，婉转流畅，笔画起收藏头护尾，直者如玉箸、弯者似银钩，匀细得当，呈现简约、雄秀之美。虽小篆在中国书法史上如一道光影划过，很快被汉隶取代，但是篆书的影响一直留存后世，两千多年来碑额题字、墓志盖文、篆刻治印，非用篆书不足以彰显其庄重，可见篆书魅力之影响，由此构成中国书法艺术的重要因素，早已深入人心。

注　释

[1]（汉）司马迁：《史记·秦始皇本纪》，中华书局，1982年，第239页。

[2] 国家计量总局：《中国古代度量衡图集》，图109～113，文物出版社，1982年。

[3]（清）陈介祺：《簠斋论陶》，文物出版社，2004年，第10页。

[4] 王献唐：《秦斯之遗》，西北民族大学图书馆珍藏，甘肃人民美术出版社，2010年，第117页。

[5] 周珏良：《周季木先生传略》，《新编季木藏陶序》，中华书局，1998年。

[6] 陈梦家：《陈梦家学术论文集》，《战国度量衡略说》，中华书局，2016年，第534页。

[7]（北齐）颜之推：《颜氏家训集解·书证》，上海古籍出版社，1980年。

[8]（汉）司马迁：《史记·秦始皇本纪》索隐，中华书局，1982年，第246页。

[9]（东汉）许慎：《说文解字序》，商务印书馆，1980年。

[10] 裘锡圭：《文字学概要》，商务印书馆，1988年，第66页。

[11] 国家计量总局：《中国古代度量衡图集》，图109～113，文物出版社，1982年。

[12] 王恩田：《陶文图录》卷首王氏自序，齐鲁书社，1982年。

[13] 张书学、李勇慧：《王献唐书画题跋辑存》，《跋秦诏瓦量拓本》，华东师范大学出版社，2022年。

[14] 辛德勇：《邹县纪王城出土秦始皇陶诏量铭阙文新解》，2022年9月23日发表于澎湃新闻网。

内容提要

灵岩寺历史上形成过两次佛教偶像的道场文化，特别是"观音道场"的形成，其在历史发展进程中维持约近800年时间。"灵岩观音道场"文化是灵岩寺历史发展的重要组成部分，探究、挖掘其产生、发展及消亡的过程，审视度衡，撷取有益文化元素，为社会所用。

关键词

挖掘　灵岩　观音道场　文化

窥视灵岩历史上的『道场文化』

文／王晶　王孜冰　济南市考古研究院

一座大型寺院，随着佛教历史发展的进程和环境幻觉的时而显现，在朝廷支持和僧人渲染下，少有形成菩萨界面特有的独门寺院道场，产生相应菩萨特殊的效应功能，逐步形成特有的菩萨道场文化。如国内著名四大菩萨道场浙江普陀山观音道场、山西五台山文殊道场、四川峨眉山普贤道场、安徽九华山地藏道场，这些名山寺院都是在一定特殊历史条件下形成的独特菩萨道场，独树一帜，名扬内外。这些菩萨道场在后期的历史发展中一脉相承，没有中断，延续至今，致使在今天的社会发展进程中凸显自己的道场文化特色，带动了当地旅游和经济发展。济南长清灵岩寺也是一处历史上的"观音道场"名山寺院，有过与其他菩萨道场同样的文化内涵，只是被后来的历史中断所遗忘，最后被淡化、消亡出历史的视野。

灵岩寺与泰山周围的神通寺（济南历城）、光华寺（泰安新泰）、谷山寺（泰山山后）、衔草寺（济南长清）、神宝寺（济南长清）等形成泰山早期的佛教寺院，南北朝时期就在泰山山脉撒下佛教文化的种子，在此开花、结果，形成早期泰山特色的佛教文化，这些早期寺院多在历史劫难中破败，或在发展中颓废，或有后期苟延的存在，再也没有兴隆起色。灵岩寺有幸在诸多的历史灾难后每每得到复兴和发展，历史车轮没有停止，佛教延续没有中断，绵延流传，一脉相承，这就为特色道场文化的形成奠定了基础。研究灵岩寺佛教文化特征，是灵岩寺佛教文化中的重要组成部分，也是佛教文化交流的名片。如此，凸显灵岩寺佛教文化的特殊重要性，即是树立地域性佛教文化特征的标志，意义重大。纵观灵岩寺有着大山丛林的环境，有着佛教历史发展延绵不断的流传，更有着佛教独特属性的本质，形成独具特色的寺院道场有着得天独厚的条件。因此，研究灵岩寺佛教独特属性而发展形成的特色佛教道场，对灵岩寺佛教文化的研究和旅游开发有着重要意义。依据历史文献和遗存文物、碑文、题刻等相关史料，挖掘、研究灵岩寺佛教形成的特色"观音道场"文化，以为今后文物的利用和管理服务。

一 萌发时期的"希有如来道场"文化

宋张公亮《齐州景德灵岩寺记》碑载："按《图经》，本希有佛出现之地。"金党怀英《灵岩寺记》碑载："名山胜境，天地所以储灵蓄秀，非福力浅薄者所能栖止也。必待仙佛异人建大功德，以为众生无量福田。泰山为诸岳之宗，其峰峦拱揖，溪麓回抱，神秀之气尤钟于西北。而西北之胜，莫胜于方山。昔人相传，以为希有如来于此成道，今灵岩是其处。云后魏正光初，有梵僧曰法定，杖锡而至，经营基构，始建道场……由希有至于定公，则不可计其岁月。由定公至于今七百年……。"[1] 环势叠嶂、山势雄伟的方山，法定创建寺院前就形成了"希有如来道场"，此时对应的高僧是朗公。梁慧皎《高僧传》卷五载：朗公"以伪秦苻坚皇始元年（351年）移卜泰山，与隐士张忠林下之契，每共游处。忠后为苻坚所徵，行至华阴山而卒。朗乃于金舆谷崑崙山中别立精舍，犹是泰山西北之一岩也。"朗公的"别立精舍"是张忠走后始建的说法场所，还不是正规的寺院道场。故此，历史上没有把朗公定性为开山者，但这个时期竟有"希有如来于此成道"，的记载，反映出当时尽管还不是规范的寺院道场，但已有如来在此得道的流传，表现出不一般的反响。"希有如来道场"文化产生于朗公时期，大约绝迹于南北朝前期，前后活跃约近百年的时间。

清马大相《灵岩志·殿阁》也载："考诸碑记，在昔希有如来居此证道，岩栖露止，未有室庐。"可知"希有如来"不需要殿宇供奉，但有诸多石刻的记载。清乾隆皇帝屡驻灵岩也留诗曰："方山亦有灵岩寺，吴下灵岩不独灵。立字安名由个个，今来古往镇亭亭。砌瓴塔尚干云矗，卓锡泉常注窦渟。希有佛曾出现地，既云希有现何形。"乾隆帝应看到诸多关于希有如来在此得道的碑刻记载。

二 "灵岩观音道场"文化史料记载

从灵岩寺遗存史料记载看，宋代中后期"灵岩观音道场"文化出现复兴。在巢鹤岩下方约十几米处的天然洞穴观音洞内，有宋崇宁三年（1104年）东京孙安静、崇宁五年（1106年）东川□□、大观三年（1109年）

图一　宋代齐州太守张劢书题

李导、政和七年（1117年）崔大防等题名。另有"开封□丁□""刘信叔""杜缩"三段无纪年宋人题名[2]。今洞内有可视"博州杨昇同杨善到此，政和七年。"和"清平李唐臣、范庭珪、郑泊温、王秀姬、田汝霖游此，宣和四年四月三日。"题记。宋代著名画家郭熙之子郭思于大观二年（1108年）九月来灵岩寺"被恩倅岷南（甘肃岷县），以是月顶礼菩萨。"[3] 得到朝廷重任升迁，专程来灵岩膜拜观音菩萨。巢鹤岩北侧崖壁上刻有宋政和七年（1117年）济南太守张劢书"灵岩观音道场"摩崖题刻六个大字（图一），尾部跋语："灵岩山，观音菩萨昔所化现，政和岁在丁酉首春甲午，朝请大夫、充右文殿修撰长乐张劢来守济南，为题峰著名，以彰其实。"[4] 明确出"观音菩萨昔所化现"的记载。宋政和八年（1118年）《王晚灵岩饭僧题记》（图二）碑载："王晚被旨，特许因职事到济南，营治亡姊襄事。小祥前八日恭诣灵岩道场，礼观世音。预设僧供，请如老升座。饭毕出山。刘材、韩洵、王永夏、侯不群同行。政和八年六月二十有七日。"[5] 王晚旨召前来济南奔赴母亲丧事，携人专来灵岩寺"恭诣灵岩道场，礼观世音"，并设供，请僧人为其丧母举办法会，这是记录"观音道场"内容活动的具体事件，颇

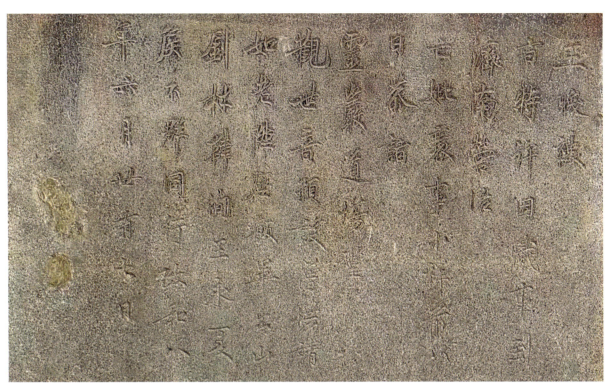

图二　王映灵岩饭僧碑

图三　宋《敕赐十方灵岩寺碑》

具意义。宋代《敕赐十方灵岩寺碑》（图三）左侧题记："观音赵用之行道护题宣和改元四月六日恭礼"和"观音兼登证明张端子正记宣和改元四月初十日恭礼"信徒赵用之和张端子于宣和年间先后来此护题观音道场。2012年灵岩寺出土伪齐阜昌[6]二年（1131年）《口建常住地界公据》石碑（图四），碑文开头即载："济南府据十方灵岩禅寺主持传法妙空大师净如状，为本寺系观音菩萨道场祈福之地……"。明示出灵岩寺是观音菩萨道场的"祈福之地"。《济南府灵岩山第八代敕差住持传法妙空大师塔铭》（图五）载："皇统元年（1141年）六月二日齐州管勾济南府十方灵岩禅寺寺门事传法妙空大师奄化于寺之方丈……法姪询公继师主寺事以状请铭……灵岩自昔为大禅刹，实观音建化道场。"直接标明灵岩是实实在在观音菩萨建造升化的道场。这些记载均记录在宋代晚期的石刻里，证实宋代晚期"灵岩观音道场"文化兴起有色，达到一定高潮。

　　寺院道场文化的形成，是一个循序渐进的过程，要在其宗派法门与观音信仰高度契合的状态下，经历从祥瑞幻觉到僧俗共识，再有高僧立说和朝廷惠恩，经过多年的磨合锤炼，才能形成地域性特色的"观音道场"文化。

图四　伪齐阜昌地界碑　　　　　　　　　　图五　妙空禅师塔铭

三　"灵岩观音道场"文化形成的条件

任何寺院菩萨道场文化的形成都是有条件的，概是与其他寺院相比的优势之处。查阅其他菩萨道场形成的文化因素归纳起来约有如下：1.国家统一，社会稳定，拥有良好的社会环境和民众需求。2.该菩萨法身职能与寺院佛教宗派法脉高度契合。3.有菩萨瑞迹幻觉的经常出现。4.瑞迹现象被高僧写进经书里，并明确出某个"菩萨道场"。5.寺院管理有着戒德清规、静修秉持的良好风尚。6.有朝廷加持，皇恩惠泽。具备这些条件才有可能成为寺院的"菩萨道场"。

灵岩寺佛教宗派的发展自始至终是佛教的禅宗道场。中国佛教里的观音菩萨属于大乘佛教，灵岩禅宗也属大乘法门，对于大乘佛教来说，具有菩提心是所有大乘法门的基本属性。观音信仰和禅宗修行是汉传佛教最普遍的信仰形态和法脉传承，在理论上是相通的，这就在法脉上为"灵岩观音道场"的形成提供了可能。北齐高僧法侃"闻泰山灵岩，行徒清肃，瑞迹屡陈，远扬荣泽"[7]。北

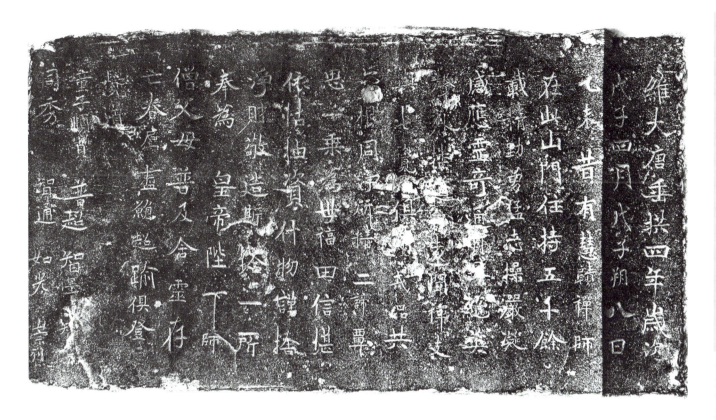

图六　唐垂拱四年慧跡碑拓片

朝时期灵岩寺即有"瑞迹屡陈，远扬荣泽"的记载，与《唐垂拱造塔记》（688年）碑（图六）载"……昔有慧跡禅师，在此山门住持五十余载，精勤勇猛，志操严凝，感应灵奇……"中的"感应灵奇"记载相同。明傅光宅《重修千佛殿记并词》亦云："灵岩禅寺者，峰连岱岳。朗和尚开山于初，则七帝承风而遥礼。定禅师弘法于后，则四众钦德而皈依，龙象经行，灵异互显。"[8]灵岩寺历史上的"瑞祥幻觉"现象经常出现，并在不同时代的石刻中予以记录。

灵岩寺自古即是"行徒清肃""励节弘规"[9]之道场。清版《灵岩志·风俗》载："灵岩脉络岱宗，山明水秀，人杰地灵，理固然也。代出高僧，一心悟道，纤尘不染，无故不轻出门，终身不入城市。居则蒲团默坐，风幡不能动其心；行则藜杖优游，威武不能屈其节。名重朝野，赐紫赐号者不一其人。而法派皆彬彬然，有释氏之风焉。尤可重者，阖寺皆无密室，长老不设门禁，戒德清高，以防物议，又高出寻常丛林万万者也。在昔皆然，今则鲜矣！"总结出灵岩寺早期历史上始终是"戒德清高""人杰地灵"、高僧辈出的寺院道场，为"观音道场"文化的形成，奠定了人文基础。

四　"灵岩观音道场"文化的形成

进入南北朝时期，战乱频繁，大众困苦深重，面对饥寒和病亡的种种苦难无能为力，寄希望于超现实能力的"救世主"出现，开始形成对观世音懵懂的狂热崇拜，致使南北朝时期观世音菩萨造像众多（摩崖石刻、出土造像）的原因。1996年发掘灵岩寺殷舟殿遗址，出土北齐时期石质观音头像[10]（图七），进一步证实灵岩寺为以后构成"观音道场"文化储备了发展基因和趋势。同时，也是导致早期"希有如来"文化（已不适大众所需）很快在灵岩消失、失传。

观音，早期谓之"观世音"，是大乘佛教信奉的菩萨之一。《法华经·观世音菩萨普门品》云："若有无量百千万亿众生受诸苦恼，闻是观世音菩萨，一心称名，观世音菩萨即时观其音声，皆得解脱。"按照佛经解为观音菩萨大慈大悲，能应一切众生愿望，将他们从各

图七　般舟殿出土北齐观音石像

种苦难危急中解救出来。观音菩萨是诸佛世尊大悲的总汇，对众生有强烈的慈悲心，并应及施教，化现无量身相，以种种方式度化众生。

从中国历史发展、济南出土观音造像及史料记载情况观之，民众对"观音道场"的渴求至隋唐时期即已成熟。苦难民众经过南北朝时期对超现实能力"救世主"观音菩萨的狂热崇拜，欲寻找一个"瑞迹屡陈"的固定名山寺院，建立起能够拯救大众苦难的"观音道场"。经过北周建德灭佛后，泰山早期寺院多无兴起，唯灵岩寺百废再兴，得以传承和稳固发展。至隋唐时期国家统一，社会稳定，灵岩寺的大乘禅宗道场与观音信仰高度契合，拥有"戒德清高"、人才辈出的管理体制，这些都是形成"观音道场"文化的硬性条件。

2012年灵岩寺管理部门在一次取土活动中发现伪齐阜昌二年（1131年）《□建常住地界公据》碑载曰："先蒙朝廷拨赐山场地土，于乾德年立碑□说四至去处，汔为地畔广阔，被人侵占。"这里的"先蒙朝"是指唐朝，应是"高宗临御"后"朝廷拨赐山场地土"于

灵岩。至宋乾德年间（963~968年）即已出现"被人侵占"现象，致使寺院作出"立碑□说四至去处"的举动，从此寺院田亩官司不断[11]。从宋熙宁三年（1070年）《敕赐十方灵岩寺碑》、阜昌二年（1131年）《□建常住地界公据》碑、金皇统七年（1147年）《□□□山罗汉》残碑、金明昌六年（1195年）《灵岩寺田园记碑》诸多碑刻中，其内容皆充斥着寺院地产被掠夺、生存环境恐怖骇人景象，导致土地官司缠绵不断。如金皇统七年（1147年）《□□□山罗汉记》残碑载："……众乃惑乱悯然，不知□措，□天晓而为捕者。所……备山门之洒扫，奉事三宝，自尔各励其志，而精进焚修，后咸得证乎。"碑文真实记录了当时寺院险恶的生存环境，僧人只想做好自己"备山门之洒扫，奉事三宝，自尔各励其志"的门前事，无力干预其他事情，兹是当山住持云公禅师立碑所云，当是灵岩寺对生存环境的集中概括，表现出寺院僧人无望的消极情绪，看不到环境改善的希望。至元代元世祖、成宗、惠宗时期分别颁诏圣旨碑内容所示，仍然是强调保护寺院土地财产事宜，证实灵岩寺自宋代初期至元代惠宗晚期的发展阶段外部环境是比较紊乱的，势必导致内部不稳定。因此，该阶段应排除"灵岩观音道场"文化产生的可能。

《续高僧传·昙迁传》卷十八载：开皇"十四年（594年），柴燎岱岳，迁又上诸废寺并无贯逃僧，请并安堵，帝又许焉……又敕河南王为泰岳神通道场檀越，即旧朗公寺也；齐王为神宝檀越，旧静默寺也；华阳王为宝山檀越，旧灵岩寺也。"这里记载把三处寺院皆敕额更名，将灵岩寺改名为"宝山寺"（至唐代仍恢复旧称），并指定其皇孙分别为神通寺、神宝寺、宝山寺的檀越，显示出朝廷对三处佛教道场的高度重视和扶持。尽管指定的檀越当时皆幼小，后来都没有形成势力派，更没有直接为寺院做出多大贡献，但敕封檀越对社会的影响是深远的，从朝廷至官府，再到社会、民间的相互影响，定会出现自上而下的筹划募捐，实施营造一时兴起。《隋书·高祖纪》云：开皇十五年（595年）"春正月壬戌，车驾次齐州，亲问疾苦。丙寅，旅玉符山。庚午，上以岁旱祠太山，以谢愆咎，大赦天下"。隋文帝于该年正月到齐州，五月来方山（玉符山）灵岩寺，九月去泰山祈雨。唐道宣

《广弘明集》卷四十载有隋炀帝杨广《谒方山灵岩寺诗》："梵宫既隐隐，灵岫亦沉沉。平郊送晚日，高峰落远阴。回幡飞曙岭，疏钟响昼林。蝉鸣秋气近，泉吐石溪深。抗迹禅枝地，发念菩提心。"唐《续高僧传》卷二十五《隋东都宝杨道场释法安传》载："王所游履，必赏随从，及驾幸泰山。"当时任江都扬州晋王的杨广，应在开皇十至二十年间（590～600年）来灵岩寺而作，隋代的两个帝王应对灵岩寺都有经济与政策上的支持。

《续高僧传》卷十五载：灵润"闻泰岳灵岩寺僧德肃清，四方是则，乃杖策寻焉。既睹副师遂从谘训，乃习般舟行定，无替。晨昏初，经三七情事略疲，自斯已后顿忘眠倦，身心精励，遂经夏末。于时同侣五百余人，各奉行之互相敦励。至于解坐同行无几，惟润独节秀出，情事莫移。"记载隋代灵岩寺禅宗道场修行的具体情形，灵润认真规范，意志坚强。时有僧人五百余，管理制度严密，僧侣队伍庞大。隋代时期有慧肖、慧斌、灵润、道因等高僧的出现，证实灵岩寺当时是一处备受朝廷关照及规范有名的大型寺院。

唐龙朔三年（663年）《大唐故翻经大德益州多宝寺道因法师碑》[12]载："法师讳道因，俗姓侯氏，濮阳人也……年甫七岁，丁于内艰，嗌粒绝浆，殆乎灭性，成人之德，见称州里……便诣灵岩道场，从师习诵，而识韵恬爽，聪悟绝群。曾不浃旬，诵涅槃二帙，举众嗟骇，以为神童。逮乎初帡，方蒙落发，于是砥行饬躬，架德缉道，箧蛇能蒭，心猿久制。逆流增智，望井加勤，在疑必请，见义思益。寻讲涅槃十地，洞尽幽微，宿齿名流，咸所叹异。及受具戒，弥复精苦，若浮囊之贞全，譬圆珠之朗洁……又于彭城嵩论师所，听摄大乘，嵩公懿德元献。兰熏月映，门徒学侣，鱼贯凫集，讲室谈筵，为之嚣隘。遂依科戒，而为节文，年少沙门，且令习律，晓四分者，方许入听。法师夏腊虽幼，业行攸高，独于众中……将诣洛中，属昏季陵夷，法纲严峻，僧无徒侣，弗许游涉。于是杖锡出山，子焉孤迈，恐罹刑宪，静念观音，少选之间，有僧欻至，皓然白首，请与俱行……追赴京邑，止大慈恩寺，与元奘法师证释梵本……春秋七十有二，以显庆三年三月十一日终于长安慧日之寺……。"道因（586～658年）于隋开皇十三年（593年）出家灵岩寺，"逮乎初帡，方蒙落发"为正式僧侣。初离灵岩即去彭城（江苏徐州）听嵩公讲法，"而为节文，年少沙门，且令习律，晓四分者，方许入听。法师夏腊虽幼，业行攸高，独于众中"。从中可知，道因离开灵岩时的年龄不大，很大可能约在隋代中期离开灵岩寺。后至洛阳竟遇"昏季陵夷，法纲严峻，僧无徒侣，弗许游涉"的孤零景象，"静念观音"，竟瞬间出现结伴僧侣，表现出惯用"观音道场"的法门咒语成为自然，是"观音道场"文化成熟应用的具体体现，离开时灵岩即形成、具备了观音道场。

隋代国家统一，社会相对稳定，适合民众急需"救世主"出现的条件。对灵岩更名敕额"宝山寺"和嫡孙檀越的诏曰，极大带动当地士大夫阶层的施舍，应有过大型殿堂和房舍的营建，以致"于时同侣五百余人"的规模容纳。晋王杨广的"抗迹禅枝地，发念菩提心。"诗句，潜寓出灵岩寺禅宗和"观音道场"形态文化的显示，又有道因接龙"静念观音"事件的发生，足以说明杨广来灵岩寺时（590～600年）"灵岩观音道场"即已形成。前推隋文帝连年两次巡幸灵岩的举动，唯开皇十四年（594年）的敕额更名和诏曰檀越事件针对性最强，专场敕赐三大寺院佛教事宜，也应是同时确定"灵岩观音道场"的懿旨时间，历史发展的节点、皇帝敕旨和高僧辈出的出现，皆符合"灵岩观音道场"产生的时机。

五 "灵岩观音道场"文化的发展

《旧唐书·卷五本纪高宗》载：麟德"二年……十二月丙午，御齐州大厅……命有司祭泰山。丙辰，发灵岩顿……麟德三年春正月戊辰朔，车驾至泰山顿……"。麟德二年（665年）冬高宗与武后来泰山封禅，前站驻跸灵岩寺十二天。又载："齐州给复一年半，管岳县二年。所历之处无出今年租赋。"朝廷旨令免除齐州一年半赋税，用以恢复"封禅泰山"和"高宗临御"后的社会生产。从此，灵岩寺进入高速发展期。唐李邕《灵岩寺碑颂并序》（图八）载："高宗临御之后，克永光堂，大悲之修，舍利之□，报身之造，禅祖之崇，山上灯□□切字内。舍那之构，六身铁像。次者三躯，大□金刚，□□增衰。远而望之，云霞炳焕于丹霄；即而察之，日月照明□□□道。此皆帝王之力，舍以国财。""高宗临御"之后，灵岩寺发生很大变化，寺庙建筑"克永光堂"。这个时期遗存至今的有千佛殿（图九）、慧崇塔（图一〇）及塔林晚唐时期的一个墓塔基座（图一一），这些寺院内容的变化来自于"皆帝王之力，舍以国财。"朝廷对灵岩寺显现出高度的经济恩惠政策。碑文里累说众多大殿和造像的营造，首曰"大悲之修"，凸显大悲观音阁的存在，显示观音菩萨的优越地位，是"观音道场"文化形态的体现和发扬光大。清版《灵岩志·殿阁》云："观音殿在达摩殿正东，去寺可里许，乃甘露泉发源处。"此处是法定创建寺院的旧址，唐武宗灭法后再也没有起色，寺院营建中心开始向今寺址迁移，晚唐时期还应有小型建筑的营建活动。志书记载的观音殿（已不存）地势环境不大，想必殿堂稍有规模，或许即是唐代晚期所构。在今寺遗址能看到少数早期遗存的有鲁班洞、般舟殿遗址、千佛殿（檐柱、柱础）[13]祖师塔和慧崇塔，没有显示"观音道场"文物的佐证。

张劢题"灵岩观音道场"刻于巢鹤岩北侧，此岩俊秀傲立，四周绝壁，独悬空中，相传是法定来灵岩二虎驮经被泉水浸湿晒经处，这里被张劢指定为"观音菩萨昔所化现"的地方。其跋语"为题峰著名"，指证为巢鹤岩，题字目的是"以彰其实"。在此有宋崇宁二年（1103年）"巢鹤岩□阳吉"、政和三年（1113年）"巢鹤岩杜绾"等题名。另有巢鹤岩无纪年宋人题名十五段，分别是：张直、济南古岳赵□仲、王晋老、济南高伯殳、陈州李裕、陈宗文、汝阳梁元□、章丘□□德、博平李元裕、东平宋安中张远、大名牛元直张应之、颖州□奇虢宗、高唐刘生同妻索氏、歙州程□、蔡礼[14]。巢鹤岩下方的观音洞宋代时期史料有载即已名谓，当时没有雕刻造像的供奉（有明万历十七年摩崖雕刻罗汉像一尊），为何称呼观音洞？洞内外的题记均有附加昭示观音洞的潜意，疑似这里是历史上观音菩萨坐升得道的地方。

宋代朝廷外受异族紧逼，内部阶级对抗趋于严重，农民起义时时不断，政府懦弱，官吏腐败无能，得过且过，多一事不如少一事的做法普遍存在，不能从根本上果断处理阶级矛盾，使民间大众的情绪被压抑至极。朝廷大力推崇佛教，诱导民众从善向佛，初期暂时缓解了社会矛盾。由于长时间政府没有相应的管理对应机制，任其发展，导致后期阶级对抗日趋严重。人们在屈辱和苦难中挣扎，又一次寻找救世主，求得在社会沉浮中得以生存。由此，灵岩寺的周围环境随势呈现出抢占土地和财产的恐怖景象。宋代中、后期的"灵岩观音道场"文化是社会环境下的又一次复兴。宋张公亮《齐州景德灵岩寺记》载："景德中，主僧琼环者，即众堂东架殿两层，龟首四出，南向安观音像，文楣藻拱，颇极精丽。"五花殿（图一二）是现址宋代时期营造的最早殿宇，庄严华丽，颇具规模，主祀观音菩萨，上覆华丽的藻井结构，凸显造像的尊严和神圣。加上巢鹤岩、观音洞及院内碑刻中的众人题记，应是该种文化又一次盛期的概念总结和展示，其作用和影响有同于国内四大菩萨道场的效果，再次被人们认定为该处是祈求观音菩萨最为灵验的地方。

金代秉持宋代的宗教政策。金皇统七年（1147年）陈寿恺撰书《济南府灵岩寺祖师观音菩萨托相圣迹序》碑（图一三），文图并茂大为渲染："夫灵岩大刹，昔自祖师观音菩萨托相梵僧曰法定禅师，于后魏正光元

图八　唐李邕《灵岩寺碑颂并序》碑拓片

图九　灵岩寺千佛殿

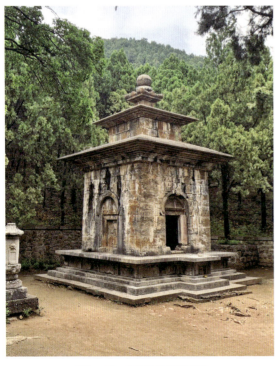

图一〇　灵岩寺慧崇塔

图一一　塔林东侧晚唐墓塔台基

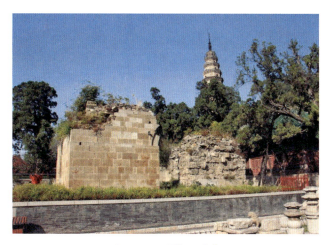

图一二　五花殿遗存

年（误）始建道场，兴梵宫，居天下四绝，境中称最，而世鲜知其由。我祖师其始西来，欲兴道场于兹也，前有二虎负经，青蛇引路，扪萝策杖，穿绝壁而不可登，乃徘徊于南山之巅。面石之久，感日射巅峰成穴，透红光于数里。师乃蹑光而下，美其山林秀蔚，可居千众。道遇村人，亦异人也，顾师而言曰：'师岂有意于兹，患其无水耶？回指东向不数里可得之矣。'师既徐行，则有黄猴顾步，白兔前跃，俄惊双鹤飞鸣，其下涓涓，果得二泉。又击山泐，随锡杖飞瀑并涌，遂兴寺宇，逮今八百余年。"法定来灵岩时，是观音菩萨的法身托化成法定禅师的形象，"本观音之示现，记罗汉之仪形。"[15]这是形态"观音道场"画面的具体体现，其画面气势浩荡，前后映照，颇显"观音道场"神秘色彩画面，大力渲染观音至此的盛事效果，增强人们对"观音道场"的崇敬感。至金代前期尚是"观音道场"文化的活跃期；中后期，地方豪强举兵强占寺院。贞祐二年（1214年），泰安张汝楫占据灵岩聚众抗金，金朝命长清严实破之，加封严实为长清县尉。同年，金兵进入灵岩，寺遭兵燹，唐太宗、宋太宗、真宗、仁宗所赐御书尽毁，惟阁存焉。占领者要求寺院一切服从战事，士兵的居住、粮食、训练场所等统统由寺院提供，势必打破寺院的正常秩序，僧团四散，供养停断，寺院的田亩收入全部囊入张汝楫和金兵军队中。战事期间生灵涂炭，寺院处于灾难性处境，"观音道场"文化与佛教同样受到打击，一时进入沉沦期。

元朝以藏传佛教为国教，但对其他宗教如汉地佛教、儒教、道教等也不排斥，采取宽容政策，容各种宗教共存。汉地佛教与藏传佛教有许多共同点，均为历任帝王所崇奉。元代皇帝三下圣旨昭示明确灵岩寺住持地位及保护寺院财产，致使周围众多寺院申请列其下院保护，体制庞大，多方经营，构成规模巨大的经济实体。墓塔林西北隅元至正元年（1335年）《明德大师贞公塔铭》载："创塑观音两堂，以严千佛、般舟二殿。"在千佛殿、般舟殿皆塑制观音像。元致和元年（1328年）《管妆塑圣像施主花名》碑载般舟殿"管妆塑圣像施主花名如后……管背坐妆塑观音圣像施主、副寺子贞……"。证实元代塑制于千佛殿和般舟殿的二尊观音菩萨像皆为面北者。由此可知，元代时期的"观音道场"文化还是延续的，但远不及遭兵燹前的盛世状况。

图一三　《济南府灵岩寺祖师观音菩萨托相圣迹序》
碑拓片

唐至元代，灵岩寺关于观音菩萨塑像的供奉甚多，有殿宇主祀，也有协祀，有组合奉祀，亦有摩崖雕祀，这些都是"观音道场"文化形象内容的体现，使用形体艺术继续传承着"观音道场"文化的延续。

六 "灵岩观音道场"文化的消亡

明代初期朝廷推崇理学专制思想，对佛教加以整顿，严加控制。朝廷直接参与佛教管理，并明确主修禅宗和净土宗，佛教思想受到禁锢，致使教义和思想很少有创新，新的派别亦甚少出现。这个时期的佛教理论创新方向只能与宋明理学完全一致，发展主要集中在探索释、道、儒"三教合一"的途径上，进而达到三教大一统的程度，使得专奉道场内出现不同宗教内容的殿宇偶像，如释、道、儒三教鼻祖合堂的三教堂（如灵岩寺墓塔林东南向三教堂遗址、历城华山华阳宫三教堂等），"观音道场"文化在宗教政策上受到极大遏制。"灵岩观音道场"题记旁依崖雕出小型圆首方碑（图一四），额题"重修观音堂记"，不识年号，附近有过体量不大的观音堂建造，应是后期"灵岩观音道场"文化的残喘延续。明代德王重建御书阁，门东侧镶嵌有明万历十六年《大悲菩萨赞》碑（图一五），证实在阁内塑了千手千眼观音菩萨像，其奉祀观音菩萨只是单纯偶像的供奉，不是"观音道场"文化上的继续，其属性和意义与昔日有着巨大差别，即时的"观音道场"文化灵魂已经消失、灭亡。

清版《灵岩志·纪变》云："明崇祯十三年荒旱，土寇蜂起，孙化亭啸聚万众，略青崖山寨，以灵岩为属寇巢穴。寺僧有被害者，亦有为贼所屈者。惟慈舟、古贤二僧不屈贼，亦素知其行而重之，听其看守香火殿宇，保全佛像无恙，皆二僧之力。至我朝顺治六年正月内，邑侯吕公力请满汉官兵合攻青崖山寨，风雪中围三日夜破焉，余寇悉平之。"灵岩寺为孙化亭所属部队占据九年，弑僧夺财，掠占田亩，严重破坏寺院的正常秩序。"而末年（明末）复以乱残，僧徒散亡。"[16]多处建筑失修，大雄宝殿及其他房屋倒塌，不能行正常的佛事活动，不见供养者前来布施，所剩少数僧人皆为没有能力远走，或因出家于附近村庄，使得寺院四分五裂，残喘苟延，香火极度萧条，致使顿入冷

门，再也没有崛起。

灵岩寺库存清代残碑记载，乾隆二十一年（1756年）为迎接皇帝南巡初次驻跸灵岩"窃照灵岩古刹庙宇残坏，经逐一修葺，现在焕然重新"。重建大雄宝殿，建造驻跸亭，营建爱山楼行宫，并对其他殿宇亦进行修复。又载："……乾隆二十二年九月二十一日蒙……前事又因寺僧人众，产业甚少，难以……八百八亩，按数赎回，俾僧众焚修，有资惟是。该寺房间甚多，每岁必资修葺，赎回地亩必得替成……"。承蒙乾隆皇帝的恩敕，寺院僧多业少，难以维持，将原有的土地赎回八百八亩，决定僧众焚修、房屋修葺需要的费用通过赎回的土地经营来实现。通过"……众公议，存公一百亩，每年修补殿宇之费。议存方丈五十亩为供给之用。余存……寺中向有十二房头：韦驮殿、地藏庵、伽蓝殿、鲁班洞、十王殿、藏经殿、老店、转轮藏、白衣殿、袈裟亭、饮马口、塔西……余地计口分授每……"。一百亩地生产的经济费用，用于每年的殿宇房舍修缮；五十亩地产生的经济费用，用于方丈事物处理；其余按照十二门头僧人的多寡分配土地。由此说明，乾隆时期的灵岩寺僧人体制发生重大变化，存在名誉上的方丈，有十二门头，且经济独立，单独核算，列分为众多的寺院弱小势力团体。1934年农历九月，中国近代教育家、藏书家傅增湘（1872～1949年）与学者周肇祥、邢端同游灵岩寺。"二十七日晚上，灵岩寺住持诚信大和尚与傅氏等人夜话，介绍灵岩寺的现状：寺分为12院，院各有主，名义上都归属灵岩寺。由于当地多方侵占，原本富裕的寺产逐渐沦没，只剩五顷多地，且多为山田，僧众数十人供给困难，因此无力修缮寺庙建筑。"[17]与残碑记载相同，这种12院房头的寺院管理体制，各自为政，势力涣散，割据寺院贯穿了整个清代，"主其事者，又无长才高识以耸动群伦，遂坐视其日就崩颓。"[18]

清代时期的灵岩寺佛教，因儒、释、道合流而显示出相当的混乱，佛教十二门头各自为政，有些不具备殿堂的门头早晚功课在寮房里自修。儒、道建筑也趁机而入，辟支塔西北向有朝元殿、关帝庙，寺东北向有玉皇殿的存在。崇祯（1629～1644年）间塑玉皇大帝像于御书阁内。儒、道宗派的渗入，导致佛教势力锐减，加之寺院体制管理的混乱，"观音道场"文化

图一四　红门西侧摩崖《重修观音堂记》碑　　图一五　明代《大悲菩萨赞》碑

势必遭到绝杀，销声匿迹，湮没于战乱和宗教争执之中，彻底退出历史舞台。

　　清代有识文人提及"灵岩观音道场"的昔日辉煌。清版《灵岩志·述闻》载："名山胜水，菩萨道场宇内甚多。至若文殊之五台，普贤之峨眉，观音之灵岩，焚修祝禧，皆最显著。"

七　小结

　　灵岩方山因地势环境受佛教所青睐，历代高僧辈出，"瑞迹屡陈"，僧团队伍"行徒清肃""励节弘规""戒德清高""持戒绝俗"，始终是大乘禅宗之道场。萌发时期的"希有如来"在此得道升迁，初显灵岩环境非凡。随着历史发展和佛教教义的流变更替，隋代初显"观音道场"文化，一路走来，绵延流传至元末，前后活跃于灵岩寺历史舞台约近八百年，拂去劳苦大众精神尘迹，抚慰心灵伤痕，苦难中得到慰藉，心灵上得到安全报备。因此，"灵岩观音道场"文化在社会历史进程中做出重大贡献。同时，亦增补了灵岩寺佛教史中的重要文化内涵。

　　"灵岩观音道场"文化自明初开始退出历史舞台。细读明清碑刻、诗词，几乎不见"观音道场"字眼，自明末"啸聚万众"，占据灵岩寺，"观音道场"文化元素彻底消除的无踪无影。现今重提"灵岩观音道场"似乎有些陌生，因为渐去有600余年的时间了。但是历史上的存在，是历史赋予我们厚重的财富，挖掘"灵岩观音道场"文化，权衡评述其文化地位，补漏拾遗，加以补证，彰显灵岩寺传统文化之厚重，以为社会服务。

考察期间，承蒙灵岩管委程智利、张蕾同仁的大力支持和协助，在此致以诚挚的谢意。

注 释

[1]（清）马大相：《灵岩志·碑记》，山东友谊出版社，1994年，第48页。

[2]（民国）藏元老人：《游山东灵岩日记》，《艺林月刊·游山专号》1935年第6期，第9～11页。

[3]（宋）郭思：《崇兴桥记》碑，现置于崇兴桥西端。

[4]（清）冯云鹓，宋政和七年张劢灵岩寺题记，《济南金石志·卷四》，中华书局，2015年，第562页。

[5]（清）冯云鹓，宋政和七年张劢灵岩寺题记，《济南金石志·卷四》，中华书局，2015年，第564页。

[6] 北宋末年，金兵大举南侵至济南，时任济南知府刘豫降金。金兵急于攻克大宋，无心管理侵占地盘，两年后，刘豫在金朝的卵翼下建立"齐国"，于1130年自立"大齐皇帝"，改年号为阜昌元年，至阜昌八年（1137年）被金人废除。

[7]（唐）《续高僧传》卷十一《唐京师大兴善寺法侃传》，中国书店，2018年，第177页。

[8]（清）马大相：《灵岩志·词赋》，山东友谊出版社，2014年，第64页。

[9]（唐）《续高僧传》卷十一《唐京师大兴善寺法侃传》，中国书店，2018年，第177页。

[10] 李裕群：《灵岩寺石刻造像考》，《文物》2005年第8期，第79页。

[11] 王晶、刘丽丽：《山东长清灵岩寺地界石碑考略》，《东方考古（第12集）》，科学出版社，2015年，第112页。

[12] 现存西安碑林，唐欧阳通书。

[13] 王晶、刘丽丽、常祥：《济南长清灵岩寺千佛殿建筑考》，《山东博物馆辑刊（2020年）》，文物出版社，2020年，第28页。

[14] 张晓波：《1931年傅增湘等济南访古记——周肇祥〈山游访碑目〉》，《济南文化论丛》第七辑，2022年9月，济南出版社，第432页。

[15]（金）完颜祯：《灵岩赋呈明远和尚》，清版《灵岩志·词赋》，山东友谊出版社，2014年，第63页。

[16] 清顺治十六年施闰章《重修般舟殿记》碑，般舟殿前。

[17] 张晓波：《1934年傅增湘等济南访古记》，《济南文化论丛》（第七辑），济南出版社，2022年，第417页。

[18] 藏园老人：《游山东灵岩日记》，《艺林月刊·游山专号》1935年第6期，第9页。

内容提要

本文首先归纳总结出唐至元陶瓷扁壶的典型器形，研究该时期陶瓷扁壶的造型和装饰。进一步以扁壶的实用功能作为切入口，对各时期扁壶的使用功能进行总结，与各时期的历史特点结合，进行功能性研究。最后讨论扁壶发展过程中，其延续性与割裂性的矛盾存在的原因，对影响器物形制转变的因素进行分析探讨。

关键词

扁壶　陶瓷　功能分析

文／刘琪　吉林大学考古学院

陶瓷扁壶的发展至唐代，形制已基本稳定，并在之后进一步丰富，元代伴随着青花工艺的进步，许多扁壶的装饰愈发精细，明清时期基本作为陈设器使用。因此，研究唐至元扁壶的形制演变，并就其演变的原因进行探析，可以部分推论瓷器造型发展的原因。

一　唐至元陶瓷扁壶源流与特征类型

扁壶笼统来说主要指扁腹的壶形器，即腹部较为扁平，相较于鼓腹或圆身的壶体，腹部有明显扁平的形态。陶瓷扁壶在西汉时期已有发现，形制上并不统一，既有方形扁壶[1]，也有近圆形扁壶[2]，此时扁壶的共同特点是皆在上腹部有系。陶瓷扁壶在北魏时期数量较多，风格上以胡风为主，仅在北方地区发现。北魏扁壶形制上多较为细长，至隋代则相对变矮，颈部缩短，变为大口。

唐代扁壶出土位置较广，中原和南方地区皆有出土。以圆形扁壶、方形扁壶、鱼形扁壶和凤首扁壶四种形态的扁壶比较典型。圆形扁壶壶身主体为长圆形，比如董满墓出土的三彩扁壶（图一，1），壶体呈扁圆形，喇叭形口，短束颈，肩上部有双系，系上各有一穿孔，扁圆腹下部向内收，假圈足较高，平底。器身两面模印相同的凸起花鸟纹。胎质细腻，釉色由黄、绿、白三色构成[3]。还有一种矮颈的圆形扁壶，西安市西郊热电厂唐墓（图一，2）出土。圆唇侈口，矮颈溜肩，截面呈扁长圆形，两肩上对称安置一鸡心状小钮，其中一小钮已残，椭圆形矮假圈足。白胎稍粗，两侧对称印有倒宝相花纹[4]。

方形扁壶的壶腹主体部分为圆角长方形，有明显棱角的扁平，肩部有系。江苏扬州砖瓦厂（图一，3）出土，侈口直颈，直腹平底。两侧上下各有对称桥型耳一对，饼形足。正面釉下书阿拉伯文，背面有云气纹。青灰色釉，通体施釉[5]。

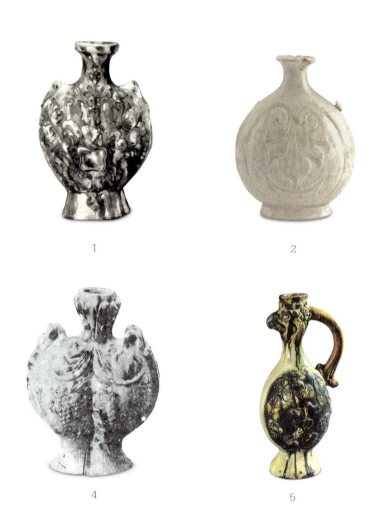

图一　唐代扁壶

1. 圆形扁壶（董满墓）
2. 圆形扁壶（西安西郊热电厂墓）
3. 方形扁壶（扬州砖瓦厂）
4. 鱼形扁壶（西安南王里村）
5. 凤首扁壶（洛阳墓葬）

　　另有扁腹的鱼形壶和凤首壶等动物拟态的扁壶。鱼形扁壶参见陕西省西安市南王里村出土的三彩扁壶（图一，4），双鱼合作壶身，鱼嘴吐水花做壶口，上唇翻转做系，鱼头下移至腹部，有锋利牙齿，鳃处明显，壶体中部为对称双鱼胸鳍、腹鳍，鳞片刻划纹路清晰立体，外侧扁平双背鳍，尾鳍合做一体成圈足，形似摩羯。红黄蓝三彩，圈足无彩[6]。凤首扁壶主体为凤鸟，壶口呈凤首状，腹部扁平，有柄连接壶口与腹部，河南省洛阳墓葬曾有出土[7]（图一，5）。

　　两宋时期出土扁壶分为两宋和辽、西夏三个相对独立的系统。两宋扁壶出土数量较少，主要集中在辽、金和西夏。

　　两宋扁壶分为三种。首先同样是圆形扁壶，浙江省龙泉县溪口青瓷窑址出土（图二，2）。口残，推测为直口，素面，腹扁圆，方形足，肩侧有两耳，足上有相对两口。黑胎生烧[8]。其次，广东省潮州笔架山窑出土有鱼形扁壶（图二，1），与唐时的鱼形扁壶有所相似，壶身模印出鱼嘴、眼、鳞、鳃、尾等，鱼身形态刻画细致。鱼嘴喷水做壶口，壶腹为鱼身，鱼尾做底，生烧[9]。最后，江苏省扬州市出土的柳斗形扁壶（图二，3），壶身扁圆，仿柳条编织纹。椭圆口，平唇直颈，肩部两侧有半环形小系。系下分别有一道从颈到底部的凹槽。平底，底心略凹，有竹片修胎的痕迹。胎质细腻洁白，釉色白中闪黄，釉质肥厚。口部、内膛及底无釉[10]。

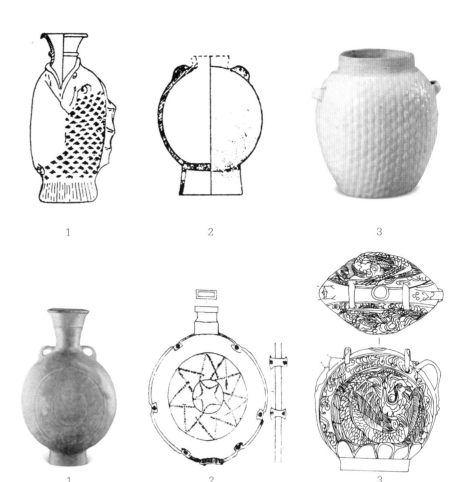

图二　两宋扁壶

1. 鱼形扁壶（潮州窑）
2. 圆形扁壶（龙泉青瓷窑址）
3. 柳斗形扁壶（扬州市）

图三　辽代扁壶

1. 圆形扁壶（科左后旗呼斯淖契丹墓）
2. 圆形扁壶（广德公乡鸽子洞辽墓）
3. 圆形扁壶（缸瓦窑）

辽代圆形扁壶数量较多。一种为方口短颈，比如广德公乡鸽子洞辽墓出土的扁壶（图三，2），壶体呈扁圆形，方口直颈，下饰一道弦纹。腹一侧略凸，另一侧较平。腹部外凸一侧刻有两周同心圆，中间剔刻两周点状花纹，另一侧为素面。腹侧脊粘合处有两道突棱装饰，两道突棱间形成一个穿带凹槽，两侧穿带凹槽上有对称横向系各3对。胎呈灰褐色，胎质细腻，通体施深绿色釉至壶底[11]。另一种为喇叭口长颈，比如科左后旗呼斯淖契丹墓出土的灰陶扁壶（图三，1），侈口长颈、斜口、微卷沿，颈部有一道凸弦纹。壶身扁圆，两面各有两条同心圆棱，侧面中间内收，形成一道凹槽。颈两侧肩部各有一系。高圈足，底上凸[12]。还有一种有流有柄的圆形扁壶，内蒙古赤峰市缸瓦窑遗址有出土，H25∶29（图三，3），圆唇无颈，扁圆壶身，一侧有柄一侧有流，流残，侧有两系，壶身两面印团龙纹[13]。

需要说明的是，辽代鸡冠壶在李文信[14]的分类中，有"扁身"鸡冠壶的类型，但是鸡冠壶的器形上多以垂腹为最明显特征，腹最大径位于中部偏下的位置，侧面上腹部呈倾斜的形态，并不是扁平的形态。同时，鸡冠壶作为辽代陶瓷较为有特征的器物之一，其形制演变有其自身的发展规律。因此本文辽代的扁壶并不把鸡冠壶纳入其中讨论。

西夏扁壶自成系统，以黑釉剔花和腹部的圈足为特色，似为两个碗形器物相扣，小口短颈，腹部扁平，呈较规则圆形，部分腹部有圈足。灵武窑遗址大量出土。T11③∶189（图四，1），四耳，褐釉，剔刻开光折枝牡丹，其外刻划水波涡纹[15]。T11③∶190（图四，2），双耳，黑釉，腹较鼓，正面剔刻开光折枝牡丹一只，其外刻划花叶和弧线纹[16]。也有腹部无圈足的器形，比如灵武窑T11③∶191（图四，3），双耳，腹部无开光，剔刻三朵折枝牡丹和花叶纹[17]。

元代生产扁壶的窑场较多，出土地点分布较为广泛。首先，元代仍然出土有圆形扁壶，还结合了凤首

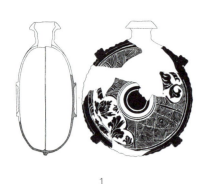

图四 西夏扁壶

1. 圆形扁壶（灵武窑 T11③：189） 2. 西夏扁壶（T11③：190） 3. 西夏扁壶（灵武窑 T11③：191）

图五 元代扁壶

1. 圆形扁壶（北京鼓楼大街） 2. 方形扁壶（元大都遗址） 3. 执壶形扁壶（林西窖藏）

扁壶的造型设计，至今出土有两件，一件于北京市旧鼓楼大街豁口元代窖藏出土（图五，1），平唇、直颈、扁圆腹、圈足。以凤首做流，以凤首做柄，凤身绘在圆形壶体上部，壶体下部装饰莲花纹[18]。另一件于伊犁哈萨克自治州霍城县芦草沟出土，肩部一侧堆贴一执耳，已残失。形制与上述一致，纹饰有细微差异。土黄色胎，通体施青白釉[19]。其次，有大量博物馆馆藏的方形扁壶，以青花和白底黑花为主，比如北京东城安定门外元大都遗址出土扁壶（图五，2），卷唇直颈，肩部为圆弧形，壶体较矮，腹部微鼓，肩部四系，白地。壶两面分别绘酱色龙凤纹，龙凤纹外侧饰以双线纹作框。侧面绘卷草纹[20]。青花方形扁壶多见于海外博物馆。最后，还有一种执壶形扁壶，内蒙古林西县元代瓷器窖藏出土（图五，3），口部残。长方形口，扁体，腹微鼓，细长流，长方形圈足，流上部与壶身

以"8"字形装饰连接。通体饰缠枝莲花纹，正背两面花纹相同，足饰覆莲纹，流和执柄均饰云纹。青花颜色鲜艳[21]。

二 唐至元扁壶的功能性分析

唐至元的陶瓷扁壶整体上以使用趋向可分为两类，一类是实用性扁壶，形制上具有实用功能或是实用功能的变体，即该类扁壶的扁腹这一形态变化具有功能价值，扁腹的造型承载着实际使用过程中的功能需求；另一类是装饰性扁壶，该类扁壶制作精美，虽然仍可作为壶使用，但扁腹的功能价值不通过承载液体实现，而是体现在陈设装饰上。实用性扁壶和装饰性扁壶的区别在于，其壶体的扁腹变化是否是由于使用需要的实用需求引导而产生的。

（一）唐代扁壶功能性分析

唐代的方形扁壶风格上与唐代其他扁壶截然不同，釉色不见三彩，扁平腹部和四系穿带皆表明该种扁壶应具有一定的实用价值，此种形制的扁壶在长沙市文物考古研究所和长沙市博物馆各有一件，形制整体一致，唐代长沙窑应批量生产过此种扁壶。唐代方形扁壶上的阿拉伯文具有明显不同的民族风格，长沙窑有阿拉伯文的产品除该件扁壶还在长沙窑窑址和黑石号沉船以及巴基斯坦班布尔（Banbhore）[22]等多处有发现。长沙窑的产品9世纪之后进入到大批量生产及外销的阶段，外销产品主要集中在日用品，壶、罐、碗这三类，该类扁壶应也是主要面向海外市场。但是该件器物为唐墓出土，与之相比照，在长沙博物馆有同样形制的方形扁壶，也不排除该种形制的产品在唐时已有对应市场，综合长沙窑的性质，该件方形扁壶是受到海外文化因素影响下产生的。

长沙窑扁壶的发现表明该时期扁壶已经部分出现了功能性的演变，这一演变是与海外市场的需求相关的，这与整个唐经济发展状况是相一致的。虽有方形扁壶指向实用功能，但方形扁壶并不多见，唐时扁壶以圆形、鱼形和凤首扁壶为主，多是从鼓腹壶向扁壶的一种形态变化，处在以装饰性扁壶为主的阶段，将陶瓷扁壶实际作为日用品使用不是主流。这与唐代文化传统有关，唐方形扁腹穿戴的设计多用于行旅出行使用，而唐代生活以定居占主流，并不需要随身携带扁壶，因此缺少实用性扁壶相应的孵化条件。

（二）两宋时期扁壶功能性分析

两宋时期的扁壶分为几个相对独立的类型。首先，宋朝出土的扁壶数量稀少，仅有三件，且互相没有关联性，各自独立。笔架山窑出土的鱼形扁壶基本上可以认为是唐代的双鱼扁壶的延续。柳斗形扁壶仅发现有一件，穿带的设计以及柳斗纹饰应与其使用过程相关，存在实用的可能性。圆形扁壶形状较小，为南宋时期窑址出土，造型与辽代扁壶相似，应是受其影响，并不是本土文化影响下的产品。因此，宋代扁壶并没有形成自身完整的规律演变，而是受到唐、辽的影响，生产的器物不成系统风格。

辽与西夏的扁壶则呈现出完全不同的一种风格。已有的传世画中，就有记录扁壶的使用状况，现藏于日本大阪市立美术馆的《明妃出塞图》[23]（图六，1）和吉林省博物馆的《文姬归汉图》[24]（图六，2）中都有体现，这两幅长卷画中，都有几名骑马的髡发男子，有一位男子身后似乎背着件器物，器物中心为墨色圆形团状纹饰，周围分布有七瓣叶状纹饰，每瓣内都有极为繁复的纹饰，这件器物应就是扁壶。扁壶的使用方法就是通过系将背带穿过，系于背部。这种侧部多系的设计在辽代扁壶和西夏扁壶中都可见。对此可知，二者具有一致性，因此，该时期的扁壶是可以说具有非常明确的实用性价值。

西夏的扁壶造型与皮囊壶有关，特别是侧面的突棱设计，应是在模仿皮囊壶的缝制痕迹。李进兴认为西夏扁壶是将碗、盆等形状的瓷坯合在一起压制而成[25]，通过两件瓷坯中间的黏合瓷土可以推测出西夏扁壶的制作过程，此种做法与皮制品将原皮配件依据其各自位置进行缝合的思路相当。西夏扁壶侧边大

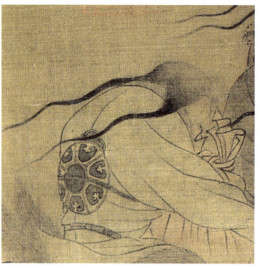

1   2

图六　扁壶使用图像资料
1.《明妃出塞图》局部（大阪市立美术馆藏）　　2.《文姬归汉图》局部（吉林省博物馆藏）

多有附加的一层突棱装饰，此件附加纹饰并不会起到具体的加固作用，这种突棱设计应是在模仿皮质品缝制处的线痕，此种设计使西夏扁壶的造型更有层次，具有独特的民族风格。

西夏的扁壶又发展出了另一种使用方式——横置式。在此之前的扁壶，无论是否具有实际使用功能，都以圈足或饼形足为底，呈立式放置。而以西夏扁壶T11③：190为例，其壶腹有圈足，可横置作为支撑，同时其歪斜的壶嘴可使平放液体时，水不致外流。这种扁壶放置方式的改变也与该时期实用性扁壶的需要有关。

因此，可以看出该时期扁壶的使用方法。一种为立置式，参照《文姬归汉图》中将扁壶周围穿带形系固定于身后，方便出行携带，以将扁壶固定于身上的方式携带，以体温为壶内液体保温，在饮用时能维持较为适口的温度；更多的立式扁壶多是以壶底圈足平衡壶身，通过肩部的两系或壶侧多个并行的横向系进行穿带，从而方便携带。另一种为横置式，为通过在壶腹增加"足"的方式放置，同时改变壶口形状，使液体在壶横置式不致外流浪费，更易存放和携带。

这与辽和西夏的民族特性相关。辽代契丹民族有捺钵传统，由契丹传习习俗发展而来，随四季变化，逐水草而居，自穆宗始，圣宗时制度化。这种与传统定居农业不同的一种生活状态，长期的居无定所要求必须有相对固定的水来源。因此，这种可以将容器固定不易晃动的形状变化就随之出现了，这种变化是为了满足需求而发生的，这种变化的发生实现的是一种功能上的转换。因此，就辽与西夏地区的扁壶变化而言，功能性具有很强的主导意义。

需要注意的是，辽与西夏的扁壶并不是在唐扁壶实用性基础上的延续发展，器形上，唐代功能性扁壶为近长方形，而辽与西夏的实用性扁壶皆为圆形；使用群体上，唐代主要针对的是长沙窑的主要海外市场，而辽与西夏针对的则是本民族人民的日常使用；来源上，辽与西夏扁壶多是与该地区流行的皮质壶有关，也可见相似的造型器物。因此，辽与西夏地区的扁壶是相对独立发展起来的一种实用性扁壶。

综合来看，两宋时期扁壶的分布具有很大的不平均性，以辽、西夏为主，因为两地都有很强的民族属性提供使用环境，形成扁壶的过程中受到具体的功能性驱动，才有如此系统的扁壶演变体系。

（三）元代扁壶功能性分析

元代扁壶以青花为主，纹饰精巧细密，无论从工艺水平还是美学设计上都与以往有所不同。从多件传世品的龙凤纹饰清楚地表明了使用群体的阶层，更多的是作为装饰性陈设使用。至元代，随着制瓷工艺的发展和海外市场的拓展，部分窑口的扁壶因有外销的需求，仍然生产着与需求地相符的扁壶，具有一定的功能价值。但是整体上，该时期扁壶造型多样，仅仅作为一陈设或装饰性而生产的扁腹壶。这与元代民族精神和经济模式是相匹配的，一部分是因为元代建立后生活相对稳定，对出行携带器具的需求降低，缺少相应的使用环境，另一部分是因为元代整体制瓷业的发展，瓷制品的审美意趣更多的承载着一种精神和地位，因此，辽金西夏这种实用性较强的扁壶无法表现这一内涵，而装饰性扁壶则有较大的发展空间。

元代扁壶基本上可以认为摆脱了社会发展的实际需要，这时的实用价值已基本脱离扁壶装盛液体的使用内核。这种直接的、切实的功能性与精细复杂的纹饰和器形存在着一定的矛盾，制作工艺的复杂就赋予了该件器物更高的经济价值，同时也提升了其社会价值。在这两种价值的加持下，一件被精心设计出来的青花扁壶实际出行使用的可能性并不高，更多的是作为一种工艺品、陈设器物，只需要作为被欣赏赞美的对象即可。

三 影响扁壶功能性演变的因素

关于实用价值与审美价值的比较，需要明确出来的是，史前时期，这种审美价值是在随着社会进步发展之后而分化出来的一种精神需要，这种需要是与社会生产力的发展有关的，因此，审美价值的基础需要建立在实用价值的阶段发展上。但随着朝代更迭，进入历史时期之后，二者不再具有这种迭代关系，它们是可以共存而不是非此即彼的关系，那么，透过扁壶折射出来的实用价值和审美价值不再是单薄的器物属性，而是通过类型学研究之后的时代风格的总和，因此，才能够通过研究唐至元的陶瓷扁壶来进行进一步的研究。

整体来看，扁壶的发展相对的不具有严格意义上的连续性，地区分布上也不均。唐时扁壶为立式，而两宋时期，辽与西夏皆发展出横置式的扁壶，特别是西夏，该种横置式扁壶几乎成为主流，而元代该种扁壶则消失，又回归至立式扁壶。但是各朝代各民族之间的陶瓷扁壶并不是相对独立的，彼此之间存在着影响和延续性，比如唐宋时期的鱼形扁壶、辽和元都有发现的有流有柄的圆形扁腹壶等等，这证明陶瓷扁壶的发展并不是完全割裂的。然而，上述几种类型的扁壶也仅仅存在于某一段时间内，在唐至元这八百年间，并不存在某一种形制的扁壶具有实际意义上连续发展的情况，长时段的具有演变规律的陶瓷扁壶发展脉络并未形成，

上述"长时段的具有演变规律的陶瓷扁壶发展脉络"未形成的原因在于这一器物的发展来源不具有统一性。一部分来源于其他材质扁壶向陶瓷扁壶的转化，另一部分则是来源于鼓腹壶向扁壶的变形。这就意味着缺少一个具有持续发展可能性的内因统一驱动，使其在发展过程中不易延续传承。自西汉铁质扁壶的出现来看，这种转变因素是相对固定的，即便携和使用价值的影响。但是部分类型陶瓷扁壶的扁腹明显并不具有便携的价值，也就是说，在唐至元这段时间内，使扁壶发现发展的驱动因素有多重——装饰性和实用性。二者的主要区别在于，扁壶的器形变化是否是由于使用需要而形成的。由功能性引导的扁壶大多具有一定的延续可能性，而由装饰性引导的扁壶则延续可能性较低。是其他形制陶瓷器物腹部变得扁平的变形，管中窥豹，可以推论一件变形器物的延续发展需要社会中具有实际使用价值的需求才能更好地发展。

扁腹这一特征指向的游牧非定居的使用环境具有时代的特点，而装饰性的扁壶则是在瓷器生产过程中的一种器物变形，这种变形与器物的使用环境无关。

因此，这种圆腹壶向扁腹壶的转变并没有形成一种时代趋势。

因此，一件实用性较强的器物——比如壶——如果它的转化不具有功能意义，那么这种转化就无法延续，形成一种新的器形，这种转化仅仅会短暂的存在一段时间，当这段时间的驱动因素消失后，会在另一个地区或另一个环境下，产生新的完全不同的驱动因素，产生新的转化。这每一次的转化过程并不都是一个简单直接的过程，有其背后的文化内涵驱动。

总的来说，唐至元这一长时段内，具有演变规律的陶瓷扁壶发展脉络并未形成。这种相对独立发展的原因在于陶瓷扁壶这一器物的产生缺少统一的实际驱动的功能性因素。这种因素的形成与不同地区不同时期的文化有关，各自独特的文化源流使得扁壶并未形成长时段的演变规律。

注 释

[1] 北京市文物工作队：《北京平谷县西柏店和唐庄子汉墓发掘简报》，《考古》1962年第5期，第240~245页。

[2] 定西地区文化局：《甘肃定西巉口两座墓葬发掘简报》，《考古与文物》1982年第2期，第20~25页。

[3] 曲金丽：《唐三彩凤鸟纹扁壶》，《文物春秋》2009年第5期，第75、80页。

[4] 陕西省考古研究所隋唐研究室：《西安西郊热电厂二号唐墓发掘简报》，《考古与文物》2001年第2期，第8~14页。图片截取张柏主编：《中国出土瓷器全集（陕西卷）》，科学出版社，2008年，第45页。

[5] 扬州博物馆：《扬州东风砖瓦厂八、九号汉墓清理简报》，《考古》1982年第3期，第236~242页。图片截取自张柏主编：《中国出土瓷器全集（江苏、上海卷）》，科学出版社，2008年，第76页。

[6] 负安志：《陕西长安县南里王村与咸阳飞机场出土大量隋唐珍贵文物》，《考古与文物》1993年第6期，第45~53页。

[7] 国家文物局：《中国文物精华大辞典》，上海辞书出版社、商务印书馆（香港）联合出版，1995年，第125页。

[8] 金祖明：《龙泉溪口青瓷窑址调查纪略》，《考古》1962年第10期，第535~538页。

[9] 黄玉质、杨少祥：《广东潮州笔架山宋代瓷窑》，《考古》1983年第6期，第517~525页。

[10] 扬州博物馆、扬州文物商店：《扬州古陶瓷》，文物出版社，1996年，图版91。

[11] 内蒙古赤峰市博物馆：《内蒙古翁牛特旗辽代广德公墓》，《北方文物》1989年第4期，第41~44页。

[12] 张柏忠：《科左后旗呼斯淖契丹墓》，《文物》1983年第9期，第18~22页。

[13] 郭治中、苏东：《赤峰缸瓦窑遗址出土辽金瓷器举要》，《中国古陶瓷研究（第11辑）》，紫禁城出版社，2005年，第16~23页。

[14] 李文信：《辽瓷简述》，《文物参考资料》1958年第2期，第10~22页。

[15] 中国社会科学院考古研究所：《宁夏灵武窑发掘报告》，中国大百科全书出版社，1995年，第39页。

[16] 中国社会科学院考古研究所：《宁夏灵武窑发掘报告》，中国大百科全书出版社，1995年，第39页。

[17] 中国社会科学院考古研究所：《宁夏灵武窑发掘报告》，中国大百科全书出版社，1995年，第41页。

[18] 中国科学院考古研究所、北京市文物管理处元大都考古队：《元大都的勘查和发掘》，《考古》1972年第1期。图片截取自张柏主编：《中国出土瓷器全集（北京卷）》，科学出版社，2008年，第72页。

[19] 新疆博物馆：《新疆伊犁地区霍城县出土的元青花瓷等文物》，《文物》1979年第8期，第26~31页。图片截取自张柏主编：《中国出土瓷器全集（甘肃、青海、宁夏、西藏卷）》，科学出版社，2008年，第185页。

[20] 中国美术全集编委会：《中国美术全集·陶瓷器卷一》，人民美术出版社，2015年，第1649页，现藏首都博物馆。

[21] 林西县文物管理所：《内蒙古林西县元代瓷器窖藏》，《文物》2001年第8期。第72~76页。

[22] 佐々木達夫：《バンポール出土の中国陶磁器と海上貿易》，见《深井晋司博士追悼·ペルシア美術史》，吉川弘文館，1987年，第232页。

[23] 国家文物局：《中国文物精华大辞典》，上海辞书出版社、商务印书馆（香港）联合出版，1995年，第361页。

[24] 国家文物局：《中国文物精华大辞典》，上海辞书出版社、商务印书馆（香港）联合出版，1995年，第160页。

[25] 李进兴：《西夏扁壶造型与装饰工艺述略》，《东方收藏》2020年第17期，第66~73页。

内容提要

泰山无字碑世传有秦立和汉立两说，均属臆断；无字碑并非无字，与秦始皇、汉武帝、光武帝均无关，实为唐高宗李治为改正泰山封禅的过错补立的"唐登封纪号碑"，相当于秦、汉时期立于登封坛前的"纪号石"。

关键词

泰山无字碑　封禅　纪号石　唐登封纪号碑

泰山无字碑立于岱顶玉皇庙正前方的平台上，正对极顶石，通高5.84米，自下而上分别为：石卯、石柱（底部稍大于上端）、顶覆石（碑帽）、顶柱石（顶端石柱）。无字碑何时、何人、何原因所立文献无载，由于没有镌刻文字，世人俗称无字碑（图一）。

关于无字碑的记载最早见于宋人晁补之《谒岱词即事》诗云：泰山无字碑"初疑无字碑，莹洁谁敢文。"[1]金代元好问（1190～1257年）在《东游记略》中写到："岳顶四峰，曰秦观，曰越观，曰周观，曰日观，秦观有封禅坛，坛之下有秦李斯碑。"[2]元好问认为无字碑为秦碑，后人多从其说。元代杜仁杰至元元年（1264年）在《东平张宣慰登泰山记略》中记载："薄暮至绝顶，……倾观李斯碑。"[3]明代《侍郎万恭表泰山之巅碑》也记载："隆庆壬申（1572年）春，……于时臣恭以八月禋泰山，报成绩也。余乃历巉岩，逾险绝，抚秦碑，登日观，己乃陟山巅，……近睨则秦碑若正笏，丛石如群圭。"[4]

最早对泰山无字碑为秦碑这一"世传"之说产生质疑的是明谢肇淛（zhè，同"浙"），他在《五杂俎·卷四·地部二》中记载：

> 秦始皇泰山立无字碑，解者纷纭不定。或以为碑函，或以为镇石，或以为欲刻而未成，或以为表望，皆臆说也。余亲至其地，周环巡视，以为表望者近是。盖其石虽高大而厚，与凡碑等，必非函也。此石既非山中所产，又非寻常勒字之石，上有芝盖，下有跌坐，俨然成具，非未刻之石也。考之《史记》，始皇以二十八年上泰山，立石封祠祀下，风雨暴至，休于树下，因封其树为五大夫。禅梁父刻所立石，其辞云云，则泰山之石已刻矣。今元君祠（碧霞祠）旁公署中尚有断碑（秦刻石）二十九字，此疑即所刻之石也，然则片石之树，其巅为祠祀，表望明矣[5]。

清初著名学者顾炎武在《日知录·卷三一·泰山立石》中记载：

文／温兆金　泰山文物考古研究所

图一　泰山无字碑（名贺拍摄）

岳顶无字碑，世传为秦始皇立。按秦碑在玉女池上，李斯篆书，高不过五尺，而铭文并二世诏书咸具，不当又立此大碑也。考之宋以前亦无此说，因取《史记》反复读之，知为汉武帝所立也[6]。

1961年，郭沫若先生登泰山时作《登泰山观日未遂》诗云："摩抚碑无字，回思汉武年。"可见，郭沫若先生也认为无字碑是汉武帝所立。

无字碑究竟是秦立还是汉立，以上两说均有臆断之嫌；究竟何时所立，至今难见分晓。

一　无字碑并非无字

杜仁杰在《东平张宣慰登泰山纪略》中记载："薄暮至绝顶……倾观李斯碑，仅得数字，其余漫不可视。下自登封坛，皆历代摩崖。"[7]据此，杜仁杰曾在无字碑上发现有少量文字。

清唐仲冕著《岱览·卷八》记载："石西南棱下，有行书一'帝'字，其笔法在唐宋之间，未知谁所为也。"[8]清金棨（qǐ）著《泰山志》亦记载："石（无字碑）西南棱上有正书一'帝'字，审其笔法颇似唐人，或为好事者为之。"[9]另据泰山景区工作人员赵波平考证，泰山无字碑上有四个神秘小字，这四个字分别是"震""极""为""帝"，其中，"帝"字在古籍中有记载，"震""极""为"三字为赵波平于2009年4月发现[10]。

二　泰山无字碑与秦、汉无关

无字碑属花岗岩，如此大碑在当时的运输条件下，从山下运至山顶是不可能的。据山东科技大学地质学者测定，无字碑石质同岱顶"丈人峰"的石质、花纹、颜色一致[11]。据此，无字碑石料取自岱顶。

最早在泰山顶立石的是秦始皇，《史记·秦始皇本纪》记载：

二十八年，始皇东行郡县，上邹峄山，立石，与鲁诸儒生议，刻石颂秦德，议封禅望祭山川之事。乃遂上泰山，立石，封，祠祀。下，风雨暴至，休于树下，因封其树为五大夫。禅梁父。刻所立石[12]。

第二个在泰山顶立石的是汉武帝，《史记·孝武本纪》记载："东上泰山，山之草木叶未生，乃令人上石立之泰山颠。"[13]据此，汉武帝立石是从山下运至泰山顶的，显然与无字碑无关。

第三个在岱顶立石的是东汉光武帝刘秀，《后汉书·志第七·祭祀上》记载："上许梁松等奏，乃求元封时封禅故事，议封禅所施用。有司奏当用方石再累置坛中，皆方五尺，厚一尺，用玉牒书藏方石，……方石四角又有距石，皆再累。枚长一丈，厚一尺，广二尺，皆在圆坛上。其下用距石十八枚，皆高三尺，厚一尺，广二尺，如小碑，环坛立之，去坛三步，……又用石碑，高九尺，广三尺五寸，厚尺二寸，立坛丙地，去坛三丈以上，以刻书。"[14]

以上可看作是光武帝泰山封禅的预案，关于具体仪式，《后汉书·志第七·祭祀上》还记载：

> 二十二日辛卯晨，燎祭天于泰山下南方，群神皆从，用乐如南郊，……事毕，将升封，……至食时，御辇升山，日中后到山上更衣，早晡时即位于坛，北面。群臣以次陈后，西上，毕位升坛。尚书令奉玉牒检，皇帝以寸二分玺亲封之，讫，太常命人发坛上石，尚书令藏玉牒已，复石覆讫，尚书令以五寸印封石检。事毕，皇帝再拜，群臣称万岁。命人立所刻石碑，乃复道下[15]。

据上，光武帝刘秀泰山封禅的登封坛用石可分两部分：一是登封坛上用石；二是登封坛外用石，即"立所刻石碑"。

关于光武帝刘秀岱顶登封坛外用石的情况，据光武帝泰山封禅随从官马第伯撰《泰山封禅仪记》记载：

> "马第伯自云某等七十人，先之山虞，观祭山坛及故明堂，宫郎官等郊肆处，入其幕府观治石。石两枚，状博平，圆九尺，此坛上石也，……一纪号石，高丈二尺，广三尺，厚尺二寸，名曰立石。一枚，刻文字纪功德。"[16]

据上不难看出，光武帝岱顶登封坛外用石主要有两种：一是纪号石，也叫立石，不刻文字；二是功德石，刻文字。

关于秦始皇、汉武帝、光武帝在泰山极顶登封坛外用石的情况，马第伯在《封禅仪记》中还写到：

> 早食上，晡后到天门郭，……东上一里余，得木甲……东北百余步，得封所，始皇立石及阙在南方，汉武在其北。二十余步得北垂圆台，高九尺，方圆三丈所。有两阶，人不得从，上从东陛上，台上有坛，方一丈二尺所，上有方石，四维有距，石四面有阙[17]。

在秦汉建筑中有"树阙以表门"的建筑形制，以上秦始皇的阙是指岱顶登封坛前的大门，"始皇立石"是指不刻字的纪号石，位于登封坛正南，汉武帝的纪号石在秦始皇纪号石之北，两者距离不是太远，再向北"二十余步"到登封坛（古登封台）。据此，在登封坛与汉武帝纪号石之间再无立石，无字碑紧靠古登封坛，显然，无字碑与秦始皇、汉武帝、光武帝均无任何关系，也就是说今无字碑应是光武帝之后遗物。

三　无字碑实为唐高宗补立"唐登封纪号碑"

第四个在泰山顶立石的是唐高宗李治，《旧唐书·志第三·礼仪三》记载：

> 麟德三年正月，帝亲享昊天上帝于山下，封礼之坛，如圆丘之仪。祭讫，亲封玉策，置石感，聚五色土封之。圆径一丈二尺，高九尺。其日，帝率侍臣已下升泰山。翌日，就山上登封之坛封玉策讫，复还山下之斋宫。其明日，亲祀皇地祇于社首山上，降禅之坛，如方丘之仪。……于是诏立登封、降禅、朝觐之碑，各于坛所[18]。

据上，唐高宗李治曾在岱顶登封坛"诏立登封"之碑，另据北宋赵明诚撰《金石录·卷第四·目录四·唐、伪周》记载：

> 第六百六十七："唐登封纪号碑侧【正书，在泰山顶。】"[19]

上文"碑侧有字"，说明碑阳和碑阴无字，这与无字碑极相符。

《金石录·卷第二十四·跋尾十四·唐·唐登封纪号文》记载：

> 《唐登封纪号文》，凡两碑皆高宗自撰并书。其一大字摩崖刻于山顶（岱顶）；其一字差小，立于山下，然世颇罕传。政和初（1111年），予亲至泰山，得此二碑入录焉[20]。

综上，唐高宗泰山封禅在岱顶共立两块纪号碑：一是《唐登封纪号文大字摩崖》，据笔者考证位于岱顶大观峰"云峰"刻石下，后毁，今为乾隆御制诗刻；二是"碑侧正书"、正反面无字的《唐登封纪号碑》，由于文献记载不详，是否为泰山无字碑，特做如下探究。据马第伯《泰山封禅仪记》记载，光武帝封禅登封坛外用石"一纪号石，高丈二尺，广三尺，厚尺二寸，名曰立石。一枚，刻文字纪功德。"即纪号石（碑）无字，立

石（功德石）刻字，《唐登封纪号碑》正、反面无字，是否为秦汉时期的"纪号石（不刻文字）"呢？

2009年4月，泰山景区赵波平在距泰山无字碑西南9米处发现一处极重要的唐代摩崖石刻。刻文为："承试郎行兖州金乡县令萧文□□□□监作，何□巧人徐□□曲赵思□系□□顾□□□□□，总章元年（668年）九月三日起作，至二年二月十四日碑成，监讫。"该碑历时近半年，且工期多为冬季，正有利于泼水成冰拖运大碑；而且由兖州金乡县令"监作"，不用兖州泰山地方官"监作"，这是兖州以上的官方工程是可以肯定的，所立的碑肯定不是小碑，与《泰山无字碑》的工程量是相符的。如果是常规的立碑，人们会在碑身上刻立碑事由、立碑时间和监作人等，不会将应当刻到碑上的重要内容刻到别处。这说明在"承试郎行兖州金乡县令萧文□□□□监作"的碑上没刻常规的碑文，这与《泰山无字碑》上没有刻文字也相符。

《旧唐书·本纪第五·高宗下》记载：

> 总章元年"夏四月丙辰，有彗星见于毕、昴之间。乙丑，上避正殿，减膳，诏内外群官各上封事，极言过失。于是群臣上言：'星虽孛而光芒小，此非国眚，不足上劳圣虑，请御正殿，复常馔。'帝曰：'朕获奉宗庙，抚临亿兆，谪见于天，诚朕之不德也，当责躬修德以禳之。'群臣复进曰：'星孛于东北，此高丽将灭之征。'帝曰："高丽百姓，即朕之百姓也。既为万国之主，岂可推过于小蕃！'"竟不从所请[21]。还记载："藉文鸿业，仅保余位。封岱礼天，其德不类。"[22]

《资治通鉴·卷第二百一·唐纪十七》总章元年（668年）也记载：

> 戊寅，上幸九成宫。夏，四月，丙辰，彗星见于五车。上避正殿，减常膳，撤乐。许敬宗等奏请复常，曰："彗见东北，高丽将灭之兆也。"上曰："朕之不德，谪见于天，岂可归咎小夷！且高丽百姓，亦朕之百姓也。"不许。戊辰，彗星见[23]。

也就是在"封岱礼天,其德不类"这一背景下,唐高宗以为两年前的泰山封禅出了差错,东封泰山是有过失的,故"朕之不德,谪见于天"。此时的唐高宗对泰山封禅产生了恐惧,需要补正,乾封三年(668年)丙寅,改元为总章元年。唐高宗泰山封禅的登封坛没有同秦汉帝王一样选在"古登封台"(今玉皇庙)处,也没有立秦汉封禅的"纪号石",唐高宗以为这就是两年前泰山封禅的差错,故必须补立"纪号石(今无字碑)",也即《金石录》记载的"唐登封正、反面无字纪号碑"以改正过错。

四 结语

综上所述,泰山无字碑主要有秦立和汉立两说,均属臆断;无字碑并非无字,与秦始皇、汉武帝、光武帝均无关,实为唐高宗李治为改正泰山封禅的过错补立的"唐登封纪号碑",相当于秦、汉时期立于登封坛前的"纪号石"。

注 释

[1] (宋)晁补之撰:《鸡肋集》,钦定四库全书荟要,卷15272,《鸡肋集·卷五》。

[2] 转引自周谦、吕吉祥:《泰山古今游记选注》,山东人民出版社,1987年,第16页。

[3] 转引自周谦、吕吉祥:《泰山古今游记选注》,山东人民出版社,1987年,第16页。

[4] 马铭初等:《岱史校注》,青岛海洋大学出版社,1992年,第142页。

[5] (明)谢肇淛著:《五杂俎》,中央书店,民国二十四年复印本,卷四·地部二。

[6] (清)顾炎武著,陈垣校注:《日知录校注》,安徽大学出版社,2007年,第1804~1805页。

[7] 转引自周谦、吕吉祥:《泰山古今游记选注》,山东人民出版社,1987年,第21页。

[8] 胡立东等:《泰山文献集成》(第三卷),泰山出版社,2005年,第176页。

[9] 胡立东等:《泰山文献集成》(第三卷),泰山出版社,2005年,第359页。

[10] 赵波平撰:《泰山无字碑或为武则天所立——兼述新发现的总章摩崖》,《泰山学院学报》2014年第2期,第33~35页。

[11] 马铭初等:《岱史校注》,青岛海洋大学出版社,1992年,第111页。

[12] (西汉)司马迁:《史记》,台海出版社,2002年,第37页。

[13] (西汉)司马迁:《史记》,台海出版社,2002年,第87页。

[14] (宋)范晔撰:《后汉书》,中华书局,2014年,第1025页。

[15] (宋)范晔撰:《后汉书》,中华书局,2014年,第1026页。

[16] 转引自周谦、吕吉祥:《泰山古今游记选注》,山东人民出版社,1987年,第1、2页。

[17] 转引自周谦、吕吉祥:《泰山古今游记选注》,山东人民出版社,1987年,第2页。

[18] (后晋)刘昫著:《旧唐书》,中华历史文库,第604页。

[19] (宋)赵明诚撰,金文明校正:《金石录校正》,广西师范大学出版社,2005年,第61页。

[20] (宋)赵明诚撰,金文明校正:《金石录校正》,广西师范大学出版社,2005年,第415页。

[21] (后晋)刘昫著:《旧唐书》,中华历史文库,第58、59页。

[22] (后晋)刘昫著:《旧唐书》,中华历史文库,第71页。

[23] (宋)司马光编撰:《资治通鉴》(三),岳麓书社,1990年,第640页。

天津博物馆馆藏宋辽夏金文物精品赏析

内容提要

天津博物馆是展示中国古代艺术及天津城市发展历史的大型艺术历史类综合性博物馆，是天津地区最大的集收藏、保护、研究、陈列、教育为一体的大型公益性文化机构和对外文化交流的窗口。天津博物馆共收藏有宋辽夏金时期的文物共计5157件，文物数量众多，种类丰富。文章撷取部分精品馆藏宋辽夏金文物做简要赏析，以供众多学者了解和进行深入研究。

关键词

天津博物馆　宋辽夏金　文物　赏析

天津博物馆是一座历史艺术类综合性博物馆，其前身可追溯到1918年成立的天津博物院，是国内较早建立的博物馆之一。其收藏特色是中国历代艺术品和近现代历史文献、地方史料并重，现有古代青铜器、陶瓷器、书法、绘画、玉器、玺印、文房用具、甲骨、货币、邮票、敦煌遗书、竹木牙角器、地方民间工艺品及近现代历史文献等各类藏品近20万件，图书资料20万册。2007年年底对外免费开放，2008年被评为国家一级博物馆。天津博物馆馆藏宋、辽、夏、金代文共5157件，种类较为丰富。

一　馆藏宋代文物精品赏析

天津博物馆馆藏宋代文物总计4661件，其中钱币类共3159件，钱币类一级文物16件，二级文物9件，三级文物1403件。瓷器类文物829件，一级文物10件，二级文物28件，三级文物324件，藏品涉及磁州窑、定窑、钧窑、汝窑、官窑、哥窑等名窑。书画类文物在天津博物馆馆藏中占有重要地位，天博宋代书画类文物虽仅有37件，但精品颇多，有宋范宽雪景寒林图轴、宋张择端金明池争标图页、宋萧照高宗瑞应图卷等著名画作，还有北宋拓唐怀仁集晋王羲之书圣教序册、宋摩诃般若波罗蜜经第三十四卷等知名书法作品，其中一级文物20件。文具类文物共31件，其中一级文物3件，二级文物11件，三级文物16件，主要为各类砚台，其余为藏经纸、硬黄纸。铜器类文物399件，主要以铜镜居多，二级文物2件，三级文物296件。其余还有玉石类文物78件，造像27件，陶器9件，织绣2件，石刻砖瓦4件，档案文书3件，度量衡器2件，乐器1件，金银器1件。

宋廷曾发行钱引、关子、会子等多种具有一定货币功能的纸质票据，尤以会子为主。在会子之中，东南会子的流通区域最广、使用功能最多，逐渐成为南宋最重要的纸币。自绍兴三十一年（1161年）官方初创[1]，直至南宋灭亡，东南会子的发行与使用几乎未曾中断。

文／胡晓文　天津博物馆

图一　南宋"临安府行用　准伍伯文省"钱牌（一级）

　　乾道四年（1168年）规定，会子三年一界，每界以一千万贯为限。随界造新换旧。由于当时南宋处于战争状态，会子的膨胀在所难免，发行额大大超过规定。淳熙初年，会子的流通额就达两千两百多万贯，造成购买力下降。后经韩侂胄北伐，李全称乱淮东，蒙兵攻川陕，至绍定五年（1232年），会子的流通额达到了惊人的三亿二千九百多万贯[2]。由于纸质会子购买力低，而铜钱购买力高，百姓拿到纸质会子后，多尽早换成铜钱。因此，金属货币的信用要比纸币高很多。于是政府开始发行钱牌等金属会子，用金属会子兑换高于面值几倍甚至十几倍的纸币，以收回流通在市面上的大量旧会子，挽救南宋的会子制度。至于临安府钱牌的发行时间则众说纷纭，未有定论，但学界大多认为其发行于南宋末年。因临安府钱牌发行时距南宋灭亡不久，且当时会子通货膨胀速度过快，钱牌造价很快超过了钱牌面值，所以如今流传下来的钱牌数量极为稀少，是古泉五十珍之一。

　　天津博物馆馆藏的这枚钱牌，材质为铜质，古铜色泽，长7.1、宽1.9厘米（图一），上下皆方（平面削角）额上有小孔，便于穿系，面文铸"临安府行用"五字，背文铸"准伍伯文省"五字，字体类宋椠书体。整体书写流畅，笔画有力，美观得体，品相较好，现为国家一级文物。

　　汝窑，在名窑辈出的宋代脱颖而出，为宋代五大名窑之一，自古以来就有"汝窑为魁"的美誉。汝窑产品作为北宋宫廷御用瓷器，窑址在今天的河南省宝丰县清凉寺村，因其宋时属汝州故得其名。汝窑产品最明显的特征便是釉色犹如雨后天青色一般，并具有浑然天成的开片，有"天青色、面如玉、蝉翼纹、晨星稀"的美誉，具有掳获人心的魅力[3]。

汝窑的烧造时间比较短暂，学界认为汝窑烧造开始于元祐元年（1086年），但对结束于崇宁五年（1106年）还是宣和七年（1125年）存在分歧[4]。汝瓷作为御器贡品，烧造技艺复杂，又以贵重的玛瑙粉末为辅，因此传世的器物珍品极少，迄今为止世界范围内发现的汝瓷总数量也不足百件。

这件宋汝窑青釉盘，口径17.2、底径9.2、高2.8厘米（图二），口微侈，圈足，裹釉，制作规整，布满细碎纹片，呈冰纹状，底有3个芝麻花支钉痕。整体晶莹油润，釉质莹厚若堆脂，美如碧玉，开片浑然天成，与天青釉完美结合，实乃精品。

范宽是北宋初年杰出的山水画家，名中正，字仲立，陕西华原（今陕西铜川耀州区）人，宋代绘画大师。范宽风仪峭古，进止疏野，不拘世故，因为性情宽厚豁达，时人称之为"宽"，遂以范宽自名。他初学李成，再师法荆浩，后感"与其师人，不若师诸造化"，自成一家。他写山真貌而不取繁饰，落笔雄健有力，善用豆瓣皴、雨点皴、钉头皴等技法。范宽与董源、李成并称"北宋山水画三大家"，对后世山水画具有深远影响，其在中国留存的画作仅有《雪景寒林图》一幅，可谓弥足珍贵。

《雪景寒林图》为水墨绢本，大幅立轴，尺寸纵193.5、横160.3厘米（图三），由三副绢拼接而成。远处绘群峰积雪屏立，山顶枯枝寒柯，崔嵬之山占去画的五分之四。画面中群峰林立，山势高耸、险峻且层次分明，布局得当。山顶密林葱郁，气势磅礴。山腰间云雾缭绕，有寺庙隐现。高山之麓，溪水之滨，绘有枯木枯林，山脚霭气充塞。左边山间有村居，一人张门而坐。右边溪径木桥，溪水从远处萦徊而下汇成一片。山用雨点皴[5]画法，用笔苍润、浑厚，气势磅礴。此画形象地描绘了祖国北方河山的壮丽多姿，

图二　宋汝窑青釉盘（一级）

图三　宋范宽雪景寒林图轴（一级）

图四　宋长方形抄手式洮河石砚（一级）

整个画面使人感觉雄阔的山河，冰封雪裹，寒气逼人。

洮河石因产于甘肃省南部临潭县的洮河而得名，用此石制作的砚称洮河石砚，其地古称洮州。洮河石砚质地细密晶莹，纹理如丝，石面呈现微黑色的水波状花纹，似波浪翻滚，卷云连绵[6]。主要品种有绿洮和红洮两种，其中尤以绿洮最为名贵，故洮河石砚又被称为洮河绿石砚[7]。洮河石砚的生产历史悠久，在唐代与端砚、歙砚齐名，宋代书法家黄庭坚在《刘晦叔许洮河绿石砚》一诗中称："久闻岷石鸭头绿，可磨桂溪龙文刀；莫嫌文吏不知武，要试饱霜秋兔毫。"[8]因为洮河石水深难取，洮河石砚在宋代已作为贡品进奉朝廷，流传至今的宋代洮河石砚更是屈指可数。

该砚长方形，长23.5、宽15.5、高3.7厘米（图四），抄手式[9]，石呈黄绿色。砚面隐现圆形石纹，石质细腻，形制古朴，雕刻精细。从造型看为典型宋代作品。砚侧隶书铭文"北宋洮河产砚　孝胥"。砚底楷书铭文"黄河溢　钜鹿没　八百年　井中出　汝之心　坚且洁　照古今　若碧月　阏逢困敦之秋养庵铭"。

宋代官印是由宝、印、记三部分构成的。帝、后及太子印称"宝"，各级军事、行政机构印称"印"，其属吏及诸军将校印称"记""朱记"。南宋与金、元战争连绵不断，战乱使原有的典章制度废弛了，印制也开始涣散。《宋史·舆服志》记载"南渡之后，有司印记多亡失，彼遗此得，各自收用""州县沿循，或以县佐而用东南将印，以掾曹而用司寇旧章，名既不正，弊亦难防"[10]。南宋

图五　南宋建炎泾原路第七将印铜印（一级）

图六　辽巡贴直万方孔圆钱金币（一级）

初因迁都流徙官印多散失，重铸新印或文加"行在"或刻年号以别新旧，同时政府明令禁止欺伪，及时销毁旧印，并严格礼部对官印的管理。

此印即冠以年号之例证，印纵5.1、横5.4、高4.4厘米（图五），为方形铜官印，印文为朱文叠篆三行九字"建炎泾原路第七将印"，背设长方形柄钮，钮顶镌一"上"字以诀正倒。钮右镌"建炎四年七月日"，钮左镌"宣抚处置使司行府铸"，皆阴文楷书款。此印通体铁红色，间有绿色锈痕，造型古朴。

二　馆藏辽代文物精品赏析

天津博物馆馆藏辽代文物141件，涵盖钱币、玉器、砚台、印章、铜器、瓷器、陶器等多个种类。其中一级文物4件，二级文物8件，三级文物71件。

辽代巡帖钱全称是"契丹国皇帝贴补钱粮用巡幸颁赐之宝钱"，简称"巡贴钱"，应是调剂平衡辽早期各地区、各阶层贫富悬殊现象及经济发展失衡情况，而特制的补贴贫困地区军民钱粮的一种特殊赏赐钱或特制的补贴凭证。有学者认为此币可能是北方地区金、元时期博戏之具[11]，私认为在赌博时用黄金做筹码，成本过高不合情理，应从前说为宜。此币直径2厘米（图六），通体金质，隶书，右旋读，制作规整，币文清晰，目前存世数量极少，弥足珍贵。

辽三彩是辽代生产的低温彩色釉陶，多用黄、绿、白三色釉。虽制作技术受唐三彩影响，但其造型、装饰和用途等方面具有鲜明的契丹民族特色，在中国陶瓷史上具有重要的地位。三彩印花海棠式长盘是辽三彩中最具代表性的器物之一，八曲海棠花式的造型、生动写实的装饰图案和特有的使用功能均是辽代

图七　辽三彩印落花流水纹海棠式盘（三级）

陶瓷工匠将自然融入生活的艺术创造。主要在赤峰缸瓦窑烧造，最晚出现于辽代中期，盛行于辽代晚期，是上层社会使用的器皿，主要用于盛放酒杯、茶盏和执壶等器物[12]。

　　此盘长26.7、宽15.2、高2.5厘米（图七），工匠巧妙地利用海棠花的形象设计外形，制成外轮廓呈八曲式的长形盘，极具美感八曲海棠花式。盘体折沿宽边，斜壁，浅腹，平底。共黄、绿、白三种彩色，内壁印落花流水纹，口沿黄色釉，印唐草纹。整盘保存完好，体现了独特的美学风貌，具有鲜明的契丹民族特色。

三　馆藏西夏文物精品赏析

　　天津博物馆馆藏西夏文物35件，各类官印17件，钱币15件，铜质腰牌2块，西夏文经印本1件。其中一级文物2件，二级文物8件，三级文物24件。

　　西夏官制仿宋朝制度而设，其官印制度与宋制一脉相承，但玺印的形制却有一定变化。西夏形式上是宋、辽的藩属，但实际上西夏对宋朝表现出来很强的对抗性与叛逆性，在官印上体现尤为明显[13]。这体现在西夏官印用西夏文，几乎杜绝汉字；无论在制度层面还是在实际铸造中，往往比宋印要大；在重量方面，制度规定上往往重于宋印，尽管实际铸造不能达到制度规定；宋印背刻铸造机构，辽金皆仿，唯西夏官印不采。西夏官印多铜质，鼻钮，印面较大，背刻独具特色，背刻中出现大量嵬名氏及其他豪族大姓，表明皇族嵬名氏通过自身和与其他氏族联姻全面渗透于西夏政权的方方面面，完善对政权的控制。

　　粮官专印为铜质，方形，长6.5、宽6.2、高3.1厘米，重210.9克（图八）。"静州"本五代后汉州名，隶属于定难军，唐初改为安静，至德元年（756年）改为保静，后升为州，宋咸平四年归入西夏，故址初在陕西省米脂县，后又置静州，在宁夏回族自治区武灵

图八　西夏静州粮官专印铜印（一级）

图一〇　西夏内宿待命符牌（三级）

图九　西夏阳文铜印（一级）

市境内。"粮官"指粮道、粮台，即静州管理漕运、调发粮饷的地方官"。此印矩形，抹角，白文西夏铜官印，矩形斗钮，钮顶隐约凿一西夏文"上"字，印文为阴刻西夏文篆书6字，似为"盖朱粮官专印"[14]。背凿西夏文款一圈，文曰："大庆元年（1140年）正神 速行利 力娘冷领齐。""力娘冷领齐"是静州（盖朱）粮官的姓名。此印为西夏高官印中背刻边款者，传世仅此一件[15]。

阳文印为铜质，长5.5、宽5.5、高4厘米，重269克（图九）。此印钮上宽下窄，顶部刻西夏文"上"字，圆形穿，印体扁平。方形印面，铸阳文西夏文篆书四字。印文字义为"有神圣位"，字口深。印背浅刻有西夏文楷书两行八字，为"正首领嚩 毘屈国成"，其中后五字疑是正首领的姓名。此印反映出首领不单单是宗族部落的首领，更是西夏将传统的部族制纳入官僚制度的产物。此印还是传世西夏官印中唯一的一件带边款的阳文印，更显珍贵[16]。

西夏建立后，实行兵民合一的军事制度，符牌作为军队编制的标识物与重要凭证，对其管理非常重视。据《西夏天盛律令》记载，朝廷的符牌，均藏于宫中，并派人看护，闲杂人员不得打问和靠近藏符重地，授

予地方的符牌，则在登记注册之后，则一般由地方最高长官保管。符牌只有遇官事、急事时派发至个人。部分符牌又被称为"腰牌"，是因为古代朝廷军政臣吏、皇亲国戚及当差行走者一般将其系在腰间以证明身份。西夏符牌是弥足珍贵的西夏内宿、防御、驰驿等诸多军事严密管理体系的实物资料。

此符牌为长方铲形，长6.9、宽4.1、厚0.3厘米（图一〇）。上部有供悬佩用的方形鋬孔，下端呈连弧形，周边起沿。正面刻有西夏文字，释义为"料胡残蜹"，据《番汉合时掌中珠》记载译成汉文应为"内宿待命"[17]。背面无字。此符牌未见于《西夏文物》《中国藏西夏文献》等著作，《西夏符牌考校》[18]等文章也未提及，应属于首次披露。

四　馆藏金代文物精品赏析

天津博物馆馆藏金代文物320件，种类为钱币157件、官印54件、铜镜82件、瓷器18件、玉器4件、造像2件、陶器1件、砚台1件、石刻砖瓦1件，其中一级文物5件，二级文物53件，三级文物193件。

磁州窑是一个巨大的民窑体系，从北朝创烧开始，

图一一　金磁州窑"古相张家造"款白釉墨彩山水图长方枕（二级）

在宋、金、元时期发展繁荣，一跃成为北方民窑中一枝独秀。磁州窑产品丰富，题材浩繁，技法多样，名震古今，驰誉中外，白地黑花瓷枕正是磁州窑的主要代表器形。金代虽遇战乱，但是对身为民窑的磁州窑影响不大。此时期白地黑花装饰技法逐渐成熟，磁州窑白地黑花瓷枕的生产制造明显增多，在瓷绘内容表现上也更加多样和熟练。磁州窑白地黑花瓷枕瓷绘在风格形成上不仅受到传统绘画的影响，还结合了社会上"黑白"追求的审美，市井文化繁荣以及"书画本来同"的观点，在装饰上兼具审美与实用[19]。

此枕长方形，长28.3、宽15.4、高12.9厘米（图一一），枕面坡中间凹下，出沿，施白釉，底无釉，后侧中有一气孔，枕面墨彩花形开光内山水图，开光外四角花卉纹，四侧面，开光内有"竹""牡丹""莲花"纹，开光外花卉纹，底无釉，斜印长条形牌子款"古相张家造"楷书阳文款。目前存世磁州窑瓷枕中，有很多落款为各种式样的"张家造"，可见"张家"作坊是一个庞大的氏族群体生产规模体系，在磁州窑多家瓷枕作坊中占有重要的地位，在市场竞争中最具有优势，声誉最高。

距骨又称胫附骨，在东北俗称"嘎拉哈"，即满语"嘎出哈"。羊距骨的用途和功能是多元的，在丧葬活动方面，可以是随葬品或用作殉牲，反映墓主人生前的财富和地位；可以是玩具或博具，充实古代居民的文娱生活；可以是占卜工具，服务于部落的政治或礼仪性活动，还可以是装饰品，美化古代先民的生活[20]。用

图一二　金白玉羊距骨（三级）

玉石、水晶、玛瑙等质料制作的羊距骨，一般是贵族阶层的玩赏之物。

此羊距骨长4.1、宽3.3厘米（图一二），纯白色，似羊脂般洁润，圆雕一羊蹄关节距骨，整体琢磨光滑，十分精细逼真，与实物毫无二致。上部对钻一孔，可当佩饰，主要佩戴于上臂或颈部。它展现出金代匠人的高超技艺以及独特民族审美。

五　结语

宋辽夏金时期虽然整体上处于一个分裂对峙的时期，但是各民族、各政权长期并存，交流颇多。宋朝商品经济进一步繁荣，城市及手工业空前发展，科技文化灿烂辉煌，人们的审美情趣不断提高。辽、西夏、金虽生产力水平与宋朝有差距，但与宋朝长期贸易、经济、文化上的交流十分密切，在诸多方面深受宋朝影响的同时，仍然各具特色。如今留存下来的文物鲜

活反映了上述时代特点，它们是历史、文化、艺术相凝合而形成的瑰宝，它们有着无形的立场，能让每位肯驻足于前的观众感受到它的魅力。本文受篇幅和个人能力所限，仅能选取部分文物进行简要赏析，实属遗憾。妥善的保护它们，让更多的人能够欣赏到它们，是每一个博物馆人义不容辞的使命。我们一定会投入更多的精力到探索文物的保护与利用之中，以更好地发挥博物馆文物藏品的展示、教育、研究等价值，更好的实现博物馆文物藏品的收藏意义。

注　释

[1] 李心传：《建炎以来系年要录》，中华书局，1956年，第3150页。

[2] 吴圣林：《论南宋钱牌的货币性质》，《南方文物》1995年第2期。

[3] 柯蔚芳：《文质彬彬：汝窑天青釉的审美文化探析》，《陶瓷研究》2022年第6期。

[4] 陈万里：《汝窑的我见》，《文物参考资料》1951年第2期。叶喆民：《汝窑廿年考察记实》，《中国陶瓷》1987年第6期。

[5] 为长点形的短促笔触，常用中锋稍间以侧锋画出，形如雨点小粒，聚点成皴，宛如聚沙成山，后人因其形似故名。

[6] 蔡国声：《文房四宝鉴赏与收藏》，上海书店，1997年，第29页。

[7] 刘演良：《端砚全书》，香港八龙书屋，1994年，第172页。

[8] （宋）黄庭坚：《山谷集内集》，文渊阁四库全书本，第4页。

[9] 抄手式一般指在砚石底面开深凹槽，以便手抄托底。是宋朝时流行的砚式，它是从唐代的箕形砚演变而来的。

[10] （元）脱脱等：《宋史》，中华书局，1977年，第3593页。

[11] 王贵忱：《丹巡贴宝等七种铜钱铸造时代探讨——辽、西夏、金、元货币琐谈》，《内蒙古金融》1985年第1期。

[12] 高守雷、张童心：《辽三彩印花海棠式长盘浅析》，《北方文物》2018年第2期。

[13] 樊泽峰：《西夏官印研究》，内蒙古大学2021年硕士论文。

[14] 陈炳应：《几件特殊的西夏文物试释》，《中国民族古文字研究（第二辑）》，天津古籍出版社，1993年，第288页。

[15] 天津博物馆：《天津博物馆藏玺印》，文物出版社，2013年，第129页。

[16] 陈炳应：《几件特殊的西夏文物试释》，《中国民族古文字研究（第二辑）》，天津古籍出版社，1993年，第127页。

[17] 骨勒茂才：《番汉合时掌中珠（乙种本）》，俄藏黑水城文献第十册，第33页。

[18] 张笑峰：《西夏符牌考校》，《西夏学》2016年第2期。

[19] 张雯琳：《宋金元磁州窑瓷枕瓷绘艺术风格的演变及文化的变迁》，景德镇陶瓷大学2022年硕士论文。

[20] 王文彤：《中国境内匈奴－鲜卑时期出土羊距骨浅析》，内蒙古大学2021年硕士论文。

内容提要

定慧寺作为明朝皇家寺院，创修于明朝永乐年间，其修筑缘由与靖难之役密切相关，是朱棣为嘉奖济南战役中为其招募骁勇的智寿禅师而兴建的。朱棣称帝后，智寿禅师被封为僧录司左讲经，积极参与佛教事务，为弘扬佛法做出了卓越贡献。

关键词

齐河　定慧寺　靖难之役　吕智寿

定慧寺原位于齐河旧城西门（今祝阿镇西北街村）附近，始建于明朝永乐年间，乃明成祖朱棣所建。明清时期香火鼎盛，是济南府重要名刹之一，与长清灵岩寺并称为姊妹寺。原寺于1975年因黄河北堤扩建需要拆除，今定慧寺是2009年齐素萍居士在原址东4千米处杨真村兴建的。历史上定慧寺的敕修与靖难之役紧密相连，本文试对其基本概况、修建缘由、智寿禅师生平等作简要探析，以求教于方家。

一　定慧寺情况概述

定慧寺为齐河第一大寺，"在城西门内，明朝永乐年间敕建"[1]。据《齐河历史文化》载，"定慧寺旧址，位于原齐河县城西大街路北，寺址南北长约150、东西宽约33米，占地面积约7亩。定慧寺坐北朝南，自南而北主体建筑依次为金刚殿、天王殿、大雄宝殿、无梁殿和水罗殿5座大殿，东西两庑，前后两进院落。前院东为关圣帝君殿，西为道衍禅师（姚广孝）殿；后院东为千佛殿，西为达摩祖师殿"（图一~六）[2]，2013年定慧寺旧

图一　天王殿（山门）

文／李博文　滨州市博物馆　—　邹连刚　商河县博物馆

图二　大雄宝殿

图三　九龙壁

图四　连廊

图六　韦陀亭

图五　念佛堂

址被公布为第一批县级文物保护单位。

定慧寺作为齐河县明清时期僧会司驻地，殿宇十分伟丽，特别是大雄宝殿重檐飞卷，雕梁画栋，蔚为大观。僧录司是中国古代管理佛教事务的机构，其渊源可追溯至东晋时期设立的"僧司"，此后历代不断变化，直至唐朝末年，由僧录司管理佛教具体事务才成为定制[3]。明朝僧录司设置于洪武十五年（1382年），隶属于礼部，为中央僧官管理机构，在府州县分别设置僧纲司、僧正司和僧会司，具体管理地方佛教事务，故僧会司是最基层的佛教管理机构。其具体职责在洪武十四年（1381年）颁布的《礼部为钦依开设僧道衙门事照》中有明确规定，包括登记报告本县僧人基本信息、寺院基本概况、发放僧人度牒、管束本地僧人、阐述弘扬教法等[4]。

历史上定慧寺屡有修葺，明朝孟养性撰写的《重修定慧寺记》记述了"其寺之大门为金刚殿，殿之前有门为山门，岁久圮坏。耆老刘楷等倡为义社，得钱一百二十余千。是岁春，主持明淳等乃请命于邑侯蒲公，于是鸠材傭工，重为修葺鼎新"[5]的事迹。都御史耿如杞《重修定慧寺禅堂记》记述了司僧明东徒孙海朝重修禅堂的经过，"齐河定慧寺正殿之西有禅堂焉，盖几二百年于兹矣。司僧明东曾募缘重修之，今经三世，栋宇屋薨复渐圮坏，居蒲团者若其上雨而旁风矣。明东徒之徒海朝者，慨然有继武之志，以其募资托之安思义、心空，鸠工付之海欠。旋闻之邑侯陈公，公即捐俸额其募簿。夫公之德风也，从风而布施者人尽檀越也。遂得资若干数，鸠工趋事，不日而成。气象昂俊，藻绘精工，蔚然一新焉"[6]。

此外，定慧寺内现存万历三十年（1602年）《敕赐定慧寺重修伽蓝殿碑记》石碑1通，描绘了在性凤、圆臣、明东3位护印长老和明珠、性坤、心正等39位东堂长老的倡议下，重修东堂伽蓝殿的经历。光绪二十一年（1895年）齐河知县王敬勋撰写了《定慧寺重修万寿宫、金刚、天王、水陆、伽蓝、准提地藏祖师等殿记》，这次重修使定慧寺内"所有万寿宫、金刚等殿以及山门、钟楼，靡不精心致思，明分殊事。地则甃之，墙则垩之，丹艧一新，落成后增荣益观，邦之人咸僮僮然"[7]。该文将万寿宫排在首位是因为清代万寿宫作为皇家建筑，是"各地官员在各种节令向京城的皇帝、太后遥祝"[8]的场所，是整个寺院建筑的核心。从其规模形制来推断，应为前文所述的无梁殿，无梁殿因殿顶无梁而得名。金刚、天王殿与前文记述一致，水陆殿民间讹称水罗殿，伽蓝殿应为前院东侧的关圣帝君殿，准提地藏祖师殿应为后院西侧的达摩祖师殿。除水罗殿外，其余四座大殿一直完好保存至民国初年。1948 年，齐河县城解放后，定慧寺一度成为县政府部分机关办公用房，曾被修葺一新，列为县级重点文物。1973 年，因黄河北展工程需要，齐河县机关驻地北迁至晏城。1975 年，定慧寺被拆除，其砖瓦木料用于新县城文化馆建设。

二 定慧寺修建缘由

定慧寺作为明朝皇家寺院，规模宏大，然而其始建时间不见于《明史》。史志中对于其始建时间记载略有差异，一是认为始建于永乐年间，如《齐河县志·寺观》中称，"定慧寺，在城西门内，明永乐年间敕建"[9]，《重修定慧寺记》中亦有"邑有定慧寺者，乃成祖文皇帝所建也"[10]的描述；二是认为始建于洪武年间，"齐河定慧寺，肇兴于前明洪武戊申岁（1368 年），为松严禅师募缘创建。师法讳智寿，俗姓吕氏，北平府宛平县时雍坊人也。髫龄披剃于庆寿寺，为道衍少师高足。继游山左，始建兹寺"[11]。嘉靖《山东通志》亦有"定慧寺，在齐河县治西，洪武中建"的记载[12]。然而，智寿禅师其父母早已迁徙至齐河安家落户，禅师因"尤性喜浮屠法，因祝发为僧，住龙光寺中"[13]；并且齐河现仍流传"先有小寺（龙光寺），后有大寺（定慧寺）"的民间传说。综上所述，定慧寺应始建于明永乐年间。

定慧寺的修建与朱棣发动的靖难之役紧密相关。靖难之役是由燕王朱棣发动的与建文帝夺取政权的战争，在此战役中，朱棣军队称为北军，建文帝军队称为南军，先后历时 3 年之久，以燕王朱棣北军攻入南京取得政权而结束。"建文元年秋七月癸酉，燕王棣举兵反，杀布政使张昺、都司谢贵"[14]，"上书天子指泰、子澄为奸臣，并援祖训'朝无正臣，内有奸恶，则亲王训兵待命，天子密诏诸王统领镇兵讨平之'，书既发，遂举兵。自署官属，称其师曰'靖难'"[15]。朱棣迅速控制了北平及其附近的居庸关、怀来、密云以及东部的蓟州、遵化、永平等州县。在朱棣击败建文帝大将耿炳文、李景隆后，遂联合朱佺，进攻山东。

山东历来是兵家必争之地，特别是有"九达天衢、神京门户"之誉的德州，地理位置尤为重要。"州控三齐之肩背，为河朔之咽喉。川陆途经，转输京口，州在南北间，实必争之所也"[16]，南北两军也多次在德州进行拉锯战。在白沟河之战中，李景隆战败撤回德州，"五月癸酉，王入德州，景隆走济南。庚辰，攻济南，败景隆军城下。铁铉、盛庸坚守，不克。秋八月庚申，解围还北平。九月，盛庸代李景隆将，复取德州。"[17]

在攻打济南战役中，"靖难兵长驱南下，围济南三月不克。时姚公广孝居燕王帷幄，赞画军计，驻节龙光寺僧舍，姚公与师语，喜其非凡僧也，因引见燕王于军门。给师银碗募兵，得六郡骁勇卒数千人。随驾征讨，屡立战功，授为指挥使。壬午岁，靖难兵渡江破金川门。建文逊国去，燕王即皇帝位，封赏从征诸将士……师将先募官军从征时，被本县官吏等拆毁本寺坟塔、殿堂、房屋……奉敕差工部官率内廷工匠、吏卒，鸠材董役，鼎建殿宇、僧廊于城内，规模宏敞，遂为济南第一名刹。落成敕赐额曰'定慧寺'。又送师能仁住坐募缘，起盖毗卢宝阁、比园"[18]。道光《济南府志》载："定慧寺在县治西，明永乐中邑僧吕讲经为姚广孝徒，靖难之师募兵有功，诏遣内府工匠为吕建寺，殿宇伟丽"[19]。明末清初诗坛盟主钱谦益曾作诗对此概述，"吕公荣公徒，铁衣佐龙兴。投戈返初服，撒手归上乘。麒麟可即图，龙像俱传灯"[20]。

朱棣命人修建定慧寺，除嘉奖吕智寿当年辅佐自己外，还有更深远的社会意义，那就是超度济南、东昌战役中的亡灵。朱棣是一位儒释道皆信的皇帝，在其"举兵靖难时，就曾严禁将士，'过曲阜不可损坏亵渎'，将士皆不敢违命令"[21]，登基后曾多次下令重修各地孔庙、东岳庙和寺院。同时，让吕智寿"丰敕往白沟河等处战场，修建普度大斋，追荐阵亡将士；及往天寿山修建普度军夫匠作大斋；又奉敕庆寿寺，朔望说法，阐扬内典，声音琳琅，听者数千人，施舍金帛无算"[22]。无论是济南战役还是东昌战役，北军将士都损伤惨重，不仅损失了大将张玉，甚至连朱棣也屡遭险境，幸亏其子高煦相救才得以脱险。齐河居济南和东昌之间，地理位置优越，在此修建佛寺以超度两次战役中伤亡将帅的亡灵。除此之外，山东作为孔孟之乡，忠孝文化十分浓厚，朱棣虽然夺权成功，但是其身份不易被人们接受。通过修建庙宇，选派信任的高僧，一方面通过佛理感化山东的信男善女；另一方面也有监视当地百姓的职能，从而维护其统治。

三　智寿禅师生平考

吕智寿（？～1418年），字松岩，法讳智寿，俗姓吕氏，其父吕某，母马氏，其先世为北平府宛平县时雍坊人，父亲迁至齐河安家落户。"师幼倜傥不羁，习孙吴家言，慷然有跃马横槊志。尤性喜浮屠法，因祝发为僧，祝龙光寺中"[23]。龙光寺在齐河县城"西关，元延祐年间建，后毁于兵，明成化七年（1471年）复建，内有浮屠，今废"[24]。在济南战役中，因征募骁勇随军征战有功，朱棣即位后，封赏其为都督同知。智寿禅师坚辞不受，愿意追随姚广孝出家，于是朱棣封其为北平府僧录司右讲经，去庆寿寺和道衍禅师（姚广孝，法名道衍，字斯道，号独庵老人。朱棣称帝后封其为僧录司左善士）同住，不仅即升为僧录司左讲经。

左、右讲经是中央僧录司的重要组成部分，始设于明洪武十五年（1382年），为正八品职官，共分为禅、讲、教三等。其主要职位是"负责招待接纳各方施主，向僧众、信徒讲解佛教经文大义"[25]。朱棣迁都北京后，僧录司随之北迁，而南京作为陪都虽保留同等机构，但其实权却受制于北京僧录司。

智寿禅师虽为左讲经，但也常常参与其他佛教事务。永乐三年（1405年），鸡鸣寺受灾，智慧禅师奉命住持鸡鸣寺，募缘修盖了佛殿、方丈、库亭、舍宇等建筑。永乐五年（1407年），又奉命住持大报国寺，修建了将惜堂、沐浴堂。永乐六年（1408年），智寿禅师又随从朱棣巡狩北京，并奉命前往白沟河等五处战场，修建普渡大斋，追荐阵亡将士，两年后事毕始回京城。永乐十年（1412年），智寿禅师又奉命带30名僧人，前往天寿山，修建普度军夫匠作大斋。永乐十一年（1413年），正月初十日，禅师又奉命带领200余名高僧，随侍仁孝文皇后梓宫，沿途三时诵经、进膳，至天寿山安厝。五月十二日，又奉旨住持庆寿寺。五月二十五日，又奉旨往山东临淄县恭请佛牙舍利，并带回京城大内供养。永乐十一年（1413年），三月十七日，庆寿寺遭受火灾，烧毁了佛殿、法堂、两廊、祖师堂、方丈、二圣殿、影堂等建筑；禅师遂募缘修盖殿堂、装塑圣像，直至明年完成，重新使寺院焕然一新。永乐十二年（1414年），八月十五日，朱棣又令其每逢节日期间在天王殿设座说法，劝化乡众，每逢禅师讲经时，听众通常数以千计。永乐十六年（1418年），九月二十日，智寿禅师无疾端坐而终。朱棣闻讯后，派遣使者前往祭祀，并命人修建佛塔，安葬于齐河龙光寺祖坟内。

靖难之前，智寿禅师除在齐河县内的龙光寺清修外，还曾募缘重修了宝林寺。"宝林寺，一名表白寺，寺在县东北五十里。唐时建，至元二年（1336年）建浮屠。"[26]寺院累经兵燹，早已残败不堪。"一日，有高僧智寿，号松岩，过观古迹，恻然叹曰：'吾学佛，见佛道场，而不修耶？'乃度衣钵之资，结庵以居，旋图营葺，感神起施者出金帛，即建佛殿、山门，凡寺之堂廊无不毕具。"[27]鉴于智寿禅师的功德，在"洪武间，国制开僧道司，举行谊僧道诣，南京领印凭，任职其邑。举智寿得僧会职归其寺日，且盛修有逾"[28]

四 结语

定慧寺作为明朝的皇家寺院，其修建缘由与靖难之役密切相关，既是对辅佐自己的吕智寿禅师的嘉奖，又是为超度山东战役中伤亡将士的亡灵。明清时期，定慧寺虽有多次重修，然随着时间流逝，早已消失在历史长河中。探究历史时期定慧寺的兴修缘由，对于梳理齐鲁区域史，弘扬地域特色文化具有重要历史价值。

注 释

[1] 杨豫、阎廷献：《齐河县志》，成文出版社，1968年，第168页。

[2] 齐河历史文化编委会：《齐河历史文化》，山东人民出版社，2014年，第51页。

[3] 陈雄：《佛教僧官制度的产生与演变》，《中国社会科学报》2022年6月28日第3版。

[4] 魏利军：《山西原平土圣寺及其碑刻考》，《艺术世界》2011年第2期，第95页。

[5] 杨豫、阎廷献：《齐河县志》，成文出版社，1968年，第1712页。

[6] 齐河县地方史志编纂委员会：《清康熙民国齐河县志校注汇编》，齐河新昇印刷厂，2010年，第103页。

[7] 杨豫、阎廷献：《齐河县志》，成文出版社，1968年，第1764页。

[8] 张小李：《清代惠远城万寿宫与国家治理》，《故宫学刊》2021年，第73页。

[9] 杨豫、阎廷献：《齐河县志》，成文出版社，1968年，第168页。

[10] 杨豫、阎廷献：《齐河县志》，成文出版社，1968年，第1711页。

[11] 杨豫、阎廷献：《齐河县志》，成文出版社，1968年，第1762页。

[12] 陆钺：《山东通志》，齐鲁书社，2016年，第435页。

[13] 杨豫、阎廷献：《齐河县志》，成文出版社，1968年，第1783页。

[14]（清）张廷玉：《明史》，中华书局，2000年，第61页。

[15]（清）张廷玉：《明史》，中华书局，2000年，第70页。

[16] 张琳：《明代德州正左二卫初探》，《德州学院学报》2017年第3期，第105页。

[17]（清）张廷玉：《明史》，中华书局，2000年，第72页。

[18] 杨豫、阎廷献：《齐河县志》，成文出版社，1968年，第1783页。

[19] 王赠芳、成瓘：《济南府志》，成文出版社，1968年，第409页。

[20] 齐河历史文化编委会：《齐河历史文化》，山东人民出版社，2014年，第273页。

[21] 李国祥、杨昶：《明实录类纂·山东史料卷》，武汉出版社，1994年，第1002页。

[22] 杨豫、阎廷献：《齐河县志》，成文出版社，1968年，第1203页。

[23] 杨豫、阎廷献：《齐河县志》，成文出版社，1968年，第1782页。

[24] 杨豫、阎廷献：《齐河县志》，成文出版社，1968年，第167页。

[25] 马晓非：《明朝僧官制度研究》，山东大学2014年博士学位论文，第72页。

[26] 杨豫、阎廷献：《齐河县志》，成文出版社，1968年，第166页。

[27] 齐河县地方史志编纂委员会：《清康熙民国齐河县志校注汇编》，齐河新昇印刷厂，2010年，第835页。

[28] 齐河县地方史志编纂委员会：《清康熙民国齐河县志校注汇编》，齐河新昇印刷厂，2010年，第835页。

内容提要

毛公鼎出土一百七十余年来，历经公私多家收藏，全形拓版本谱系复杂，原器拓本多深藏密室，翻刻拓本良莠不齐，拓本收藏者往往真赝难辨。全形拓本传世数量可观，但十之八九为翻刻本。本文通过系统梳理各时期、各版本毛公鼎全形拓本的构图特征、传拓技法、谱系源流和演变轨迹，为拓本辨伪和价值评估提供了可资借鉴的依据。

关键词

毛公鼎　全形拓　陈介祺　原器拓本　翻刻拓本

毛公鼎素称"吉金之冠"，历经陈介祺、端方、叶恭绰和陈咏仁递藏，现为台北故宫博物院"镇馆之宝"。自清末出土以来，迭经各藏家不断探索，毛公鼎传拓技艺登峰造极，全形拓本重金难求。毛公鼎拓本传世数量可观，但十之八九为翻刻本，拓自原器者稀如星凤。毛公鼎全形拓历来即为收藏家梦寐以求的藏品。

毛公鼎的铭文拓本已有多位学者作过专门研究[1]，本文重点对毛公鼎全形拓器形图在不同时期的工艺特点和技术变迁进行系统梳理和辨析。我们把毛公鼎全形拓本分为三个时期、两种类型。三个时期即潍县陈氏收藏时期（1852~1910年）、浭阳端氏收藏时期（1910~1925年）、叶恭绰和陈咏仁收藏时期（1925~1946年），两种类型即原器拓本和翻刻拓本。除拓本外，还有易被误作拓本的石印本和颖拓作品。下面按毛公鼎全形拓本形成的先后顺序分别予以考察，并对制作翻刻拓本的模具、模板和印本、颖拓作品作概要介绍。

一　潍县陈氏收藏时期

清代道光末年，毛公鼎出土于陕西岐山。咸丰二年（1852年），时任翰林院编修的潍县人陈介祺重资购藏。在陈介祺收藏毛公鼎之前，其金石好友鲍康正在陕西，"曾拓存一纸"[2]。王国维《观堂集林》中也称曾见"秦中旧拓"[3]。此段时间拓本数量极少，迄今未见传本。潍县陈氏收藏毛公鼎长达58年，私人收藏时间最长，拓本形态也最复杂，后世各拓本形态，均可追溯到此期。

此期铭文拓本有条子拓、四片拓和两片拓。据陈介祺四世孙陈秉忱回忆："拓本：先是打条子拓，以后拓四块。见到最早裱成的本子和挂幅有条子的、有四块的。拓作两块，习称'靴子'式的，是李星甫发明的。"[4]毛公鼎铭文四块拓和两块拓又可分为不同类型[5]。四块拓最初由陈介祺拓友

文／马静　潍坊市博物馆

文／刘杨　乐道院潍县集中营博物馆

陈畯于咸丰二年首创，两块拓则为陈介祺辞官返回故乡潍县后，由拓工李星甫发明。

此期毛公鼎器形图有原器拓本和翻刻拓本两类。原器拓本是指直接在毛公鼎上椎拓出来的拓本，翻刻拓本是指从翻刻的木质、石质或其他材质的毛公鼎器形模具或模板上椎拓出来的拓本。从现存毛公鼎全形拓本来看，目前还没有发现全部拓自原器的拓本。为区别完全拓自模具或模板的翻刻拓本，我们把局部翻刻、大部分拓自原器的毛公鼎拓本也称作原器拓本。

（一）毛公鼎原器拓本（一足在前）

最早为陈介祺传拓毛公鼎的拓工是陈粟园。陈粟园，名畯，字粟园、菽园，浙江海盐人，为早期全形拓分纸拓法的代表性人物。从《周诸女方爵全形拓》立轴（图一）上张廷济的题跋来看，早在嘉庆二十四年己

卯（1819年），张廷济刚得此爵时，陈粟园就用分纸拓法，即"剪纸分拓、拈合成图"[6]的方法椎拓了一件全形拓。此拓虽有不尽完善之处，但在当时已属难得佳作。

陈介祺对陈粟园的传拓技艺十分欣赏，他的全形拓分纸拓法也正是陈介祺所推崇的。在传拓专著《传古别录》中，陈介祺主张"拓图……以纸背挖出后，有花纹耳足者，拓出补缀，多者去之使合"，还说"整纸拓者，似巧而俗，不入大雅之赏也"[7]。

咸丰二年，陈粟园进京，客居陈宅，用分纸拓法解决了毛公鼎铭文和器形图传拓的难题，铭文拓本由条子拓改为以四纸分拓，器形图则按部位分别拓出后拼合、装裱而成。1941年出版的《潍县志稿》收录了一幅毛公鼎全形拓本（图二），其上部为毛公鼎铭文，下部为毛公鼎器形图，中部为陈介祺手书毛公鼎释文

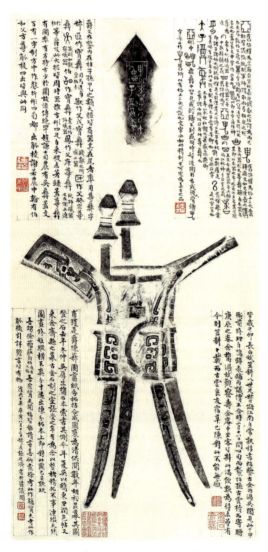

图一 《周诸女方爵全形拓》立轴

图二 毛公鼎全形拓

图三　陈介祺手书毛公鼎释文、题记

和题记[8]（图三）。从题记时间看，此拓本正是咸丰二年，即陈介祺收藏毛公鼎当年，陈粟园所拓毛公鼎初拓本。《潍县志稿》中此拓本的图片虽不甚清晰，但拓本的基本特点和风格却很一目了然，国家图书馆、上海图书馆、天津师范大学均藏有此类拓本。

　　陈介祺于咸丰四年辞官回潍县定居后，其拓工李星甫改进了传拓方法，毛公鼎铭文改为两纸分拓。潍坊市博物馆（图四、五）、上海图书馆、上海博物馆、史语所（图六）均藏有此类拓本。潍坊市博物馆藏拓本为立轴式装裱，上部为双靴式铭文拓，下部为器形拓。据潍坊市博物馆档案记载，此拓本为陈介祺孙媳郭组珍于1948年8月捐献给潍坊特别市古代文物管理委员会的，接收人为陈介祺五世孙陈君藻（时任潍坊特别市古代文物管理委员会秘书兼图书馆馆长）。此拓本铭文左右二块分拓，文从行顺，铭不重出，正是被王国维称为“尤精”[9]的两块拓。器形图乃以原器分纸拓法，结合局部制版拓成。器形图通高73、腹宽58.3、口径57厘米。整幅器形图由十四纸组成：耳部二块、口沿一块、重环纹六块、凸弦纹一块、器腹一块、足部三块。鼎的口沿和鼎耳用模版拓成，器腹、器足和纹饰均分别从原器拓出，拼接、装裱后浑然一体，从画心正面用肉眼观察不见接缝。器形构图一足在前，两足在后。

图四　潍坊市博物馆藏毛公鼎全形拓铭文拓本

图五　潍坊市博物馆藏毛公鼎全形拓铭文拓本局部

字形、铸造特征、锈斑痕迹、拓纸褶皱等方面，原器拓本与翻刻拓本都有差异。凡是从原器上拓下来的铭文拓本，也都应符合陈氏拓本的基本特征，反之则为翻刻本。在毛公鼎原器拓本中，各拓本器形图略有不同，这正是从原器手工捶拓的特点，也是鉴定真伪的重要依据。

（二）毛公鼎翻刻拓本

全形拓是把立体形态的器物，用传拓技艺传拓到纸上，力求将三维的器物形态准确地呈现在二维平面上，这对传拓者来说是极大的挑战。如果既想从原器上把视觉上的影像全部拓下来，拼接成图，又要让拓下来图形符合透视原理，不失真，不变形，这无论在理论上还是在实践中都是不可行的[11]。为确保传拓器物形态的准确性，解决全形拓失真变形问题，绘图刻版后再施拓就成为当时古器全形拓常见的一种选择。

稍早于陈介祺的马起凤、六舟，是绘图刻版制作全形拓的先驱，他们制作的全形拓翻刻拓本曾风靡一时。阮元在六舟道光十四年（1834年）所拓《焦山周鼎款识》上跋曰："此图所摹丝毫不差。细审之，盖六舟僧画图刻木而印成鼎形。""再细审之，并铭亦是木刻。所拓篆迹浑成，几于无别，真佳刻也。"[12]《焦山周鼎款识》虽为木版翻刻拓本，但阮元不仅没有排斥，反而对其赞赏有加，誉其为"佳刻"。陈介祺对六舟的全形拓技艺也给予高度评价，其曾在六舟吉金全形拓上跋曰："六舟上人更以完纸成之，尤极精能，虽有巧者不能出其心思已。"[13]

在广泛吸收各地全形拓传拓和制图刻板技艺的基础上，陈介祺进一步改进了绘图技法，强调制图前必须实测器物准确数据，反对"意绘"。他说："作图之法，以得其器之中之尺寸为主。以细竹筋丝，或铜细丝，穿于木片中，使其丝端抵器，则其尺寸可准。""他人则以意绘，以纸背剪拟而已。"[14]同治十年（1871年），陈介祺从其收藏的十三件汉代青铜器中，"取其大小相称者八，命工绘图锓木，一一考释"[15]。此次绘图翻刻木板所作拓本，被制成八条屏（图七）。光绪四年（1878年），陈介祺曾一次寄赠吴大澂六十三幅古陶全形拓，其中包括矢胿盘全形拓一幅。这些古陶全形拓均由姚公符（学桓）作图制版后椎拓而成[16]。

图六 史语所藏毛公鼎全形拓

此类拓本因为主要是拓自原器，故最能体现毛公鼎的真实信息，器身上的锈斑、凹坑、铸缝，以及鼎足上的"V"形和"+"形符号均清晰可见。在后来的各种翻刻拓本上，均不见鼎足符号。凸弦纹两侧比器腹稍宽，以示其突出器表。

制作此类拓本时，为确保拓本上的纹饰与视觉上的纹饰一致，拓工把正面看到的纹饰全部拓出，粘贴成图，致使器形较原器变扁，高度和宽度比例有少许失调。这是此类拓本的缺陷，也是毛公鼎拓本分期的重要依据。

陈介祺监拓的铭文拓本，其前半铭文中上部均可见阳文方格线，这是原器铭文"界以阳文方格"[10]在拓本上的体现，而翻刻拓本均不见此线。阳文方格线是原器拓本和翻刻拓本的重要区别。此外，在铭文

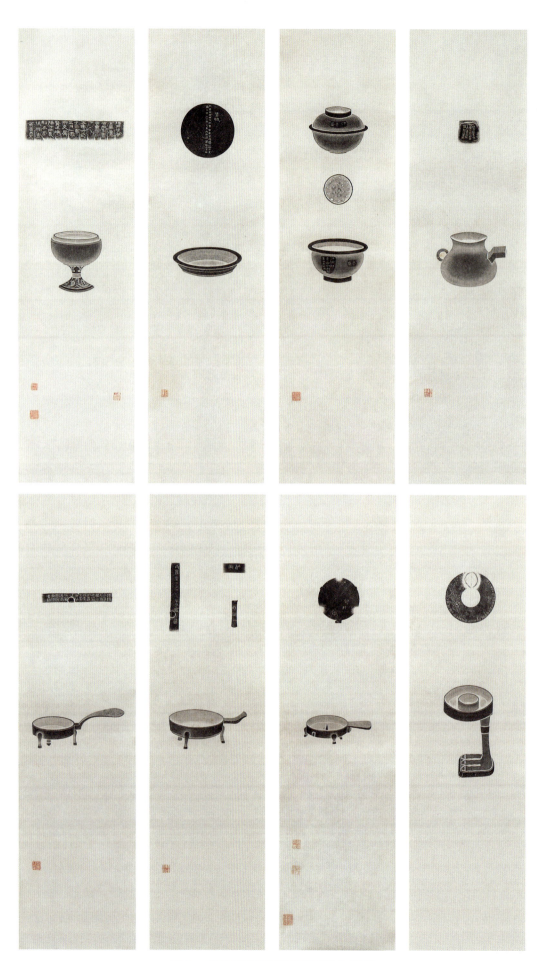

图七　陈介祺旧藏汉代青铜器八条屏

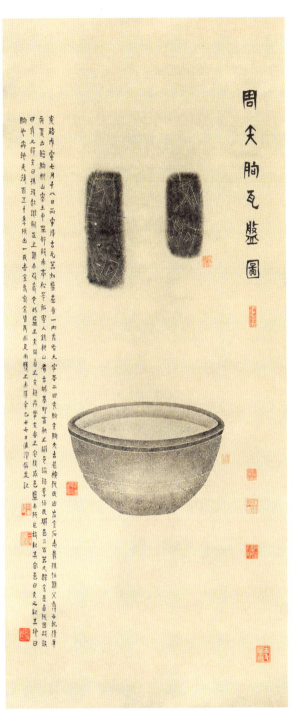

图八　潍坊市博物馆藏矢胁盘全形拓

图九　毛公鼎六名家题跋本

潍坊市博物馆藏矢胁盘全形拓（图八）钤"姚公符作图"朱文印。国家图书馆藏矢胁盘全形拓钤"公符"朱文印，陈介祺在题跋中特别注明"公符图之"[17]。作图之人姚学桓，字公符，潍县手工艺人，簠斋所藏鼎彝、陶器等器物图多出其手。陈介祺采用绘图刻板方法制作的全形拓本，器形更准确，结构更合理，艺术性更强，观之如见原器，可谓精妙绝伦，前所未有，但其不足之处是丧失了原器拓本体现历史信息和古器神韵的锈

斑、残损等痕迹。由此可见，全形拓原器拓本和翻刻拓本各有千秋，对原器拓本不能无视其局限，对翻刻拓本也不能一概斥为伪作。

毛公鼎六名家题跋本（以下简称六名家题跋本）（图九）即潍县陈氏收藏时期的翻刻拓本。此拓本为西泠印社创始人之一吴隐旧藏，有吴昌硕等六名家题跋。此拓本器形图透视科学、构图准确、比例协调、捶拓精绝，如非藏有毛公鼎、对其深有研究且精于刻版摹

107

拓者，是绝无可能做到如此精美的。在当时，只有潍县陈氏，才具备这样的条件。

此拓本题跋时间最早者是吴昌硕和张祖翼，两人均题跋于1910年岁末，题跋中均明确记载毛公鼎当时已不归潍县陈氏收藏。吴昌硕跋曰：“鼎为山东潍县陈簠斋太史旧藏。近闻辇至京师，为有大力者购得。”张祖翼跋曰：“今闻陈氏子孙不能守，可慨也。”虽然此时毛公鼎已被端方购藏，但张祖翼、陆恢、王国维在题跋中均认为此拓本为潍县陈氏所拓。张祖翼跋曰：“此拓本甚不易得，陈氏之器不守，则其视墨本亦珍若璆琳矣。”陆恢跋曰：“鼎归潍县陈氏，珍秘特甚，虽至友不许拓，其自娱乐者仅十数纸，其一于簠斋殁后为吾友石潜吴君所得。”王国维跋曰：“陈拓此有四块拓、二块拓两种，皆出利津李某手，而以二块拓为尤精。今李君老矣，此鼎又闻有雒汭之问，恐遂无复有拓本。”[18]端氏毛公鼎拓本流传至今的有两种，但都与此版本没有关系（详见下文）。从吴昌硕等的题跋中，也看不出此拓本跟端方有任何关系。此拓本既然确定不为端氏所拓，自然是出自毛公鼎首个藏家潍县陈氏。

陈介祺视毛公鼎为至宝，为防权贵巧取豪夺，避免因藏宝物而招致灾祸、甚至危及身家性命，终生秘不示人。但为了学术研究和交流，陈介祺在收藏毛公鼎之初，即请当时的传拓高手陈畯制作拓本十余份，分赠吴式芬、徐同柏等金石密友。陈介祺监拓的毛公鼎原器拓本稀如星凤，即便吴大澂这样的金石好友都屡求不得。吴大澂曾函询：“闻此鼎在贵斋，如是事实，请贻我一拓本。”[19]后再次致函恳求：“所余十金，可否属姚公符精拓毛公厝鼎一分？……梦想数年，不知终惠教之否也。”[20]陈介祺曾致函吴大澂，表示“惟乞古缘所遇，不忘远人。羡有奇之必搜，企有副之必惠。当悉拓敝藏以报也。”[21]陈氏所藏，无不拓赠吴氏，唯独此请，未予回应。这应该主要是出于保密原因，因为吴大澂当时还是官场在职之人，陈介祺怕吴氏一旦得到毛公鼎拓本，可能整个官场就无密可言了。像毛公鼎这样的重器一旦公诸于世，随时都有可能被权贵强行夺走，甚至为全家招来更大祸端，而这正是他最担心的。

为了保守家藏毛公鼎的秘密，陈介祺不可能制作翻刻拓本，主持翻刻此拓本的应为其后人，时间当在其1884年去世之后至1910年端方购藏毛公鼎之前。此版本应该是毛公鼎器形图所有翻刻版本之祖，后来其他精刻本都可追溯到此版本。此拓本器形图为翻刻拓本，但铭文仍拓自原器。

据史料记载，金石学家潘祖荫也曾翻刻过毛公鼎拓本。鲍康《观古阁丛稿·跋毛公鼎摹拓本》载：“同治壬申，潘伯寅始见之，爱弗置，属胡石查钩摹镌版以传，洵大快事。”[22]潘祖荫见到毛公鼎拓本是在同治壬申（1872年），而记载其钩摹毛公鼎的《观古阁丛稿》刊刻于同治十二年（1873年），因此他翻刻毛公鼎拓本的时间应为1872或1873年。潘祖荫翻刻本未见传世，只翻刻铭文还是包括器形图尚未确知。

李嘉福手拓毛公鼎拓本（以下简称李嘉福拓本）[23]为翻刻器形拓本，构图不准，拓法不精。此拓本签条题“周毛公鼎全角精拓”，器形图左足右侧题“光绪甲午年秋，李嘉福手拓”，钤印李嘉福、潘锡基、吴湖帆、潘静淑等印鉴。光绪甲午年即1894年，当时社会上已风闻毛公鼎藏在潍县陈家，但能目睹实物者甚罕。此拓本翻刻模板，应出自一个未目睹毛公鼎实物，但对其又有一定了解者之手。

（三）毛公鼎原器拓本（二足在前）

史语所藏罗振玉等题跋毛公鼎拓本（以下简称罗跋本）（图一〇），其铭文拓自原器，分左右两块，每块腰部均有部分铭文重出；器形图用分纸拓法，局部刻版拓成，两足在前，后一足内侧的“-”符号清晰可见。罗振玉、何维朴和邹安题跋其上，三人题跋时间均为1921年。罗振玉在铭文右上部题名“毛公鼎”，并跋曰：“此鼎为宇内吉金之冠，顾近有复本，此簠斋所拓至精本，不可多得。”[24]罗振玉在题跋中断定此拓本为陈介祺所拓精品。山东博物馆也藏有此版本的毛公鼎拓本（以下简称鲁馆本），有论者谓其“器形构图协调，透视效果极佳，在古人无明确透视理念的历史背景下，如此效果源自簠斋较同时代人更注重测量的精准性”[25]。

烟台市博物馆藏毛公鼎拓本（以下简称烟台本）（图一一），其铭文拓自原器，器形图与罗振玉等题跋本基本一致，但局部略有差别。此拓本钤丁佛言“迈

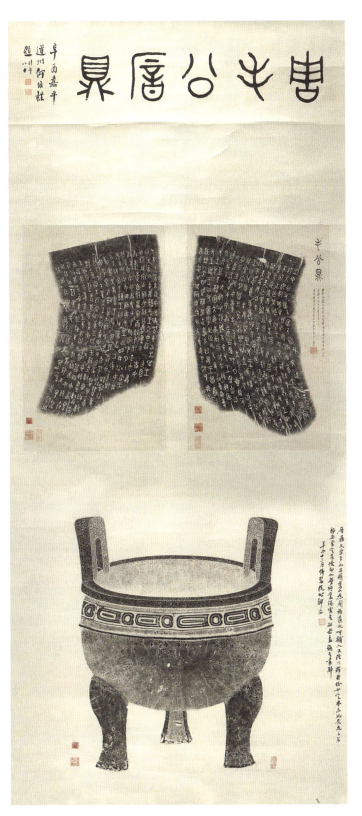

图一〇　史语所藏罗振玉等题跋毛公鼎拓本

图一一　烟台市博物馆藏毛公鼎拓本

钝"古徐乡人"印章，并有罗复堪、寿石工、鹤冲天和徐荫田题跋各一则。从拓本上钤印的印章来看，此拓本应为丁佛言旧藏。寿石工题跋于1941年，罗复堪、鹤冲天两人题跋与寿石工并列，当题跋于同一年，甚至是题跋于同一次鉴赏活动中。罗复堪在其题跋中断言此本"正陈拓也"[26]。

此类拓本均被题跋者或论者定为"簠斋所拓"或"陈拓"。但通过比较各类拓本构图、拓法和斑痕特征等异同，可确定此类拓本制作时间晚于陈介祺监拓原器拓本，且不早于潍县陈氏翻刻拓本。从具体情况看，罗跋本和鲁馆本的器形图口沿以上部分与六名家题跋本完全一致，应拓自同一翻刻模板；罗跋本和鲁馆本三足均拓自原器，斑痕与原器若合符节，而六名家题跋本器形图为整体翻刻拓成，无论口沿以上部分，还是器腹和三足，均为整纸一次拓制完成。因六名家题跋本在前文已确定为潍县陈氏翻刻拓本，故罗跋本和鲁馆本拓制时间当与六名家题跋本同时或稍晚，即不早于潍县陈氏翻刻拓本。此类拓本与陈介祺监拓原器拓本相比，最大区别是三足布局由中间一足在前，改为中间一足在后，共同点是除口沿以上部分外，均从原器分纸拓出；与翻刻拓本相比，主要区别是此类拓本除口沿以上部分外均从原器分纸拓制，而翻刻拓本则自翻刻模板，整纸一次拓成，两者共同之处是器形图构图更准确，更接近器物原貌。潍县陈氏以后藏家未见此类拓本传世。

二　涉阳端氏收藏时期

端方，字午桥，号匋斋，河北丰润人。丰润别称涉阳，端方常自署"涉阳端方"，人称"端涉阳""涉阳尚书"。涉阳端氏收藏时期，毛公鼎全形拓器形图有两个版本，其一为原器拓本，沿用陈介祺监拓原器拓本拓法；其二为翻刻拓本，器形图沿用李嘉福拓本翻刻模板或参考李嘉福拓本翻刻。

（一）端氏原器拓本

孙桂澄旧藏毛公鼎拓本[27]即端氏原器拓本。孙桂澄，字秋帆，北京琉璃厂式古斋古玩铺创办人，他即赴潍县为端方购得毛公鼎的古董商人。此拓本有罗振玉、钮嘉荫、冯恕和姚华题跋，钮嘉荫题跋时间是距端方去世不久的宣统壬子（1912年）正月，罗振玉、姚华和冯恕都是当时金石界名流，冯恕后来还与叶恭绰等联合购买毛公鼎。

此拓本一望即知属陈介祺原器拓本风格，其铭文四纸分拓，器形图构图雷同、一足在前，但罗振玉、姚华和冯恕均明确称此拓本为端方入藏时所拓。罗振玉跋曰："此本为忠敏拓赠，犹可宝也。"冯恕跋曰："忠敏得之，仅拓四本即匆匆赴蜀授命，秋帆是本即四本之一。"姚华跋曰："鼎既归而艰于拓墨，久之得数本，此其一也。"

既然号称"端拓"，为什么酷似陈介祺原器拓本风格呢？近代金石学家罗复堪在烟台本上的题跋，为我们解开了这个令人费解的谜团。罗复堪跋曰："陈逝后，鼎归忠敏公端方，拓工数四施墨俱不能成，最后访得陈拓法而工亦加昂，每一拓本必费三十两。"[28]看来，端方购得毛公鼎后，因拓工多次传拓不成，最后寻访到潍县陈氏拓法，才传拓成功。这就无怪乎"端拓"酷似陈介祺原器拓本风格了。

北京大学图书馆藏毛公鼎拓本与孙桂澄藏毛公鼎拓本应为同一拓工所制，

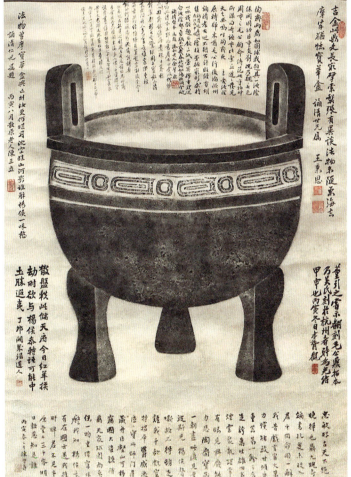

图一二　匋斋所藏毛公鼎拓本

两者传拓技法相同，铭文拓本装裱形式和左右位置颠倒的错误也如出一辙。在前者题跋中，王汉辅曰："虎臣先生手拓精本，爱如拱璧。"张权亦题曰："毛公鼎为当世珍宝，此归端忠敏后，虎臣手拓第一纸也。"[29]

从拓本题跋看，前者应为"虎臣"旧藏，且"虎臣"即为端方椎拓毛公鼎的拓工。

虽然端氏原器拓本酷似陈介祺原器拓本风格，但两者区别也很明显：端氏拓本铭文左右倒置，椎拓技艺远逊潍县陈氏。

（二）端氏翻刻拓本

"陶斋藏器时代"毛公鼎拓本[30]为翻刻拓本，题签"毛公鼎拓本，匋斋藏器时代"，钤印"陶斋所藏金石刻辞"朱文印。此拓本拓法不精，墨色不匀，铭文拓以二纸淡墨椎拓而成，文不重出、不错行，但部分铭文因椎拓形成的褶皱而残缺不全；器形图透视关系不科学，构图不准确。此拓本器形图与李嘉福拓本若非拓自同一翻刻模板，也定有承袭关系。

"匋斋所藏毛公鼎拓本"（图一二）亦为此期翻刻拓本。此拓本有余肇康等八人题跋，题跋时间最早的是1926年2月。从余肇康等题跋中可知，在端方去世后，毛公鼎曾"见夺波斯儿""行复沦欧洲""东瀛岛人谋以巨资购之去"，面临被列强巧取豪夺的危险境地。杨诵清"百计败彼贾胡售，毡椎墨拓穷形求"，托人制作拓本，竭力阻止毛公鼎沦落列强商贾之手[31]。此拓本应制作于叶恭绰、郑洪年和冯恕合股购买毛公鼎之前。此拓本与"陶斋藏器时代"毛公鼎拓本器形图整体构图、视角一致，铭文拓均为淡墨二纸拓成，铭文无漏字、错行现象，少量铭文因褶皱而残缺。两拓本器形图高度一致，虽非拓自同一翻刻模板，但应属同一版本谱系。两拓本主要区别是："匋斋所藏毛公鼎拓本"器形图误将器腹凸弦文刻为阴文，线条呈白色，图拓墨浓且匀，铭拓通幅淡墨；"陶斋藏器时代"毛公鼎拓本器形图器腹凸弦文刻为阳文，线条呈墨色，图拓和铭拓均通幅墨淡而不匀。

三　叶恭绰和陈咏仁收藏时期

叶恭绰收藏毛公鼎后，聘请当时以椎拓彝器闻名的绍兴人王秀仁做了数十份拓本。吴湖帆家藏毛公鼎拓本（以下简称吴湖帆家藏本）[32]和台北故宫博物院叶公超旧藏毛公鼎全形拓（以下简称叶公超旧藏本）（图一三）均出自王秀仁之手。

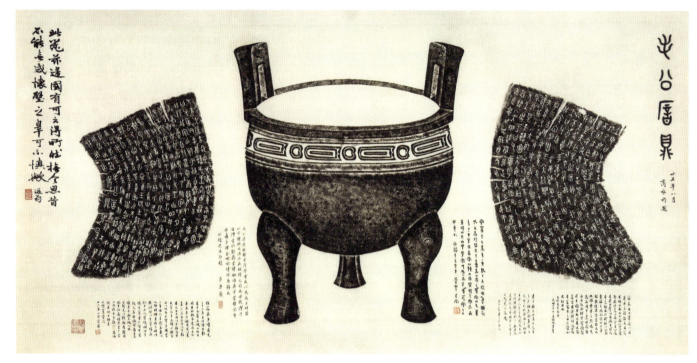

图一三　叶公超旧藏毛公鼎全形拓

　　吴湖帆家藏本装裱为立轴，上部为铭文，下部为器形图，吴湖帆题诗堂，器形图右侧为其题跋二则。吴湖帆首次题跋于1934年"甲戌元日"，在1945年的第二次题跋中明确指出拓本乃"十年前，遐翁所贻"。"遐翁"即叶恭绰。从题跋中可知，此拓本乃当时毛公鼎藏家叶恭绰所赠，拓制时间不晚于吴湖帆首次题跋的1934年"甲戌元日"。此拓本钤有"王秀仁手拓金石文字"印鉴，可证拓工为王秀仁。

　　叶公超旧藏本装裱为横披，器形图居中，铭文位于两侧。毛公鼎原器通高53.8、腹深27.2、口径47厘米，叶公超旧藏本器形图通高58.5、腹深23、口径50厘米，两者尺寸、比例接近，拓本几近原器再现，若非将两者并列同观，几乎看不出差别。此拓本充分展现了毛公鼎敞口、深腹、重环纹、凸弦纹等形制和纹饰特征；双立耳略作倾斜，以利表现其穿孔造型的透视效果；后边的器足以双白线形成立体的转折效果，相较于前边两蹄形足的流畅曲线，特别强调了器足内面的平整效果。商承祚、叶恭绰分别题卷首和卷末，于省吾、孙海波、董作宾、唐兰、容庚分别题记，题记均明确载"公超先生命题"[33]。此拓本虽无拓工印鉴，但与吴湖帆家藏本器形构图、传拓风格完全一致，两者当为王秀仁拓自同一翻刻模板。

　　此期王秀仁拓本，其器形图精确逼真，铭文字口清晰，墨浓而匀，传拓技艺精湛，但无原器拓本特有的皱褶，模仿的锈迹斑痕也无自然天成的神韵。此类拓本器形图视角、构图和拓法都高度一致，整体上应属翻刻拓本，但局部不排除是从原器上拓取的，如鼎足、器腹局部位置。此类拓本的特点：一是铭文拓本拓自原器，两纸分拓，行不错位，铭不重出。二是器形图比较准确，但也存在一定缺陷：器形图重环纹数量比观看原器时实际看到的数量要少；原器鼎耳内

图一四　潍坊市博物馆藏毛公鼎全形拓翻刻本

侧向下延伸数厘米且突出内腹表面的特点在拓本中未能呈现。

陈咏仁收藏毛公鼎后，同样是聘请王秀仁制作拓

本。这些拓本一般钤有"陈咏仁伯陶玺""陈利仁""陈氏咏仁利仁于胜利还都年献呈国府""三代吉金无上至宝""陈氏所藏""山阴王秀仁拓"等印鉴。这些拓本鼎形图与叶恭绰藏器时期略有不同，但两图一脉相承，视角相似，构图接近，拓法一致，均出王秀仁之手。原器鼎耳内侧向下延伸部位在拓本中有所体现，但相较原器，仅略具大意，远不如六名家题跋本逼真。

1946年，毛公鼎移交中央博物院筹备处，院方见于记载的椎拓活动有两次，但所拓仅为铭文，未曾椎拓全形本。上海博物馆藏有一幅中央博物院所拓毛公鼎拓本，拓本上部为毛公鼎器腹重环纹，中间为二纸分拓的毛公鼎铭文，下部为王世杰（时任中央博物院理事长）撰文的圆形刻拓款识，前半铭文右上角钤中央博物院藏印鉴[34]。1965年，毛公鼎入藏台北故宫博物院，此后未再见到制作毛公鼎拓本的记载。

四　毛公鼎翻刻拓本的模具、模板及印本和颖拓作品

毛公鼎原器拓本重金难求，至不易得。为满足社会需求，各种替代产品应运而生。

翻刻拓本省时省力，操作简单，可以批量制作。除了上述翻刻版本，见于文献记载和存世的还有多种，仅潍坊市博物馆收藏的翻刻版本就有4种（图一四）。刻拓本的模具、模板有木、石、锡、水泥等多种材质。

潍县历史上曾有古董商人做毛公鼎翻刻拓本牟利。据陈秉忱回忆："翻刻的铭文、鼎图：是在二十年代，以拓本流行。""伪拓本：听说是刘茂修和台霁五（音）伙制，铭文是锡做的，是鼎腹的一半，不是翻制鼎。"[35]

潍坊市博物馆现藏制作毛公鼎拓本的石（木）刻一套，相传来自潍县陈氏，铭文分刻二石，器形图为木刻。木刻背面墨书"民国甲子秋造"六字。近年曾以此套石（木）刻制作过少量拓本。青岛市近年也曾拍卖过一套毛公鼎石刻拓印模具。

毛公鼎除了翻刻拓本，清末以来还有多种石印本。刘心源《奇觚室吉金文述》在毛公鼎释文后称："此石印本胶州柯凤荪编修邵忞所赠。"[36]《奇觚室吉金文述》为1902年石印本，书中所载毛公鼎拓本仅见铭文

拓本，石印时间应不晚于1902年。西泠印社创始人之一吴隐在清末也曾石印过毛公鼎拓本。在六名家题跋本上，陆恢在题跋中称吴隐将所得毛公鼎拓本"并三释文同付石印，俾家弦户诵，与刻经于石者，其广同功，甚盛举也"[37]。陆恢题跋时间在宣统三年（1911年）四月，吴隐石印毛公鼎拓本时间当不晚于此时。虽然吴隐旧藏为毛公鼎全形拓本，铭文和器形图俱全，但他是否"并三释文同付石印"器形图尚不可知。陈介祺后人陈君善在民国时期则确曾石印过陈介祺1852年亲笔题写释文和后记的全形拓本。据陈继揆《毛公鼎旧事》记载，20世纪30年代初，陈介祺五世孙陈君善因家中毛公鼎拓本所存无几，但友好索拓者众，遂以家中所存簠斋在世所时所用汪六吉棉连纸，采取三段印法石印一百份[38]。

毛公鼎颖拓本也偶有所见。颖拓又称笔拓、画拓，是用毛笔以特殊技法模仿拓本效果制作出来的作品，有的可达以假乱真的程度。潍县毛公鼎颖拓作品，多出自陈氏后人之手。

五 结语

毛公鼎各藏家均以传古存真为己任，不断探索多种形式的传拓技法。虽然不同时期、不同形式的拓本各有千秋，然遍观各家所拓，惟潍县陈氏最佳，果如叶昌炽所言："潍县陈簠斋前辈拓法为古今第一"[39]。纵观全形拓发展历程，传拓技艺如积薪，后来居上，但仅就毛公鼎全形拓而言，"后拓还远不如从前旧拓与初拓"[40]。

毛公鼎出土一百七十余年来，历经公私多家收藏，全形拓版本谱系复杂，原器拓本多深藏密室，翻刻拓本良莠不齐，拓本收藏者往往真赝难辨。本文通过系统梳理各时期、各版本毛公鼎全形拓的构图特征、传拓技法、谱系源流和演变轨迹，为拓本辨伪和价值评估提供了可资借鉴的依据。

附记：本文系2021年度山东省艺术科学重点课题"毛公鼎的收藏与传拓研究"（立项号：L2021Z07070026）和2022年度潍坊市社会科学规划研究课题"毛公鼎的收藏与传拓研究"的阶段性研究成果。

注 释

[1] 张光裕：《论两篇伪作的毛公鼎铭文》，《雪斋学术论文集》，台北艺文印书馆1989年。王壮弘：《崇善楼笔记·毛公鼎铭》，上海书店出版社，2008年。张长寿、闻广：《跋落照堂藏毛公鼎拓本——落照堂藏拓之二》，《文物》2009年第2期。仲威：《〈毛公鼎拓本〉鉴赏与梳理》，《书法丛刊》2015年第4期。苏金成、穆青：《晚清民国时期金石传拓技艺发展——以毛公鼎拓本形制演变为例》，《书法》2020年第3期。

[2] 鲍康：《跋毛公鼎摹拓本》，《观古阁丛稿》，清同治十二年刻本。

[3] 王国维：《毛公鼎跋》，《观堂集林（外二种）》，河北教育出版社，2001年，第802页。

[4] 陈秉忱：《陈秉忱谈潍县毛公鼎及仿古铜之信札数通》，陈介祺后人家藏手稿。陈育丞《簠斋轶事》所载"助簠斋拓墨之人"李泽庚（字星符），应即陈秉忱文中所说李星甫。

[5] 张长寿、闻广：《跋落照堂藏毛公鼎拓本——落照堂藏拓之二》，《文物》2009年第2期，第52页。

[6] 西泠印社编著：《吉全留影——青铜器全形摹拓捃存》，上海书画出版社，2014年，第3页。

[7] 陈介祺：《传古别录》，清光绪五年刻本。

[8] 陈育丞：《簠斋轶事》，《文物》1964年第4期，第59页。

[9] 王国维：《毛公鼎跋》，《观堂集林（外二种）》，河北教育出版社，2001年，第802页。

[10] 陈育丞：《簠斋轶事》，《文物》1964年第4期，第59页。关于毛公鼎原器铭文"界以阳文方格"，除陈介祺手书毛公鼎题记中提及外，鲍康《观古阁丛稿·跋毛公鼎摹拓本》称铭文"前半尚隐隐有阑"，张光远《西周重器毛公鼎》亦称"余尝再三细审毛公鼎内腹壁上所铸之五百铭文，其字里行间，隐约凸现阳文的纵横格线，若非定神，与光线特别映射，很难辨视！"

[11] 郭玉海先生曾有精辟论述，参见郭玉海：《响拓、颖拓、全形拓与金石传拓之异同》，《故宫博物院院刊》2014年

第 1 期，第 151 页。

[12] 六舟《焦山周鼎款识》为朵云轩 1998 年秋季拍卖会拍品。

[13] 陆明君：《陈介祺年谱》，西泠印社出版社，2015 年，第 66 页。

[14] 陈介祺：《陈簠斋笔记附手札》，《宝铁斋金石文跋尾及其他二种》，商务印书馆，1936 年。

[15] 陈介祺著，陈继揆整理：《簠斋金文考》，文物出版社，2005 年，第 5 页。

[16] 陈介祺著，陈继揆整理：《秦前文字之语》，齐鲁书社，1991 年，第 321 页。

[17] 冀亚平、曹菁菁编撰：《国家图书馆藏陈介祺藏古拓本选编·青铜器卷》，浙江古籍出版社，2008 年，第 80 页。

[18] 梁章凯主编：《吴昌硕金石书画集》，江西美术出版社，2015 年，第 263 页。

[19] 吴大澂致陈介祺函，转引自陈继揆：《毛公鼎旧事（下）》，《文物天地》1992 年第 1 期，第 35 页。

[20] 谢国桢编：《吴愙斋尺牍》，沈云龙主编：《近代中国史料丛刊》第七十二辑，文海出版社，1971 年，第 245 页。

[21] 陈介祺著、陈继揆整理：《秦前文字之语》，齐鲁书社，1991 年，第 275 页。

[22] 鲍康：《跋毛公鼎摹拓本》，《观古阁丛稿》，清同治十二年刻本。

[23] 李嘉福手拓毛公鼎拓本为上海驰翰 2010 年金秋大型艺术品拍卖会中国书画二专场拍品和广州艺拍 2011 年春季拍卖会中国书画专场拍品。

[24] 邓君浩：《台北公藏〈毛公鼎全形拓〉调查和探讨其上题跋价值——兼论其在收藏上的定位》，《西泠艺丛》2021 年第 1 期，第 67 页。史语所藏青铜器全形拓资料库。

[25] 张祖伟：《山东博物馆藏陈介祺监制全形拓赏析》，《收藏家》2018 年第 5 期，第 46 页。

[26] 宋松：《烟台市博物馆藏毛公鼎拓本略考》，《中国文物报》2022 年 7 月 5 日第 6 版。

[27] 孙桂澄藏毛公鼎拓本为西泠印社绍兴二〇一五年首届艺术品拍卖会拍品。

[28] 宋松：《烟台市博物馆藏毛公鼎拓本略考》，《中国文物报》2022 年 7 月 5 日第 6 版。

[29] 胡海帆等编：《北京大学图书馆藏历代金石拓本菁华》，文物出版社，1998 年，第 35 页。《纪念北京大学建校一百周年——北大图书馆藏古代书法作品专辑毛公拓片》，《书法丛刊》1998 年第 1 期，封二。

[30] "陶斋藏器时代"毛公鼎拓本为中国嘉德 2016 年秋季拍卖会拍品。

[31] 穆青、苏金成：《杨诵清藏毛公鼎拓本题跋研究》，《书画世界》2021 年第 2 期，第 25 页。

[32] 吴湖帆家藏毛公鼎拓本为北京匡时 2016 年十周年春季拍卖会拍品。

[33] 张莅：《国宝重器的时代容颜——谈院藏毛公鼎全形拓及题记》，《故宫文物月刊》2015 年 2 月第 383 期，第 78、79 页。

[34] 李孔融：《一张毛公鼎拓本》，《上海文博论丛》第 51 辑，上海辞书出版社，2022 年，第 39 页。

[35] 陈秉忱：《陈秉忱谈潍县毛公鼎及仿古铜之信札数通》，陈介祺后人家藏手稿。

[36] 刘心源：《奇觚室吉金文述》，清光绪二十八年石印本。

[37] 周毛公鼎六名家题跋本为 2016 年中国嘉德秋季拍卖会拍品。

[38] 陈继揆：《毛公鼎旧事》，邓华主编：《清代大收藏家陈介祺》，文物出版社，2005 年，第 55 页。

[39] 叶昌炽撰，韩锐校注：《语石校注》，今日中国出版社，1995 年，第 858 页。

[40] 仲威：《〈毛公鼎拓本〉鉴赏与梳理》，《书法丛刊》2015 年第 4 期，第 68 页。

山东兖州博物馆藏清代诰敕文书

文/董涛 济宁市兖州区博物馆

内容提要

济宁市兖州区博物馆收藏的八道诰敕文书，其年代介于清嘉庆二十四年至光绪元年之间；它们分属于四个家族，既有五品以上文武官员的诰命，也有六品以下官员的敕命。这些诰敕文书不仅有着证史、补史的作用，而且也为清代封赏制度、文书档案史等相关研究提供了实物资料。

关键词

清代 诰命 敕命

诰命、敕命，又称诰书、敕书，亦又通称为"圣旨"，是中国封建社会帝王用于告诫官民或任命封赠爵号的命令文书之一。目前存世的多为明清时期，其中又以封授官员本身及妻室和封赠其先代、兄嫂的诰敕命为主。

按清制，诰命用于封赠（存在称封，亡者称赠）五品以上官员，其颜色分为三色、四色、五色不等；敕命则用于封赠六品以下官员，颜色多为单色——一般为白色，但是也会在其两端各加上一段黄色，以示皇恩浩荡。

清代颁赐给文武官的诰敕命，"由翰林院撰拟文式，大学士奏定于内阁，侍读学士、侍读内简委一二人专司检稽，按品颁给"；其文式则"存储内阁，刷印草本。各官请封，由该衙门开具职衔送内阁，照应得诰敕，将草本填注姓氏，发中书科缮写"，经内阁诰敕房核对后，钤用宝后按品颁发；文式规定为："一品起六句，中十四句，结六句；二品起六句，中十二句，结六句；三品起六句，中十句，结六句；四、五品起四句，中八句，结四句；六、七品起四句，中六句，结四句；八、九品起二句，中四句，结二句。"[1]

同时，清代诰敕命由于各官员的品级不同，诰敕命封赠的范围及诰敕文书的数量也各不相同：一品四轴，封赠三代；二、三品三轴，封赠二代；四品至七品二轴，封赠一代；八、九品一轴，封赠至本身而止。另外，按清制，清代文武阶官各有十八级。武阶十八级：建威将军、振威将军、武显将军、武功将军、武义都尉、武翼都尉、昭武都尉、宣武都尉、武德骑尉、武德佐骑尉、武略骑尉、武略佐骑尉、武信骑尉、武信佐骑尉、奋武校尉、奋武佐校尉、修武校尉、修武佐校尉；文阶十八级：光禄大夫、荣禄大夫、资政大夫、奉政大夫、通议大夫、中议大夫、中宪大夫、朝议大夫、奉政大夫、奉直大夫、承德郎、儒林郎、文林郎、徵仕郎、修职郎、修佐郎、登仕郎、登仕佐郎。而清代命妇的封号按品级则分为一品夫人，二品夫人，三品淑人，四品恭人，五品宜人，六品安人，七品、八品、九品孺人。

兖州博物馆收藏的八道诰敕文书，其年代介于清嘉庆二十四年至光绪元年之间；它们分属于四个家族，既有五品以上文武官员的诰命，也有六品以下官员的敕命。这些诰敕命在形制上均作横幅卷轴式，除轴及轴外锦缎皆残损外[2]，保存基本完整。兹胪陈如下，以供读者参考研究。

一 夏攀龙家族诰命

1件，颁发于清嘉庆二十四年（1819年），为封赠夏攀龙之父母诰命。1994年发现于兖州漕河镇夏家村，三级文物。纵35、横185厘米（图一）。

该诰命五色织锦质地，锦面上错落有致地排列提花织就的祥云纹；首尾两端各有提花织绣的满、汉文"奉天诰命"四字，竖读，字两侧围有两条提花织绣的上下翻滚的动态十足的龙纹图案。正文由满文和汉文采用五色墨合璧书写，二者合于中幅书写日期，并钤盖有满、汉文合璧的"制诰之宝"[3]两方玺印。诰命右侧汉文23行，满行18字，录文如下[4]：

奉/天承运/皇帝，制曰：宠绥国爵，式家阀阅之劳；蔚起门风，/用表庭闱之训。尔夏登高，乃山东巨野营守/备夏攀龙之父，义方启后，縠似光前。积善在/躬，树良型于弓冶；克家有子，拓令绪于韬钤。/兹以覃恩，封尔为武德骑尉，锡之诰命。于戏！/锡策府之徽章，荐承恩泽；荷天家之麻命，增/耀门闾。/

制曰：怙恃同恩，人子勤思于将母；勋恒著绩，王/朝锡类以荣亲。尔殷氏，乃山东巨野营守备/夏攀龙之母，七诫娴明，三迁勤笃。令仪不忒，/早流珩璜之声；慈教有成，果见干成之器。兹以覃恩，赠尔为宜人。于戏！锡龙纶而焕采，用/答劬劳；被象服以承麻，允光泉壤。/

制曰：属毛离里，子心衔罔极之思；并食同衣，亲/谊埒所生之重。尔任氏，乃山东巨野营守备/夏攀龙之继母，妇仪纯备，母道贤明。淑慎流/徽，人有礼宗之誉；均平著美，子为义府之英。兹以覃恩，封尔为宜人。于戏！扬惠问于庭闱，/式承荣泽；受龙章于纶轴，允荷休光。/

山东巨野营/（嘉庆二十四年正月初一日）/守备夏攀龙/

诰命内容系清嘉庆二十四年（1819年）清仁宗颙琰以覃恩封山东巨野营守备夏攀龙之父夏登高为武德骑尉，赠（封）其母殷氏、继母任氏为宜人。按，夏攀龙，滋阳县东大南社夏家村（今济宁市兖州区漕河镇夏家村）人，清道光二十六年版《巨野县志》卷九《职官·守备》中有载，此文所记与志契合；而夏攀龙官职及其父母封赠事，地方志乘未见载，此可补史之阙。夏攀龙官居巨野营守备，其"守备"一职，秩正五品，为清代绿营统兵官，位在都司之下，分领营兵，掌营务粮饷。而绿营规制则始自前明。清顺治初始建各省营制，因是由汉人组成的政府军队，用绿旗，故称绿营兵，又称绿旗兵。巨野营则为兖州镇标所辖，而"标"为清绿营经制最高组织，下分"协""营""汛"等，"标"又分抚标、提标、河标、镇标，分别由巡抚、提督、河道总督和总兵统辖。又，兖

图一　清嘉庆二十四年封赠夏攀龙之父母诰命

图二　清道光二十五年赠封袁兆忻之父母敕命

州镇标始设于清雍正元年（1723年）九月，驻兖州府城，下辖中、右两营，兼辖台儿庄、沂州、泰安、沙沟、武定、安东营和济南城守营。

又，该诰命中所提到以"覃恩"进行的封赠，是为清代诰敕命封赠类型之一（另一为尊例封赠，即对符合条件的有功之臣进行封赠），为皇帝对臣民广布恩泽普遍进行的封赏，一般在重大活动和节日庆典时才有。由于实行覃恩封赠，除了封授官员本身以外，还对官员的先代和妻室实行推恩封赠，并可延及官员的子孙后人，有的可以封袭数代。本诰命颁布于嘉庆二十四年（1819年）正月，其时正逢清仁宗颙琰"以六旬万寿"而颁诏天下，遍赏臣民。该道诰命很可能就是朝廷广发恩诏其中的一份。同时，由于夏攀龙秩正五品，按清制则可封赠一代，获二轴诰命：其一属其本身及妻室，其二为其父母。本诰命——封赠夏攀龙之父母诰命即为其中之一。

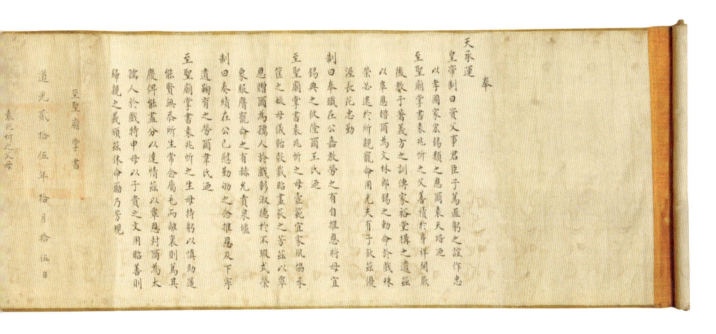

二　袁兆忻家族敕命

2件，征集品，一道为赠封袁兆忻之父母敕命，一道为貤封袁兆忻之兄嫂敕命。两道敕命均颁发于清道光二十五年（1845年），皆为白色素锦下衬宣纸，素锦两端各加织有一段黄色丝锦。正文则由满文和汉文采用单色墨合璧书写，二者合于中幅书写日期，并钤盖有满、汉文合璧的"敕命之宝"两方玺印。

（一）清道光二十五年赠封袁兆忻之父母敕命

纵33、横172厘米（图二）。敕命右侧汉文25行，满行17字，录文如下：

奉/天承运/皇帝，制曰：资父事君，臣子笃匪躬之谊；作忠/以孝，国家宏锡类之恩。尔袁天堦，乃/至圣庙掌书袁兆忻之父，善积于身，祥开厥/后，教子著义方之训，传家裕

图三　清道光二十五年貤封袁兆忻之兄嫂敕命

堂构之遗。兹/以覃恩赠尔为文林郎，锡之敕命。于戏！殊/荣必逮于所亲，宠命用光；夫有子钦，兹优/渥长庇忠勤。/

制曰：奉职在公，嘉教劳之有自；推恩将母，/宜锡典之攸隆。尔王氏，乃/至圣庙掌书袁兆忻之母，壶范宜家，凤协承/筐之美；母仪贻毂，载昭画荻之芳。兹以覃/恩赠尔为孺人。于戏！彰淑德于不瑕，式荣/象服；膺宠命之有赫，允贲泉垆。/

制曰：奏绩在公，已慰勤劬之念；推恩及下，宁/遗鞠育之劳。尔韦氏，乃/至圣庙掌书袁兆忻之生母，持躬以慎，助篷/能贤。无忝所生，常念属毛而离里；则笃其/庆，俾能尽分以达情。兹以覃恩封尔为太/孺人。于戏！特申母以子贵之文，用昭善则/归亲之义。颁兹休命，励乃芳规。/

至圣庙掌书/（道光二十五年十月十五日）/袁兆忻之父母/

敕命内容为清道光二十五年（1845年）清宣宗旻宁以覃恩赠至圣庙掌书袁兆忻之父袁天坒为文林郎，赠其母王氏为孺人，封其生母韦氏为太孺人。

（二）清道光二十五年貤封袁兆忻之兄嫂敕命

纵33、横170.5厘米（图三）。敕命右侧汉文21行，满行16字，录文如下：

奉/天承运/皇帝，制曰：委质策名，荣既膺夫簪绂；克家/缵绪，光必逮乎门闾。尔袁兆福，乃/至圣庙掌书袁兆忻之兄，道足持躬，情殷/训弟。经传诗礼，青缃扬雁序之辉；庆笃/芝兰，丹绂焕龙章之丽。芳徽允懋，新典/宜颁。兹以覃恩，貤封尔为文林郎，锡之/敕命。于戏！被章服以增荣，聿显友恭之/义；承丝纶而无忝，弥彰善庆之风。/

制曰：教佐义方，内则允彰。夫懿范荣敷闺/阃，朝恩宜体乎私情。尔卞氏，乃/至圣庙掌书袁兆忻之嫂，贞淑性成，徽柔/道协。身娴姆训，聿储卓荦之材；志禀慈/徽，用衍炽昌之绪。丕昭淑慎，特贲丝纶。/兹以覃恩，貤封尔为孺人。于戏！龙章式/焕，令仪著美于当时；象服钦承，名德益/彰于奕叶。/

至圣庙掌书/（道光二十五年十月十五日）/袁兆忻之兄嫂/

敕命内容为清道光二十五年（1845年）清宣宗旻宁以覃恩貤封至圣庙掌书袁兆忻之兄袁兆福为文林郎，

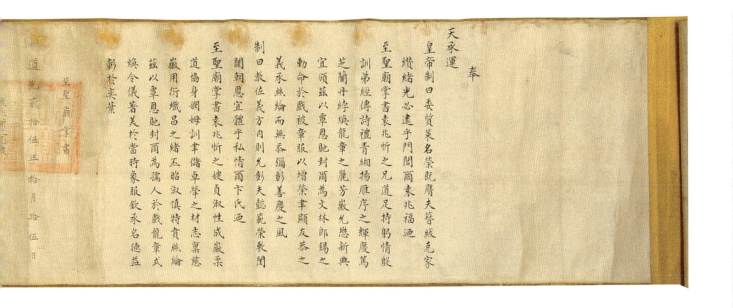

驰封其嫂卞氏为孺人。

按，袁兆忻，生平不详，其所任"至圣庙掌书"一职，为清衍圣公府属官，秩正七品，职掌文书、印信、奏差等。由于袁兆忻秩正七品，按清制则可封赠一代，获二轴敕命：一轴属其本身及妻室，一轴为其父母。但从袁兆富夫妇敕命皆用"驰封"（清代官员将本身及妻室的封赠呈请朝廷移授给亲族尊长，称为"驰封"；若受封人已故，则称"驰赠"）来看，是袁兆忻将其本身及妻室应得的敕命移送给其兄嫂——袁兆富夫妇了。

三 袁立惪家族诰命

2件，20世纪80年代征集于兖州小孟镇小孟二村。二道诰命均颁发于清同治十一年（1872年），一道为封赠袁立惪之父母诰命，一道为驰赠袁立惪之兄嫂诰命。二者质地、纹样等皆与前述封赠夏攀龙之父母诰命相同；正文亦皆由满文和汉文采用五色墨合璧书写，二者合于中幅书写日期，并钤盖有满、汉文合璧的"制诰之宝"两方玺印。

（一）清同治十一年封赠袁立惪父母诰命

纵32、横197厘米（图四）。诰命右侧汉文19行，满行16字，录文如下：

奉/天承运/皇帝，制曰：宠绥国爵，式嘉阀阅之劳；蔚起门/风，用表庭帏之训。尔袁兆福，乃山东兖州/镇标右营世袭云骑尉袁立惪之父，义方/启后，榖似光前。积善在躬，树良型于弓冶；/克家有子，拓令绪于韬钤。兹以覃恩，赠尔/为武德骑尉，锡之诰命。于戏！锡策

图四　清同治十一年封赠袁立憙之父母诰命

图五　清同治十一年贻赠袁立憙之兄嫂诰命

府之徽／章，洊承恩泽；荷天家之休命，允贲
泉垆。／

　　制曰：恬恬同恩，人子勤思于将母；赳桓
著绩，／王朝锡类以荣亲。尔卞氏，乃山东兖
州镇／标右营世袭云骑尉袁立憙之母，七诫娴
／明，三迁勤笃。令仪不忒，早流珩璃之声；
慈／教有成，果见干城之器。兹以覃恩，封尔
为／宜人。于戏！锡龙纶而焕采，用答劬劳；

被象／服以承麻，允膺光宠。／

　　山东兖州镇标右营世袭云骑尉／（同治
十一年十月初九日）／袁立憙之父母／

诰命内容系清同治十一年（1872年）清穆宗载淳
以覃恩赠山东兖州镇标右营世袭云骑尉袁立憙之父袁
兆福为武德骑尉，封其母卞氏为宜人。

（二）清同治十一年貤赠袁立惠之兄嫂诰命

纵31.5、横190厘米（图五）。诰命右侧汉文20行，满行18字，录文如下：

奉/天承运/皇帝，制曰：委质策名，荣既膺夫簪绂；克家缵绪，/光必逮乎门闾。尔袁立新，乃山东兖州镇标/右营世袭云骑尉之袁立惠之兄，道足持躬，情/殷训弟。经传诗礼，青缃扬雁序

之辉；庆笃芝/兰，丹綍焕龙章之丽。芳徽允懋，新典宜颁。兹/以覃恩，貤赠尔为武德骑尉，锡之敕命。于戏！/被章服以赠荣，聿显友恭之义；承丝纶而无/忝，弥彰善庆之风。/

制曰：教佐义方，内则允彰。夫懿范荣敷闺/阃，朝/恩宜体乎私情。尔刘氏，乃山东兖州镇标/右营世袭云骑尉之袁立惠之嫂，贞淑性成，徽柔/道协。身娴母训，聿储卓荦之材；志禀慈徽，用

图六　清道光二十五年封詹佩鸿之兄嫂敕命

/衍炽昌之绪。丕昭淑慎，特赉丝纶。兹以覃恩，/貤赠尔为宜人。于戏！龙章式焕，令仪著美于/当时；象服钦承，名德益彰于奕叶。/

　　山东兖州镇标右营世袭云骑尉/（同治十一年十月初九日）/袁立惠之兄嫂/

　　诰命内容系清同治十一年（1872年）清穆宗载淳以覃恩貤赠山东兖州镇标右营世袭云骑尉袁立惠之兄袁立新为武德骑尉，貤赠其嫂刘氏为宜人。

　　按，袁立惠，清光绪十四年版《滋阳县志·武职录》有载，其历任兖州镇标右营世袭云骑尉、满家硐千总。其中，兖州镇标之所辖"右营"，清光绪二十年（1894年）改兼兖州城守营，分防兖州城内、外地方；"云骑尉"乃世爵名，满文称拖沙喇哈番，秩正五品；满家硐之"千中"，官名，清绿营兵下设汛，汛兵从协、营中抽出，由千总等统领，称营千总，秩正六品，而满家硐即满硐营，后合编于左营，为兖州镇标所辖，驻防于今嘉祥县满家硐镇。

　　另，由于袁立惠秩正五品，按清制则可封赠一代，获二轴诰命：其一属其本身及妻室，其二为其父母。然从袁立新夫妇诰命内容可知，乃是袁立惠将本身及妻室应得的诰命移授给他们夫妇二人的。

四　詹佩鸿家族诰敕命

　　3件，征集品，敕命一道，诰命二道。敕命颁发于清道光二十五年（1845年），为封詹佩鸿之兄嫂敕命，其质地与前述袁兆忻家族敕命相同，亦为单色素锦下衬宣纸，两端各加织有一段黄色丝锦。正文由满文和汉文采用单色墨合璧书写，二者合于中幅书写日期，并钤盖有满、汉文合璧的"敕命之宝"两方玺印。

　　而二道诰命，则皆颁发于清光绪元年（1875年），一道为授封詹佩鸿本身及妻室诰命，一道为赠詹佩鸿之父母诰命。二者均为五色丝织地，其形制特殊，首尾、上下两边采用矿物颜料手绘云龙24条，栩栩如生。正文皆由满文和汉文采用五色墨合璧书写，二者合于中幅书写日期，并钤盖有满、汉文合璧的"制诰之宝"两方玺印。

（一）清道光二十五年封詹佩鸿之兄嫂敕命

　　纵34、横180厘米（图六）。敕命右侧汉文22行，满行16字，录文如下：

　　奉/天承运/皇帝，制曰：委质策名，荣既膺夫簪绂；克家/缵绪，光必逮乎门闾。尔詹

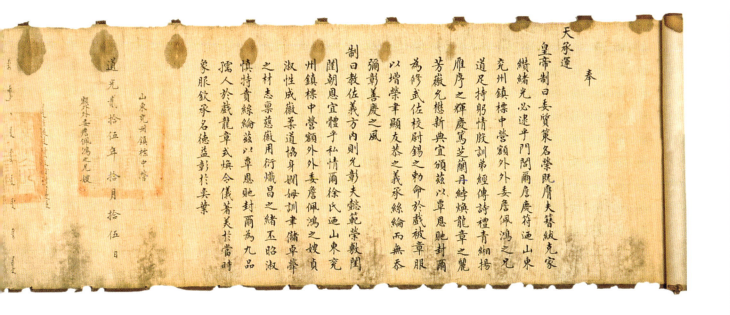

庆符，乃山东/兖州镇标中营额外外委詹佩鸿之兄，/道足持躬，情殷训弟。经传诗礼，青缃扬/雁序之辉；庆笃芝兰，丹綍焕龙章之丽。/芳徽允懋，新典宜颁。兹以覃恩，驰封尔/为修武佐校尉，锡之敕命。于戏！被章服/以增荣，聿显友恭之义；承丝纶而无忝，/弥彰善庆之风。/

制曰：教佐义方，内则允彰夫懿范；荣敷闺/阃，朝恩宜体乎私情。尔徐氏，乃山东兖州/镇标中营额外外委詹佩鸿之嫂，贞/淑性成，徽柔道协。身娴姆训，聿储卓荦/之材；志禀慈徽，用衍炽昌之绪。丕昭淑/慎，特贲丝纶。兹以覃恩，驰封尔为九品/孺人。于戏！龙章式焕，令仪著美于当时；/象服钦承，名德益彰于奕叶。/

山东兖州镇标中营/（道光二十五年十月十五日）/额外外委詹佩鸿之兄嫂/

敕命内容为清道光二十五年（1845年）清宣宗旻宁以覃恩驰封山东兖州镇标中营额外外委詹佩鸿之兄詹庆符为修武佐校尉，驰封其嫂徐氏为九品孺人。

（二）清光绪元年授封詹佩鸿本身及妻室诰命

纵33、横163厘米（图七）。诰命右侧汉文20行，满行16字，录文如下：

奉/天承运/皇帝，制曰：爪牙奋勇，营屯资扞御之劳；纶/綍施恩，部曲叨宠荣之典。尔尽先守备/山东兖州镇标右营把总詹佩鸿，小心/尽职，协力奉公。分□师徒训练，常遵纪律；凤娴骑射躯驰，克佐干城。兹以覃恩，授/尔为武德骑尉，锡之诰命。于戏！溥雨露/之洪，施偏沾军吏；奋鼓鼙之壮，志勉效/戎行。/

制曰：策府疏勋，甄武臣之懋绩；寝门治业，/阐贤助之徽音。尔尽先守备山东兖州/镇标右营把总詹佩鸿之妻周氏，毓质/名闺，作嫔右族。撷蘋采藻，凤彰宜室之/风；说礼敦诗，具见同心之雅。兹以覃恩，/封尔为宜人。于戏！锡宠章于闺阃，惠问/长流；荷褒奖于丝纶，芳声弥勋。/

尽先守备山东兖州镇标/（光绪元年正月二十日）/右营把总詹佩鸿本身妻室/

125

图七 清光绪元年授封詹佩鸿本身及妻室诰命

图八 清光绪元年赠詹佩鸿之父母诰命

诰命内容系清光绪元年（1875年）清德宗载湉以覃恩授尽先守备山东兖州镇标右营把总詹佩鸿为武德骑尉，封其妻周氏为宜人。

（三）清光绪元年赠詹佩鸿之父母诰命

纵32、横160厘米（图八）。诰命右侧汉文20行，满行16字，录文如下：

奉/天承运/皇帝，制曰：宠绥国爵，式嘉阀阅之劳；蔚起/门风，用表庭帏之训。尔

詹永祥，乃尽先/守备山东兖州镇标右营把总詹佩鸣/之父，义方启后，穀似光前。积善在躬，树/良型于弓冶；克家有子，拓令绪于韬钤。/兹以覃恩，赠尔为武德骑尉，锡之诰命。/于戏！锡策府之徽章，洊承恩泽；荷天家/之休命，允贲泉垆。/

制曰：怙恃同恩，人子勤思于将母；赵桓著/绩，王朝锡类以荣亲。尔罗氏，乃尽先守/备山东兖州镇标右营把总詹佩鸣之/母，七诚娴明，三迁勤笃。令仪不忒，早流/珩瑀之

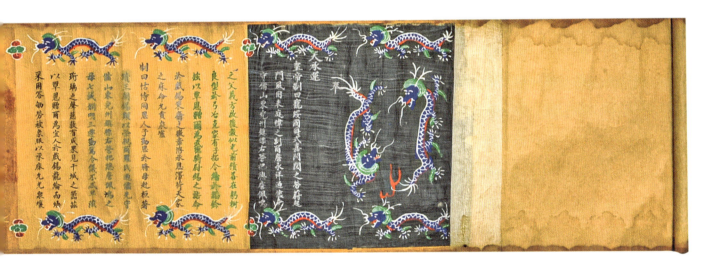

声；慈教有成，果见干城之器。兹／以覃恩，赠尔为宜人。于戏！锡龙纶而焕／采，用答劬劳；被象服以承庥，允光泉壤。／

尽先守备山东兖州镇标／（光绪元年正月二十日）／右营把总詹佩鸣之父母／

诰命内容系清光绪元年（1875年）清德宗载湉以覃恩赠尽先守备山东兖州镇标右营把总詹佩鸿之父詹永祥为武德骑尉，赠其母罗氏为宜人。

按，詹佩鸿，清光绪十四年版《滋阳县志·武职

录》有载，其历任兖州镇标中营额外外委、尽先守备山东兖州镇标右营把总，光绪元年（1875年）以覃恩授武德骑尉。其中，兖州镇标所辖之"中营"，原兖州营改建，为游击营，分防汶上、宁阳、肥城、泗水等，设游击、守备、千总、把总、外委等官；而兖州镇标所辖之"右营"，则于清光绪二十年（1894年）改兼兖州城守营，分防兖州城内、外地方。詹佩鸿之"外委"官职，（本系额外之意，有经制外委与额外外委之分，前者在额定编制之内，后者为额外委任之人员）秩正九品，为清代绿营之低级武官；而其"把总"之官职，则

为秩正七品，位次千总，分防兖州城外地方。另，按《清史稿·绿营》所载，"绿营之制，有马兵、守兵、战兵。战守皆步兵，额外外委皆马兵。"[5]

又，詹佩鸿任"外委"一职时，秩正九品，按清制则获一轴敕命，封赠至本身而止，故其兄嫂所获之敕命乃是詹佩鸿移授所致。而詹佩鸿本身及妻室和其父母所获之诰命，虽然詹佩鸿时任"把总"一职，秩正七品，但所授（赠）武德骑尉（宜人）乃秩正五品，故按清制可封赠一代，获二轴诰命：其一属其本身及妻室，其二为其父母。

五 结语

综上所述，无论从文书形制、内容、格式等方面来看，还是从受封对象、等级等方面来说，兖州博物馆所藏这八道诰敕命正与清代封赠文书的相关规制相契合。这些诰敕文书不仅有着证史、补史的作用，而且也为清代封赏制度、文书档案史等相关研究提供了弥足珍贵的实物资料。

注 释

[1] 以上所引，见清昆冈、李鸿章等修：《钦定大清会典事例》卷一五《内阁·职掌·诰敕之式·颁赐中外官员诰命敕命》，光绪十二年刻本。

[2] 按清制，诰敕命其轴柄与轴外锦缎图案因品级不同而有着严格的区分：一品玉轴，鹤锦及狮锦面；二品犀轴，赤尾虎锦面；三品、四品贴金轴，瑞荷锦面；五品角轴，瑞草锦面；六品以下俱角轴，葵花锦面。见清昆冈、李鸿章等修：《钦定大清会典事例》卷一六《中书科·执掌·文武官·覃恩·诰敕》，光绪十二年刻本。

[3] 据清《交泰殿宝谱》记载，"制诰之宝"玺印作"以谕臣僚"之用，敕封五品以上官员，即钤此宝；而"敕命之宝"玺印，则作"以钤诰敕"之用，皇帝对六品以下官员发布敕谕，即钤此宝。本文所收录诰敕命之落款所钤玺印正与此制相符。

[4] 本文所录圣旨正文，均按原文过录并加标点符号（原文分行用"/"符表示）；其满文（义同汉文）部分略。

[5] 赵尔巽等撰：《清史稿》卷一百三十一《志一百六·兵二·绿营》（第十四册），中华书局，1977 年，第 3891 页。

济宁市博物馆藏吕家宅院玉器略述

内容提要

吕家宅院原系吕德镇私人住宅，为清末建筑，目前位于山东省济宁市市中区财神阁街路北。吕家宅院玉器发现于1985年7月24日，地点是原济宁市市中区机关招待所院内。这批玉器并非吕氏所有，是当时盛极一时的张天然所有，现收藏于济宁市博物馆。本文就济宁市博物馆藏吕家宅院玉器展开描述，并将其分为五大类进行介绍，以飨广大玉器爱好者。

关键词

吕家宅院　玉器　玉文化

《说文解字》中对玉的解释为："石之美，有五德"[1]，反映人们对玉的认识除其内在的自然属性外，还包括社会所赋予的文化属性，与典章制度、社会经济、信仰文化、思想艺术、道德伦理等有一定关系。中华民族以玉为贵，以玉为美，是我国重要的文化瑰宝。

我国使用玉器历史悠久。玉文化肇始于新石器时代，历经铜器时代和铁器时代，不断发展演变，成为中华文明史最绚丽的一章。新石器时代玉器重宗教轻审美，具有浓厚的神灵崇拜色彩和宗教色彩。铜器时代玉器神秘边缘化，逐渐礼仪化，成为国家典章制度和维护社会制度的实物载体，并赋予玉器以德行[2]。铁器时代，成为玉器发展史上的关键时期。由抽象转向现实，世俗化发展，出现了写实、形象、活泼的新题材，在礼玉、葬玉和装饰玉等各方面都有所发展。玉器发展不仅表现了不同时期的艺术成就，也是当时社会思想文化的真实写照[3]。

济宁市博物馆馆藏玉器以清代玉为主，也有少量的春秋玉、汉葬玉、宋元玉、民国玉等近1000余件/套。清代玉大部分是吕家宅院出土，共计350余件/套，玉质精美、种类繁多、造型美观、应用广泛。根据玉器器形可分为印、镯、章料、扳指、带钩、剑首、剑璲、剑珌等，现按照器形及纹饰简单介绍如下。

一 玉印

玉印是同时期印章的特殊表现形式，也是身份和权利的一种实物载体。"秦以前，民皆以金玉为印，龙虎钮，唯其所好。秦以来，天子独以印称玺，又独以玉。群臣莫敢用。"[4]秦时，玉印由有权利高度集中的皇帝专用；汉时，帝后诸侯亦可用，玉印风格及书法特点达到规范化阶段；唐及其后，玉印使用者的身份便没有这么严格，平民百姓或富商大贾也能使用[5]。根据实用功能可分为官印和私印两大类；从内容可分为文字印、象形印和

文/胡冰　张萌　王娜　济宁市博物馆

图文印三大类。玉印多以二字为主，左右排列；也见四字玉印，文字从上到下，从右至左排列。字体选择是当时社会文化的反映。

玉印，制作精良、章法严谨。共110件，按其材质可分为石印、玉印和紫晶印。玉印根据印形可分为正方形、长方形、圆形、椭圆形及不规则形。印形为长方形共8件，其中2件为覆斗形，分别是N0542子孙保玉印（图一）、N0543建安军玉印（图二），时代均为清代。N0542器身饰有一周纹饰；N0543器身有一穿孔，便于携带。玉印上方饰龟钮1件，即N0545清天府之印上方印（图三），时代清代。其余5件玉印上造型简单，印钮整体为方形柱状，顶部光滑，呈椭圆状。如，N0643坐思印（图四、五）、N0644杏花印（图六、七）等。

正方形玉印8件，其中，覆斗形玉印5件；玉印上方饰鼻钮，如，N0574吉庆印（图八、九），钮环便于携带；玉钮饰动物，如，N0575一片冰心印（图一○），玉钮上为爬行的玉龟，钮上有一穿孔，便于携带。

椭圆形玉印共3件。如，N0640明思印（图一一、一二），玉质通透结晶，印形呈椭圆形，"明思"二字上下紧密排列，线形流畅粗犷，长短直弧变化呆板，线质厚重，笔画断连有度，极具笔意。四周边栏留红较少，二字充满整个印面，造型独特。

圆形玉印3件。如，N0647封印（图一三、一四），白玉质，玉质直径0.5厘米，圆柱状，顶端为鼻钮。其余玉印印形为不规则。如，N0642慎思之印（图一五、一六），印形似梯形圆角，"慎思"二字分布在较宽一侧，结构紧密，"之"分布在相对窄的一边，笔法具有篆书风格。印面留红较少，三字占据整个印面，排列紧密。四周有边框，浑厚质朴，使得印面呈饱满之势，使其富生机活力。

特别是紫晶印，即N0580，泉石呈商印（图一七、一八、一九），年代为民国。形制覆斗形，印形为正方形，玉印上方有一穿孔。玉质晶莹剔透，呈淡紫色。结字大方自然，"泉石呈商"四字阴刻均匀分布，线条厚重而圆滑，笔画转折处以圆转为主，极具笔意。

玉印尺寸大小相差不多，长8.7、宽8.7、高10.9厘米，玉印的长宽高大多集中于1~3厘米之间，保

图一　子孙保玉印

图二　建安军玉印

图三　清天府之印上方印

图四　坐思印

图五　坐思印

图六　杏花印

图七　杏花印

图八　吉庆印　　　　　　图九　吉庆印　　　　　　　　图一〇　一片冰心印

图一一　明思印　　　　图一二　明思印　　　　图一三　封印　　　　图一四　封印

图一五　慎思之印　　　　图一六　慎思之印

图一七　泉石呈商印　　　图·八　泉石呈商印　　　图一九　泉石呈商印

存情况完整居多。除玉印外，还发现有玉章料和玉印盒。玉章料，未进行雕刻的玉章，其形制与玉印一致，如N0664（图二〇）是以动物为印钮；N0686（图二一），长方形柱状，钮顶为狮子造型，灵活生动。玉印盒，放置玉印的玉盒，造型朴素，上下形制相同，子母口结合。例如，N0535（图二二），高2.8、直径6.4厘米。玉质纯白，呈圆形，盒面素面，素面无纹。N0537（图二三），高3.7、直径7.3厘米。有矮圈足，上下均为钵体。素面无纹。

二　玉带钩

玉带钩是古代贵族和文人志士腰带所系之玉质挂钩，主要用于束腰，由钩首、钩体、钩钮三部分组成。大体形制为：钩首呈弯钩状向内弯曲，可钩系腰带；钩体是带钩的主体，弧面，饰有纹饰，如卷云纹、谷纹或雕有鸟兽等图形以及素面；钩体连接钩首和钩钮，在钩体下端是钩钮，用作穿绳结系。一般玉带钩的侧视钩身呈"S"形。带钩既是实用器，又是装饰物。最早的玉带钩见于新石器时代良渚文化，出现于墓主人腰部附近。商周至汉代，玉带钩数量增多，使用广泛，造型更为精致，达到顶峰[6]。东汉至唐宋时期，玉带钩发展呈衰微趋势，数量骤减。元明清时期，玉带钩发展回升，出土数量有所增多，造型更加丰富，由实用性转变成装饰性，成了身份地位表现之一。

玉带钩26件/套。根据玉质，可分为白玉、青玉、墨玉、黄玉、红玉等五种。白玉数量最多，数量达19件，年代从元代到民国均涵盖。白玉玉质温润，光泽细腻。钩首多为龙首，钩身最长13.3厘米，如N0699龙首雕螭虎带钩（图二四），为明代三级文物，玉中有沁，钩首为龙头，短宽，阔肩压目，双眼凸起，双角凸起弯于头后。钩面高浮雕云纹。钩钮为圆钮。此种形制流行于明代早中期。

钩体素面1件，如N0706玉带钩（图二五），钩身长6.9厘米，为民国时期，全身素面无纹。纹饰多见浮雕动物纹饰，如N0702龙首螭龙纹白玉带钩（图二六），玉白中泛青，钩身短宽，阔眉压目，双眼突起，双角凸起弯于头后。钩面浮雕一只紧贴于器表的螭螭，发毛较长。钩钮圆钮。玉质温润光洁。

图二〇　玉章料 N0664

图二一　玉章料 N0686

图二二　玉盒 N0535

图二三　玉盒 N0537

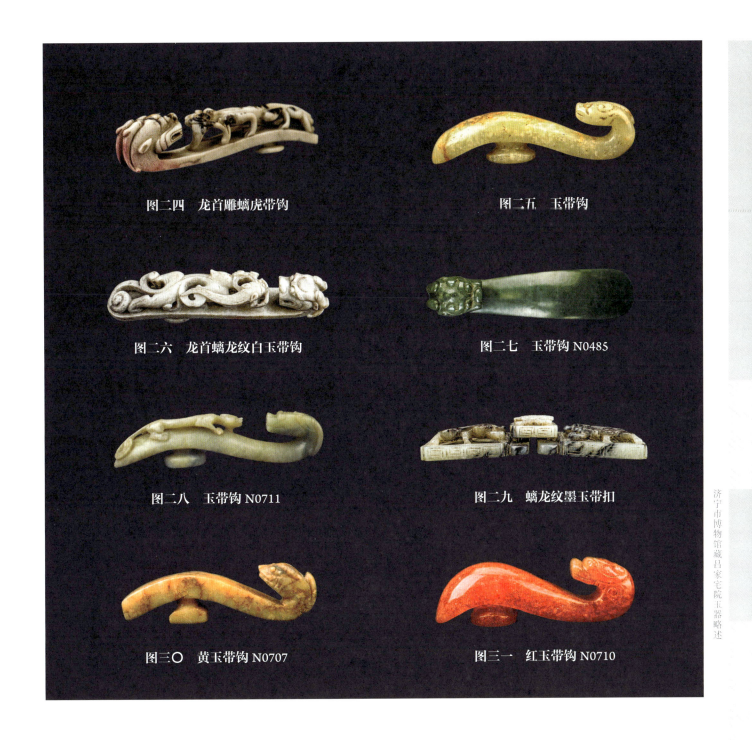

图二四　龙首雕螭虎带钩

图二五　玉带钩

图二六　龙首螭龙纹白玉带钩

图二七　玉带钩 N0485

图二八　玉带钩 N0711

图二九　螭龙纹墨玉带扣

图三〇　黄玉带钩 N0707

图三一　红玉带钩 N0710

　　青玉3件，分别是N0485、N0708、N0711。其中，N0485（图二七），青色偏重，长11.6、宽2.6厘米。钩首为龙首，钩身整体呈琵琶形，钩钮为圆钮；龙首雕刻的非常清瘦，龙眼为凸雕圆眼，颈部偏细，钩身素面无纹饰。表面抛光，圆润光滑；N0711（图二八），长10.4厘米，民国时期，钩首为龙首，钩身上部饰圆雕镂空的螭龙，螭身细长，仰头与钩首引颈相望，钩身底部是 圆形素面钮。构图和谐，富有立体感。

　　墨玉1件，N0484螭龙纹墨玉带扣（图二九），钩身呈长方形，以透雕、浮雕技法雕饰，中间刻折枝花卉。两边饰螭虎纹，背面饰螭龙纹。带钩钩身弧度较小，雕刻细致，棱角分明，纹饰设计颇具匠心。

　　黄玉1件，N0707（图三〇），年代为民国时期，长6.9厘米。钩首为龙首，双眼鼓突，嘴巴扁平微凸，钩身素面，钩钮为方形圈足矮钮。

　　红玉1件，N0710（图三一），年代为民国，琵琶形钩身，钩身弧度较大，全身素面无纹，钮粗矮近尾端，整体圆润，材质精良。具有较高的艺术价值。

三 玉剑饰

玉剑饰最早出现于西周时期，到汉代玉剑饰的造型和工艺达至鼎盛；魏晋唐宋逐渐衰落；明清之际，因好古之风盛行，玉剑饰再次活跃。玉剑饰不仅是身份地位的象征，也可用于馈赠，正如《汉书·王莽传》所记载："进其玉具宝剑，欲以为好。"玉剑饰包括玉剑首、玉剑璏、玉剑格、玉剑珌。玉剑首饰于剑柄边缘。圆而薄，形似玉璧却无"好"。正反两面一般有纹饰，多为涡纹，外缘饰有蚕纹和勾云纹。玉剑格饰于剑柄与剑身交接处，形制较窄，中部穿孔，边缘锋利，形状不一。玉剑璏，亦称为玉剑璲、玉剑卫，饰于剑鞘上，供穿戴佩系使用。长方形，其上可雕云纹、兽面纹等。底有一方框，便于穿系革带使用，可将剑与腰带固定一起。玉剑珌，镶嵌于剑鞘尾端。呈不规则的长方形或梯形。纹饰有素面和兽面纹两种。

玉剑璏雕琢工艺精湛，形制别致。共44件，长度7.5~11.3厘米，且大多在6厘米以上，宽度介于1.2~2.8厘米。年代从汉代到民国时期。表面纹饰包括螭龙纹、乳丁纹、勾连云纹或光素无纹。其中，螭龙纹8件，龙纹造型独特，如，N0496螭龙纹青玉剑璏（图三二），青玉质，正面高浮雕螭龙纹，龙首高昂，龙爪锋利，背面雕一方形孔。年代为明代。N0713螭龙纹青白玉剑璏（图三三），青白玉质，年代为六朝时期。正面饰高浮雕螭龙纹，龙眼外突，背面雕一方形孔，用来穿绳打结，系于鞘上，作用是将剑鞘挂在身上。受沁严重。

乳丁纹19件，乳丁有序分布在玉剑璏表面，有阴刻和阳刻之别。其中，N0501（图三四）为三级文物，年代是汉代。白玉质，正面阳刻乳丁纹，排列整齐。背面有长方形孔。而N0737（图三五），正面阴刻乳丁纹，侧视形如花样冰刀状，侧面下端有长方形大孔。

勾连云纹4件。如，N0498（图三六），属于汉代时期。长10.7、宽2.2厘米。玉质偏黄，一端受沁严

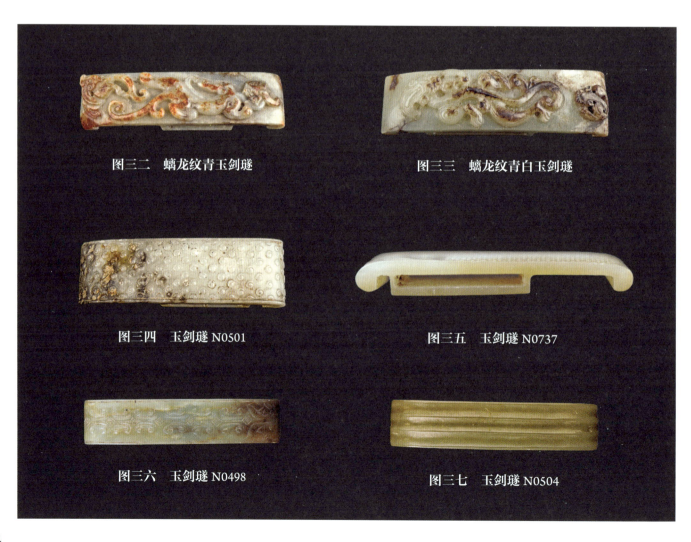

图三二　螭龙纹青玉剑璏　　　　　　图三三　螭龙纹青白玉剑璏

图三四　玉剑璏 N0501　　　　　　　图三五　玉剑璏 N0737

图三六　玉剑璏 N0498　　　　　　　图三七　玉剑璏 N0504

山东博物馆辑刊（2023年）

历史与文物研究

重，颜色略深。表面不平整，正面饰一排勾连云纹，云纹之间由菱形方格连接，背面一长方形孔，剑首和剑尾略向内钩。

素面无纹13件，形制与之相一致，仅玉剑璏表面素面无纹。其中，凹棱纹饰1件，如，N0504（图三七），长7.2、宽1.6厘米。玉质细腻，温润，正面两条凹棱纹。

四　玉璧

何谓璧？《尔雅·释器》解释为"肉倍好，谓之璧"，是一种中间有孔且孔径较小的扁平圆形玉器，为"六器"之一。我国流行时间最长的玉器，从新石器时代就有，一直沿用至清代。主要用于祭祀活动，有学者认为玉璧象天并用于礼天[7]。玉璧形制分为3种，分别是：一是扁平圆形，中间有圆孔；二是出廓璧，在璧廓外缘雕装饰物；三是重环璧。纹饰主要有谷纹、蒲纹、云纹和圈点纹。

新石器时代的玉璧大多素面无纹，参与大型墓葬仪式。商周玉璧祭祀功能减弱，装饰功能增多。汉代是玉璧的发展鼎盛期，纹饰丰富，工艺精湛，使用广泛，分为装饰用玉、随葬用玉和佩戴用玉三大类。唐代及其以后，玉璧向世俗化、生活化发展，供装饰玩赏之用。

玉璧9件。玉璧外径在7.9～15.5、厚度约为0.5厘米，年代汉、明清至民国时期。根据玉璧形制，体扁平正圆形有7件，其中，玉璧素面无纹，仅N0512（图三八）一件，外径15.5、内径6.9、厚0.5厘米，年代为汉代，表面光滑无纹饰，通体呈碧绿色，有白色不规则纹理，边缘处有黑沁玉料。质地细腻。有的玉璧饰有简单纹饰，如N0514（图三九），青白玉质，直径12.2厘米。器表饰满排列规整的浮雕谷纹，纹饰浮凸较甚，其状颇似乳丁。排列错落有致，灰皮沁色。而也有玉璧有以图案呈现的纹饰，如，N0515（图四〇），直径11.1厘米，白玉质地，有褐色沁，表面阴刻两只瑞兽，左右分布，一只瑞兽尾巴偏

图三八　玉璧 N0512　　　　图三九　玉璧 N0514　　　　图四〇　玉璧 N0515

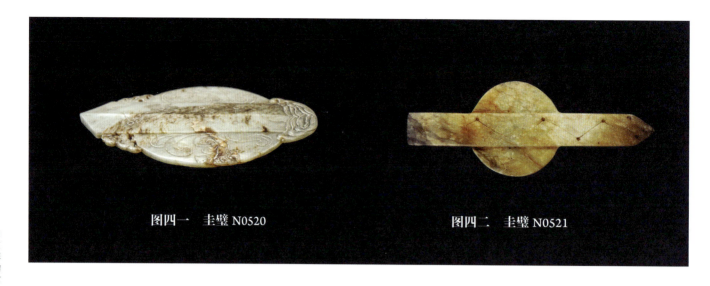

图四一　圭璧 N0520　　　　　　　　　图四二　圭璧 N0521

长，几乎环绕了半璧，另一只瑞兽相对分布，体积较小。母子两兽相望嬉戏，纹饰细腻流畅，造型优美。

圭璧 2 件。圭为上端尖锐，下端平直的长方形玉板。圭璧是圭和璧的组合体，璧在圭的中部，中间圆孔被遮挡，整体呈片状，为祭祀、朝拜所用玉器。《周礼·冬官考工记·玉人》有所记载："圭璧五寸，以祀日月星辰。"如，N0520（图四一），长 19.5、宽 13、厚 0.8 厘米。属于明代。青白玉质，有黄褐色沁斑。圭首两边饰有透雕变形螭虎纹，圭尾呈圆形，阴线刻水波纹。圭璧两面均为减地浮雕，一面是北斗七星纹，另一面饰螭龙纹，造型别致、纹饰精美，保存完好。N0521（图四二），黄玉材质，年代是明代，玉璧呈圆形，素面无纹，直径 4.8 厘米。璧中央竖一玉圭，玉圭呈长形，一端为箭头状，一端为方形，长 12.9 厘米。圭面上琢七星连珠，圭两端有黑色沁斑。

五　其他玉器

除以上四类数量较多的玉器外，另有玉摆件 8 件、玉手镯 13 件、玉如意 5 件、玉揉手 3 件、玉牌、玉香炉、玉烟嘴、玉鱼、玉簪等玉器。这些供观赏性质的玉器作为当时社会文化的一种体现。现遴选个别精品，简介如下。

玉摆件 8 件。颜色鲜艳、造型多样、雕工精致、刀法遒劲，多采用线雕、浮雕、透雕等手法工艺，雕刻题材围绕人物、动物、祝福等展开。如，N0446（图四三），一对圆雕水晶狮形摆件，大小相差不大，一件

长 7.5、宽 3.7、高 3.5 厘米，另一件长 7.4、宽 3.5、高 3.7 厘米。水晶质，通体晶莹剔透，透明度极好，年代为清代。狮作伏地回首状，狮身阴线刻，造型精美。N0448（图四四），玉翠鸟形状，长 19.3 厘米，年代为民国。粉紫色独山玉，颜色鲜嫩，为精品饰件。翠鸟神似远眺，羽毛阴线刻，双脚站于树上。生动形象，给人以美的感受。

玉手镯 13 件。属于戴于手腕处的环形装饰物。如，N0452（图四五），清雀石镯直径 4.7、高 1.2 厘米。中国古代称孔雀石为"绿青"、"石绿"或"青琅玕"。孔雀石由于颜色酷似孔雀羽毛上斑点的绿色而获得如此美丽的名字。此件为素面孔雀石镯，有着墨绿和浅绿色相间的斑点纹络，色泽鲜艳。N0747（图四六、四七）民国蛇纹玉手镯，直径 8.2 厘米，呈扁条形，外圈两端有沿，内圈素面光滑无纹饰，外圈阴刻雕琢呈变形的龙纹，线条流畅，制作精巧，有沁。

玉如意 5 件。宋代吴曾的《能改斋漫录》对此做过阐释："如意者，古之爪杖也。或骨角竹木削作人手指，爪柄可长三尺许，或脊有痒，手所不到，用以搔抓，如人之意。"[8] 由此可知，如意是古代抓挠用具。如意形制为长柄，头大而回折[9]，主要有直柄式、灵芝式、三镶式三种。未见完整者，均是玉如意头饰。如，N0480（图四八），白玉，玉质温润，为椭圆形减地浮雕人物故事图。一亭台楼榭隐于崇山松林中，一人站立其上远眺，近处另有四人或立于松树下或坐于山石之上，动作不一，神态各异，惟妙惟肖。

图四三 圆雕水晶狮形摆件

图四四 玉翠鸟摆件 N0448

图四五 清雀石镯

图四七 蛇纹玉手镯

图四六 蛇纹玉手镯

图四八 玉如意头饰 N0480

六　小结

　　上面所介绍的济宁市博物馆藏吕家宅院的这批玉器，数量多，种类齐全，器形丰富，造型优美，制作精致，且延续时间长，属于精品中的精品，有重要的研究与收藏价值。种类有礼器、实用器、玩赏器、佩饰等。礼器有玉璧、玉圭璧等，造型古朴，纹饰简明，体现礼器的威严端庄；实用器有玉印、玉摆件、玉如意等，玉印形式多样，用料讲究，印字线条流畅，颇具笔意，摆件小巧精致，色彩鲜嫩；玩赏器有玉牌、玉香炉、玉鱼等；佩饰有玉带钩、玉剑饰、玉手镯、玉牌、玉簪等，佩饰雕刻手法多采用浮雕、透雕、阴刻，琢磨技艺精湛，纹饰精美，造型活泼生动，极具观赏性。玉带钩佩饰多为白玉，玉色透亮，玉质细腻，造型为龙首蟠螭组合，圆润有力的线条，和谐立体的构图，充满装饰赏玩性，体现着这一时期的艺术审美，人文内涵。根据这些玉器的器形和纹饰之别，再结合山东地区同时期的玉器特征，进而对济宁地区甚至山东地区的玉文化等问题进行探讨。这批玉器，也将对我们了解吕家宅院、了解济宁地区的玉器提供最原始的实物资料，因而具有重要的研究价值。

注　释

[1]（汉）许慎撰，（宋）徐铉：《说文解字》，中华书局，2009年。

[2] 季子杰：《春秋战国玉器研究》，中国地质大学2019年硕士论文。

[3] 吴棠海：《中国古代玉器》，科学出版社，2012年。

[4]（南朝）裴骃：《史记集解·秦始皇本纪》，中华书局，2008年。

[5] 祖京强：《汉玉印风格及其对后世工稳印的影响》，中国艺术研究院，2013年硕士论文。

[6] 成昕：《玉带钩的历史演变》，《收藏》2018年第6期。

[7] 郑建明：《史前玉璧源流、功能考》，《华夏考古》2017年第7期。

[8]（宋）吴曾：《能改斋漫录》，上海古籍出版社，1979年。

[9] 张广文：《玉石如意》，《紫禁城》2004年第1期。

天津义和团运动史实考述

内容提要

天津义和团运动的兴起带有自发性、独立性和分散性；且运动性质复杂，具有多元性，运动的兴起发展的不同阶段有不同的活动趋向和特点，尤其在天津战场有不可忽视的作用，是义和团运动走向"义和团战争"的高潮阶段。本文主要侧重以天津义和团参加者口述史调查资料、近代影像和近年来新译外文文献中联军亲历者的记述，探讨义和团在天津兴起发展的地域特征，考证天津义和团的来龙去脉、入津路线、坛口组织和主要首领和补充天津卫城参战等史实问题，进一步明晰天津义和团运动在20世纪初的性质和意义。

关键词

天津义和团　入津路线　坛口组织　参战史实

近代以降列强迭次入侵导致中国国际地位急遽下降，在以往已译外文文献中关于1900年联军出兵天津的经历，来华和在津"亲历者"对战场多有激烈之极的文字描述，然关于天津义和团的记载则多语焉不详。虽在联军成员、传教士、新闻记者、海关帮办等文本资料[1]中，有对义和团群体的些许认识、镜头捕捉下的影像中"选择性的诠释"[2]。然对于义和团群体印象，总体趋向于"魔化"[3]"动乱""排外""乌合之众"的论调。在中国，各类原始官方档案史料、新闻报道、时人笔记等记述也多出自团民之外的阶层人士的感知，而真正存留义和团运动"亲历者"记忆的或只有珍贵的田野调查口述史资料。

爆发于1900年的天津义和团运动是从民间反洋教运动到反帝反侵略"义和团战争"的升华，实际有其自身复杂的历史发展过程，尤其在天津战场有不可忽视的反帝行动。天津义和团运动性质复杂，运动特点具有多元性，运动的兴起发展的不同阶段有不同的活动趋向和特点。近20年来关于天津义和团运动的问题，学界有了进一步的整理研究，但在某些重要史实上仍未很好地予以严谨考证。如天津本地义和团是如何兴起的？进入天津的义和团组织的确切来源、义和团在卫城战争中发挥了哪些实质性地作用？这些问题的补证探讨除继续深入爬梳文献，亦需参照20世纪初天津"亲历者"的回忆和记述。笔者利用20世纪天津和山东两地关于天津义和团田野调查资料和近十年来新出翻译文献资料、影像文物资料的整理，对于明晰天津义和团运动的基本史实和性质意义或许能做一番新的努力。

文／李婷　李小涛　山东博物馆

一 天津义和团兴起的地域特征和独有特性

20世纪之交的天津秉具独特的人文地域特点，历史悠久的民俗民风、驳杂相融的多元文化、多元的民间宗教信仰和复杂的社会经济状态，这些综合因素在1900年前后达到一种整合的作用状态，催生了天津义和团兴起发展的社会大环境。

清末天津独特的地域人文环境，本身就蕴含着义和团运动兴起的社会根源。作为漕运之总汇、畿辅之门户、国防之要塞的天津，明清以来就不断接纳着"漕运船民、移居商贾、垦戍军士、破产农户和外省务工人员，形成'五方杂处'的移民城市"[4]，洋务新政后更是日益成为"北洋最繁富之区"，近代文明要素兼备。清末天津设立租界作为政治"飞地"，华洋杂处交流之中，驳杂相融的多元文化之地，民众本"与洋人心见两安，彼此无忤"。然1899年天津城郊底层社会生态成为义和团自发催生的真实土壤。清末政府的沉重苛税，地主、商人、高利贷者的盘剥以及长期旱灾造成的农民破产，流散游离在"城市、农村地区之间的人物流通，就实现了情报的流通与人际关系网的产生。这样的关系便成为葛渔城的杨寿臣、独流镇的张德成、北仓的杨老师、静海的曹福田等来到天津的基础。"[5]。

天津县城文化特性中的兼容并包也并未消减19世纪末愈演愈烈的民教冲突。究其根源一是由于基督教新教与本土宗教的信仰冲突。1870年天津教案后，民众对于天津地区天主教心存忌惮和仇视，而基督教新教虽信徒众多，但在民间宗教信仰多元的天津[6]，基督教"无论其在民间传播或使教民皈依，都莫不以精神征服为指引，其遭到乡土文化抵制与民间信仰对抗乃势所必然"[7]；另一方面源自民众与教会的现实利益冲突。据调查资料显示，新旧基督教会在天津的社会纠纷较少发生在城内，而主要存在于天津南部农村地区[8]，民教冲突起因多涉及在乡村权力运作中占重要地位的村庙、地产租佃[9]等方面。民教纠葛中迭加官民矛盾，导致底层民众在心理上对"洋人"、当地教民的心理改观和嫌怨日深[10]。天津多元的民间信仰一方面使民众对带有宗教色彩的义和团产生敬畏之情；另一方面，义和团各类反洋教活动也迎合了民众对于教民的仇视和抵抗心理。

相较于直隶边境有别于山东的状况，天津地区的练拳和反洋教行动更具有自发和独立性。在山东义和团运动肇兴发展的同时，直隶境内即有义和团活动，尤其"中部、北部地区的义和团基本上都是由当地民众组织起来"[11]；天津在此时期内也较早出现了义和团，且来自于天津之外的不同路线。据调查资料分析，1899年（光绪廿五年）春，天津周边民众在山东义和团首领向直隶境活动之前，就已出现了分散性的自发练拳和反洋教行动，比直隶境义和团发展时期（同年农历四、五月份）还要早很多。其中南仓、葛沽是迄今所知天津拳民活动地区的最早记录。其中"南仓、葛沽的活动最早，在光绪二十五年（1899年）春天以后就开始练拳了，多是本地人。"（天津张玉林、张起举等老人口述）"光绪二十五年这里开始有义和团，多是本地人。"[12]（葛沽77岁老人郭永生口述）。

山东博物馆辑刊（2023年）

革命文物研究

至1899年下半年，天津周边独流、高家村、大南河、南仓、葛沽、周家庄、炒米店、杨柳青等村镇也自发练习拳棒，主要集中于天津西青地区。

据文献资料和调查资料记载，另一个值得注意的现象是，天津郊区村镇早期多组织青少年参加练拳、习武[13]。调查资料记述"庚子头年腊月孩子们就烧柴禾，说是烧洋人。"（李家楼76岁团民石万升老人口述）"起初孩子们三五成群的在庄上练拳，转年各庄都在庙上立了坛"[14]更有河东小营门内外及津西杨柳青镇"幼女亦习此术，名之曰红灯照"[15]。

在天津县城内，早期的练拳发生在1900年2月（约在光绪廿六年正月），晚于周边乡镇（图一）。受义和团在直隶渐渐扩大的影响，习拳之风很快传入天津县。县城最早出现"义和团"的记录，见于当年在天津法国学堂读书的张玉德的回忆"从年初就传说有义和团在街上练拳，……在今解放南路海河中学大空场上，天天有人练拳舞棒。"[16]到3、4月，天津城厢内外多有男女青年练习义和拳、红灯照[17]。3月28日（二月廿八）天津通城就贴有匿名揭帖，号召民众抗击洋人。

以上反映天津地区民众最初的练拳、反洋教事件，可以看出义和团运动在天津地区肇始发展的地域性、自发性和分散性。天津底层民众自发兴起的活动比直隶延及天津的义和团活动要早很多；而且义和团在天津周边散落村镇尤其是西青地区比在县城出现的早，这主要与地方官府控制程度有关。

二 义和团的入津路线和聚合数量

1900年春夏之交，义和团运动在直东一带转入低潮，而在京津畿辅之地迅速形成新的运动中心，声势猛烈[18]。同年3月，天津地方府衙对于习拳还是查禁态度，然到4月就有松懈认可[19]。至大沽陷落后，6月21日清廷发布对各国"宣战"上谕，令各省督抚"召集成团，藉御外侮"[20]，鼓舞了各地团民纷纷奔赴天津。除在各种史料中的碎片化记载外，总结团民入津的主要路线有如下几条。

（一）直隶／（山东个别首领）→天津城路线

这条路线是义和团入津的重要路线。1899年12月

（光绪廿六年正月）义和拳民在直隶南境的深县、景州一带活动，随后延至安平县、青县、故城、河间、南宫、冀州等属，以至新城、固安、涿州、易州。1900年3、4月直隶的义和团向天津蔓延之势日盛，"乃自琉璃河、长辛店、丰台、落垡，而至津。"[21]到5月间，义和团延及近畿一带的涞水、定兴、清苑、杨柳青、保定、遵化、锦州一带，以及宣化府属的延庆州、京东蓟州、邦均、宝坻、丰润直至天津等处。另有若干山东义和团首领如李发祥、李金荣部带领的组织。史料和调查资料记载有山东人王湛波、韩以礼、庞围和刘呈祥等。还有早年从山东到天津谋生，后组织团民立坛的滕德生、刘德胜等。天津义和团中的核心领导人物部分属于山东义和团首领。

（二）天津周边州县（包括部分直隶乡邑）→天津城路线

这条路线是义和团入津的主要路线，当然这条路线与第一种路线的某些义和团分支是重复的，比如有一些山东义和团首领如滕德生、刘连胜、韩以礼、刘德生由于天津县城控制严密，是先在周边地区召集民众，而在1900年6、7月才入县城。天津周边的青县、静海、沧州、盐山、南皮、庆云等各州县以及天津县城郊区的民众，在外地拳师的影响带动下建立了义和团组织，并开赴天津。另外，由直隶来天津周边的还有新城张德成、雄县王成德、安次杨寿臣、曹福田、林黑儿等，这些首领之间互相配合，协同作战。天津周边青县、静海、沧州、盐山、南皮等各州县以及天津县城郊区民众，在外地拳师带动下陆续建立了义和团组织，并开赴天津。

（三）北京→天津路线

义和团大量进入北京比进入天津的时间要早。日方资料记载1900年6月初"北京附近的'团匪'日益波及天津及其附近"[22]。与此相对应，《拳乱纪闻》载6月6日大队团民"由京乘坐铁路火车至津，一路即将铁路拆毁"[23]。6月13日"团匪"陆续进入天津城。"15日晚上10点，彼等在马家口、闸口、溜米厂、三叉口等地各教堂放火，进而逼近租界。"[24]

关于义和团在津地聚合的数量，有记载至6月底，

141

裕禄在天津厚集兵力，联络团民，义和团"聚集天津不下三万人"[25]，这与已刊日方文件中所述一致[26]。当时天津城乡约有300个坛口，其中"乾字团有八十多个，人数两万左右；坎字团坛口六十多个，人数一万四千左右；离字团坛口二、三十余个，人数大约两三千；其他支派坛口约一百左右，人数约一万。"[27]加上陆续来到天津的各路义和团，计算团民总数可达四五万人（当时天津人口约20万）。以上多为受朝廷谕旨鼓励而自发入津的团众，此外也有数千团民是由官方亲自召集的（图一）[28]。

图一　天津的义和团（Boxers in Tianjin:Library or Congress（美国国会图书馆）藏）[29]

三　义和团在天津内外的坛口组织和主要首领

坛口组织，无论从宗教仪式性还是固定组织方面看，都可作为义和团在天津真正出现的标志。与早期练拳兴起时间对照，天津周边村镇立坛早于县城内，最早记载是1900年2月刘十九在津西郊高家村设坛[30]。至旧历三四月，天津周边张家窝、潘家楼、炒米店、杨柳青等二十多地普遍设坛。坛口多由外地义和团首领建立，也有本地自发立坛，但后者数量较少。"立坛口往往要去'老坛'或'总坛'，请老师来'铺坛'或'摔坛'（仪式称谓）。"[31]如不然就不能成为公认的坛口。铺坛时主要有三种情况，交叉存在于天津义和团运动不同时期：一是"老坛的人自动来或请老坛的人来直接领导立坛口"[32]。义和团出现在天津有正式活动后较为普遍，且多是总坛口。二是"先由本地领头带拳众立了坛口，再得到老坛口（或总坛）的允许"[33]，然后再推团首（或称坛主、香主、团头等）[34]。这类坛口主要出现在运动高涨时期。三是"一些地方只是拳众自己练，也没有得到老师的正式承认"[35]。

天津县立坛时间要晚于周边乡镇。天津城内设立正规坛口最早应为1900年6月8日（五月十二）杨寿臣立三义庙坛口[36]。这个时间的考证也是基于比较南开大学和山东大学的天津义和团调查资料，且对比旧史料中的某些讹误得出的[37]。6月14日晚，杨寿臣即组织了大规模的团民活动，即烧毁了天津城仓门口教堂、鼓楼西教堂和府署前教堂，次日烧毁望海楼教堂。

到1900年农历七八月份，天津城乡各处坛口普立。从佐藤公彦根据天津调查资料绘制的"天津义和团坛口图"[38]可见坛口设立的特点：一是以漕运和市场要素分布坛口。坛口群以天津县城为中心点和汇聚点，从乡村到天津县城呈密集的扇轴状分布。县城内的坛口甚至设到了县署、府署的大堂，"城内各区都由义和团掌控，义和团的宗教性权威压倒了官府的权威。"[39]城外坛口中，发展最早、人数最多的是在运河、子牙河、大清河等河流汇集的西北郊北运河沿岸（这些水系与山东、直隶南部相通），有记录称那里共有87个村庄，其中有75个建立了义和团坛口组织。

二是天津城乡坛口多在宗教场所设立据点。天津及周边设坛的庙宇道观等达32处之多。如1900年六月率众入津的静海"乾"字团首领曹福田，设乾字团总坛口于吕祖堂[40]，现是中国唯一保存较完整的义和团总坛口遗址。调查资料记录"有的庙里虽未立坛，但也是义和团的住处、粮台，如高家村老爷庙就是刘十九的粮台；此外还有在会馆、戏院以及其他公共场所的，如天津的江苏会馆、广和楼、协盛园；再就是坛口设在地主等富户的大宅院落内，如大南河、纪家庄、小刘庄、姚家村和天津西楼均是。"[41]

三是天津各区坛口多为乾、坎字团（图二）。按照天津调查资料中的分区：南郊区、西郊区、和平区、红桥区、河北区、河东区的坛口都是乾字团为主，负责铺坛和领导活动的主要是曹福田、韩以礼、王德成、刘十九、杨寿臣等。在和平区也有两个乾字团坛口是由张德成领导的（栓马桩、小胡同二号、小宜门口）；坎字团主要在西郊区，由张德成、王老师、张老师、刘老师等负责铺坛和领导，东郊区也全是坎字团；还有数量较少的震、离、坤字团，分布在红桥区、北郊区、丁字沽、静海县等。有的震、离字团坛口还与红灯照

组织共用坛口。

之前已粗略提及入津的主要首领，然整个天津地区坛口分布众多，首领成分复杂。据廖一中统计的数据显示：天津地区的坛口大约有300多个，也就是至少有近300名坛口首领，当然其中也有一个首领领导几个坛口的情况。另还有很多不知名的首领在天津县和城郊[42]村镇（如静海县就有七个自发成立的坛口组织[43]）各自展开活动。由这些梳理出的信息中可看出天津义和团首领的显著特点：

其一，主要首领多为天津之外的外地人。如张德成、曹福田、杨寿臣、韩以礼、王德成等都非天津本地人，他们大多来自直隶境内接近天津的几个县，韩以礼、滕德生、庞围等属于山东籍首领，早些年入直隶，身份主要是雇工、商贩等；本地的首领也有，但多是在6、7月义和团受到官府支持后才自发立坛。其二，阶层不一、成分复杂。首领出身品流驳杂，大部分是破产流散各地的贫苦游民，计有雇工、商贩、船工、秘密教徒、散兵游勇等，其中也有地主；也有部分僧道、巫婆等等借义和团声势组织势力，"佛道两教，皆为拳党所重。"有文献记载义和团与民间"在理会"等

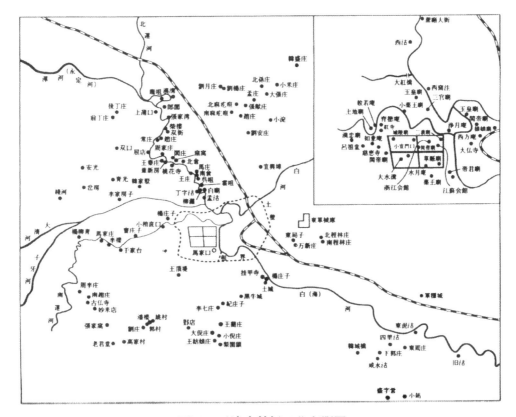

图二 天津内外坛口分布概图

秘密宗教还有着某种联系[44]。其三，分地管辖、相对独立。张德成、曹福田、杨寿臣及红灯照统辖天津城乡及西郊、北郊，红灯照组织也大致在此地域范围之内；韩以礼所辖从大南河直到咸水沽一带百余村镇；刘十九（刘呈祥）所部为天津城西南郊区村镇组织。主要首领以农村集市空间为媒介，统率各村落坛口的总坛口，组织力量和动员力量较大。"相对于北京的义和团被清廷收容为官团来说，天津的总坛口首领们始终保持着各自独立的势力。"[45]

四 天津战场义和团组织参战史实

义和团运动在天津地区兴起发展的过程，也是清政府对义和团剿抚反复的时期。直至1900年6月21日，清廷发布宣战和招抚义和团上谕；然开战后，清政府对于义和团的态度随着各类不实战报而趋向投机善变。在联军的各类随军记述中看到的也多是义和团武

器简陋、组织涣散且对于他们"降神附体""刀枪不入"的神话泡沫。然从义和团前期汇集组织接近四五万的庞大人数来看，这都是不可小觑的民众抵抗力量。

作为中国近代史上的一次罕见的城市保卫战，自6月15日至7月14日长达一个月的时间内，义和团在这场中国军民顽强抵抗入侵联军的正义战争中发挥了切实的重要作用。爬梳中外各类文献记载和碎片化的口述史调查资料，现总结补证出天津义和团主要首领组织的参战史实。

由下表可见，自6月初至7月14日天津沦陷，天津义和团首领主要各部一直活跃在天津战场，大致分为四个阶段：一是自6月初至6月17日之前，主要是曹福田等领导的义和团烧毁京津一带铁路，以阻滞联军入京。此时期以曹福田等为主要组织力量，小规模地在落垡、廊坊等地攻击联军的先行火车部队西摩联军，包括攻击守备队和修路队等。二是在老龙头车站（6月15日至7月11日左右）和紫竹林租界（6月17日

天津保卫战义和团主要参战史实（1900年）[46]

参战战斗	主要参战首领	参战史实略况
阻击西摩联军	曹福田等	6月4日前，烧毁京津铁路黄村车站，破坏落垡、廊坊等地铁路[47]；11日，义和团在落垡与各国陆战队中的英、意、美军队交战；13日，义和团小规模进攻联军；14日，义和团1000余人围攻落垡的英国守备队；义和团300人攻击英摩联军第一、二列车；16日，义和团跟随董福祥的6000军队攻击西摩联军修路队[48]；21日，阻击从廊坊败退的西摩联军。
紫竹林租界攻坚战	分支作战	6月17日大沽炮台陷落同日，义和团约1500人包围进攻租界[49]。
	曹福田	率坎字团入津，首先进攻租界[50]。 6月18日早，河东娘娘庙，义和团与清军再次攻击租界。曹福田指挥数千义和团民及参战练军合力攻打联军侦察队数十人[51]。
	分支作战	6月20日，义和团四五百名与英哥萨克兵交手。
	分支作战	6月21日，白河左岸，与各国海陆军士兵作战，被击退[52]。
	分支作战	6月25日后专守防御。义和团援助配合武卫前军守备天津车站，配合练军守备天津城[53]。
	曹福田、张德成集体作战	6月27日，张德成率"义和神团天下第一坛"义和团5000人自独流到津增援；6月29日，曹福田和张德成合攻租界。义和团会合天津附近的清军约"一万五千人，从三面包围、攻击租界。"[54]。7月12日。曹、张组织与租界接火。
	张德成	7月5日进攻租界。张德成率数千义和团与淮军、练军在马家口从西进攻租界；6日晚，联军多人向马家口潜进，被义和团和清军击退；7日夜，张德成率团民在租界西南大摆"火牛阵"，清除联军地雷[55]。
	分支作战	7月11日攻击租界：凌晨，部分天津驻军和义和团民猛轰车站和租界，打死打伤联军100余人。
	林黑儿（女）	配合义和团抗击联军，并参与了攻打紫竹林的战斗。
支援东机器局	王成德	6月19日东郊义和团在程林庄集结9000余人支援东机器局，王成德率文安、霸县的"乾"字团参加战斗。

参战战斗	主要参战首领	参战史实略况
攻打老龙头火车站争夺战	集体作战	6月15日，义和团对火车站发动首次进攻，被俄国军官阿尼西莫夫增派驻守老龙头车站的兵力打败。
		6月19日，联军在天津河东一带纵火烧毁民房。义和团及部分清军予以抗击，并炮击老龙头火车站及租界[56]。
		6月25日早，练军会同武卫前军并义和团进攻洋兵数百名并教民多人，后者被奋力击退[57]。
	曹福田	6月17日陈家沟之战：义和团在三号桥伏击抢修京津铁路的俄军工兵134人、法兵10人、日兵10人、英兵5人，并在芦台运河阻击阿尼西莫夫派遣俄国军队。
		6月18日，配有炮兵的2000名清军和曹福田所率义和团猛攻守卫老龙头车站，攻击东西伯利亚第十二团部分俄军达10小时之久。后俄军被阿尼西莫夫部队解救。
		6月27日和30日，指挥义和团向老龙头车站发动进攻。
		7月5日，曹福田率团和武卫左军马玉崑部从北向南进攻老龙头火车站，夺回东机器局，并相继从北面进攻租界[58]。
	杨寿臣	6月23、24日（五月廿七、廿八）攻打老龙头车站；7月初攻打老西开地方，防守南城。在天津活动时间最长。
	滕德生	7月初率众入津，参加攻打老龙头车站等地战斗[59]。
	车站大会战	7月11日，配合马玉崑武卫左军，义和团向老龙头发动猛烈进攻。团民和驻军凌晨进攻车站，发生肉搏战。
	林黑儿（女）	配合义和团抗击联军，参与攻打老龙头战斗。
	庞围（维）	与张德成、曹福田指挥攻打老龙头车站战斗，攻占老票房
	王荫荣	4月份入津，向官衙取得500多支快枪；指挥参加老龙头、紫竹林、海大道、海光寺等地战斗。
纪家庄战斗	韩以礼	7月9日凌晨，韩以礼率义和团守卫纪家庄，阻击租界日军1000余名。日军第十中队占领纪家庄后，向八里台逼近途中与从纪家庄向西北撤退的团民遭遇[60]。
天津城保卫战	曹福田、张德成为主力	主要守备点： 1. 义和团与罗荣光率领淮军面对紫竹林、溜米厂守备，其中一部参加援助防御南门。 2. 义和团大部、义勇兵与其他淮军、何永盛率领的练军守备天津城南及临近村庄。 3. 城东北角、黑炮台等处与水师营多次击退东路攻城联军
其他作战	王老师 潘老师	参加了天津城保卫战，在老东站破坏铁路，阻止联军北上；后王老师率领团民参加张德成领导的马家口战斗。王老师战死后，潘老师成为震字团首领，率团民参加海光寺战斗。
其他作战	王佐臣	与联军交仗数次[61]。
	吴印川	5月份与俄军交战，后入津作战[62]。
	石登科	1900年夏组织义和团抗击联军[63]。
城陷后作战	刘呈祥	参加保卫天津战斗，后参加"北窑大战"。
	滕德生	城陷后在城西南张家窝开仗，8月19日联合刘十九、韩以礼部等各路团民同联军展开"北窑大战"，战败出走。

至7月14日）这两处大规模的战斗阶段，主要是清军（直隶提督聂士成所部武卫前军、总兵马玉崑所率武卫左军七营和练军为主）、义和团分别与驻车站联军（俄军"东西伯利亚第十二团"、阿尼西莫夫增援部队等为主）、驻租界联军之间的战斗。义和团方面以曹福田、张德成、王成德、杨寿臣、韩以礼、庞围、王荫荣、滕德生等率领的义和团，以及林黑儿领导的红灯照等为主要参战力量。

三是天津城保卫战阶段即7月13日至14日天津陷落。"天津城内约留有义和团一万人，一部和马玉崑一起，另一部和淮军一起在面对紫竹林、溜米厂。"[64]四是天津城陷后的零星作战。如刘呈祥在城陷后率众从西面反攻天津城，被联军炮击退回[65]。后与城西南败退的滕德生部[66]、联合刘十九、韩以礼等各路团民，于8月19日展开与联军的北窑作战。因联军势众，各部战败残部撤退。从现有文献和调查资料记载看：这四个阶段的战斗呈现鲜明的特点：

一是义和团参与了6月至7月一个月四种主要的作战类型，即从6月初开始烧毁铁路、阻击西摩联军的小规模袭击作战，到老龙头车站争夺战、紫竹林租界攻坚战和天津南门防御战（7月13～14日），另其他首领各部在天津城北的陈家沟、娘娘庙、大佛寺，天津城南的海光寺、西局子（海光寺机器局）、津南洼、八里台、纪庄子、高家村，天津城东南的马甲口、挂甲寺，城东的东局子（北洋机器局）等地多线作战。这些义和团的辅助力量无论从装备还是建制上都大大逊色于清军正规武装，但团民勇于冲锋陷阵，首领组织亦讲究

战略战术。如7月11日美国圣经公会海格思的《天津被围日记》中记载"大约一百五十名义和团悄悄潜入法租界，就用他们常用的大刀武装；他们躲避了大约两个小时的枪林弹雨，到后来宣称没有一个人死亡，据报道法国方面三名士兵死亡，这三人都是从河对岸过来掩护义和团的清军的炮弹击中"[67]；又如南门防御战中团民与清军于联军炮击期间秘密潜伏，炮击中止时出现在阵地，进行巧妙的防御战。1900年旅华的美国摄影师詹姆斯·利卡尔顿随军拍摄下了陷落前后硝烟中的天津。其中在法租界和老龙头火车站所摄影像记述："火车站和法国领馆之间，是交火最激烈的地带，几乎每座建筑都被火烧过，被炮弹击中过，从破碎的窗户和千疮百孔的墙上能想象到这里当时的交火有多激烈。"（图三）[68]

二是曹福田和张德成所率的"乾""坎"字团是义和团参战主力。从6月中旬至7月14日天津陷落，曹福田始终配合清军与联军战斗。他所部主要围绕车站的陈家沟、娘娘庙、西方庵、大佛寺等地，指挥团民参加攻打老龙头、紫竹林租界、西局子等多处战斗，是在天津战场坚持时间最长、指挥进攻战和防御战的义和团主要力量；张德成在6月27日率部入津后，与曹福田部多次合攻紫竹林租界，率部团民陆续在老龙头、老西开、津南洼、海光寺等多地协同清军（淮军、练军）与练军开战。义和团配合清军武装作战英勇，尤以老龙头车站和紫竹林两地交互作战最为频繁。同时，还有诸多义和团的分支力量如王荫荣、王成德等协助清军支援攻打海光寺、西局子、津南洼等地的作战（图四）。

三是部分义和团和练军、临时招募的芦勇、安卫军等武装是最后守卫天津南门的主要力量。7月13日攻防战开始当日，天津府衙与裕禄、宋庆、马玉崑、何永盛各部清军即已撤退。仓场侍郎刘恩溥7月13日的奏报即称"闻宋、马军后队均退至十八里之北仓。团民虽抵御不退，苦无军火……"新任帮办北洋军务大臣宋庆为日后求和，撤退之日反而指令清军"痛杀拳

图三　1900 年 7 月 13 日詹姆斯·利卡尔顿所摄白河沿岸法租界和火车站附近影像[69]

图四　1900 年 7 月 13 日詹姆斯·利卡尔顿所摄影像[70]

照片译文："（白）河对面散落着一些村落，义和团在那里构筑了工事……现在他们就躲在这片房子的废墟里伺机开枪，在俄军占领下，西局子被其他国家联军占领，俄军骑兵队从那里向内城东门和河边炮台发动攻击。"

匪""遇团即杀"[71]。即便在如此腹背受敌的情形下，义和团仍参加了激烈异常的南门保卫战，甚至战斗至城陷后的巷战。曹福田、张德成、杨寿臣等首领都在激战中负伤，始退出天津。义和团在南门防卫之外还有多线作战。团民利用南门城墙外的沼泽、水塘、壕沟和坟丘等有利地形灵活阻击敌人；"在东北角、黑炮台等处的义和团和水师营，也多次击退东路联军的进犯，打死打伤俄军127人、法军117人，直至南门失守。"[72]据14日最早突破内城的日军军方记述："我军突入天津城时，防御者为淮军、练军及义和团，……天津附近一带特别是天津城的官兵及义和团一直顽强抵抗到陷落，给各国军队造成很大损害……城墙上的死者中有无数穿着义和团或芦勇、安卫等标记衣服者；据此察知，这些士兵也参与战斗；义和团穿着红黄衣或红黄带，其'匪首'为曹福田、张德成。"[73]詹姆斯·利卡尔顿摄于7月14日的城陷后的南门城墙，照片背面也有清晰记述："我们在内城的南城墙上，这里一直被联军围攻，清国军队和聚集在这儿的义和团也进行了顽强的抵抗。……面前两名义和团成员没有做好逃离准备的迹象……城墙周围死亡人数不多……大量的伤亡是在临近城门的街道上或房子内，他们很多是死于普通炮击和立德炮弹产生的致命气体（毒气炮[74]）。"[75]

关于天津的最终攻陷，战争亲历者美国奈勒上校在1925年回忆时无限唏嘘于所遭遇的顽强抵抗，"在进攻时真要有最高度的乐观精神才能期望胜利，因为只有五六千人，而对方却是一个现代化的中国师和无数义和团守卫着的四面有

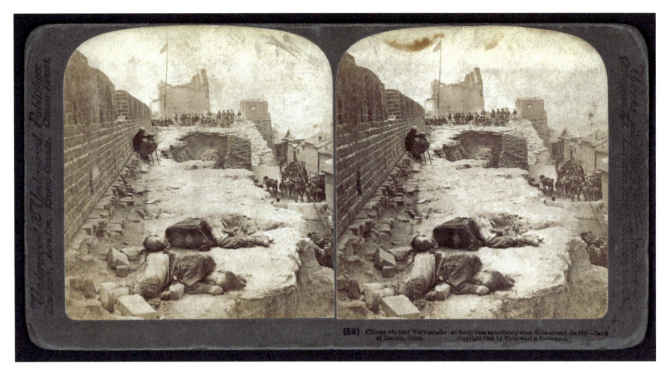

图五　1900 年 7 月 14 日詹姆斯·利卡尔顿所摄双眼立体影像
译文："天津战场上，八国联军攻入城后牺牲在南大门的中国人"[76]

城墙的城市"[77]（图五）。天津之役，以壮烈殉国的聂士成为代表的清军劲旅和主要义和团组织誓死卫战。在纪家庄战斗中，日方高度评价清军和义和团"不下五百名的兵力，彼等携带的兵器多为清国通常的刀、枪、剑或前膛枪，全都不足取，但进行顽强抵抗，余勇让我军可赞。"[78]在 7 月 13 日联军攻城战斗前线，城内清军和义和团"阵地再次出现极为炽盛火力，其反抗非常顽强"[79]，使进攻的联军屡屡受挫。南门一战，共毙伤联军"730 人"，"其中日军 392 名、美军 127 人、法军 117 人，英军 94 人；击毙美军上校和日军少佐各一人，击伤英军司令等多名高级军官，这是中国军民在抗击八国联军战争中歼敌最多的一仗。"[80]英谍报情报官亦认为此次战斗比"1900 年在南非布尔战争在斯皮昂哥普（Spion Kop）的伤亡比例还要大……我曾经见到过世界各地的战斗，但从来没有见到过像对付这些未经训练过的中国人更为艰苦的战斗了。"[81]钩沉此番情景，即使站在南门城墙上高歌的日本官兵也不得不感叹，如此"大无畏精神"[82]的抵抗"大概在明治 27～28 年的战役中也没有见过"[83]。

余论

对于联军的非正义性，英国报纸驻北京记者普特南·威尔（B.L.Putnam weale）就在其所著《庚子使馆被围记》中坦率地承认："外人在中国的胡作非为是义和团兴起的肇因"[84]，他的文字材料较少掩饰地写出了历史的真相。另据美国历史学家施达格的研究"在 1900 年 5 月 31 日之前，在整个义和团运动中，在中国的任何地方，没有一个外国人是死在拳民手上的；唯一的一个就是卜克思先生在山东的遇害。"[85]1900年5月31日，英、俄、美、法、日、意、德、奥匈八国联军451名士兵武装进京，这是一个裁定历史性质的重要时间节点。普遍认为的义和团在京津及各地对传教士的杀害、焚烧教堂、破坏铁路等盲目排外和攻击联军的反攻活动，都是在外国对中国的武装入侵之后进行的。

震惊世界的义和团运动爆发已123年，时至今日仍在探究20世纪初这场由运动走向反侵略战争的重大事件，因其深刻影响了民族国家的历史走向和前途命运。尤其京津之战后，帝国主义对于中国底层反抗力量的思索考量和侵略方式的变向转换，一定程度上延缓了20世纪初列强彻底瓜分中国的意图和行动，这也明显地表现在亲历天津被围的明恩溥（美国基督教公理会来华传教士）于次年的记述：无论中华帝国的政治前途是什么，中国人民都将继续是世界生活的重要因素；中国和列强的关系应该被放置到一个完全不同的基础上。[86]历史坐标中，作为比太平天国

起义晚40多年、与戊戌变法同年兴起的义和团运动，能从农民阶层自发兴起的"灭洋"反教运动发展至反帝战争，相较都未能明确提出"反帝"主张的洪秀全"拜上帝教"式农民起义、资产阶级维新改良运动和甚至10年之后的辛亥革命，天津义和团在20世纪初已达到农民阶层所能达到的历史最高程度。再者，天津战场使西方人对其在华势力掌控的影响倍加后悸。《天津海关1892～1901年十年调查报告书》记载"如果义和团在天津成功，就会带来不可避免的结果，实际上意味着在北京的主和派的毁灭，这点是毫无疑问的；而且，扬子江流域也会不再被我们控制，这一点，许多带着批判的眼光研究当时局势的人认为非常可能。"正是来自中国底层民众的力量，不屈服于外族侵略的斗争精神也是"五十年后中国人民伟大胜利的奠基石之一"[87]。在以上认识下重新思索其运动的发展脉络和历史意义，或有望得出其在历史遭际中更为深透的理性认知。

注　释

[1] 此处主要参考天津社会科学院历史研究所编、许逸凡等译：《义和团运动在天津》，齐鲁书社，1980年。本书辑入《华北作战记》《美军在华解围远征记》《中国与联军》《在华一年记》《京津随军记》《天津—插图本史纲》和《天津海关一八九二——一九零一年十年调查报告书》等七种书的节录译文资料。

[2] 杨红林：《义和团时期西方影像背后的"中国观"——以中国国家博物馆藏詹姆斯·利卡尔顿摄立体照片为中心的考察》，《中国国家博物馆馆刊》2012年第7期，总第108期，第118页。

[3] 〔美〕海格思：《"义和拳运动历史"——义和拳起事：中国义和拳之乱的历史》，《义和团文献史料汇编》（英译文卷下），2012年，第68页。

[4] 谭汝为：《从地名解读天津地域文化》，《辽东学院学报》，2005年第4期，第15页。

[5] 〔日〕佐藤公彦：《义和团运动的起源》，中国社会科学出版社，2007年，第714页。

[6] 天津当时主要存在有儒、释、道等正统宗教和汉教、大乘教、东大乘教、在理教等各种民间秘密教派。

[7] 路遥主编：《义和团文献史料汇编》（序言），国家清史编纂委员会·文献丛刊，山东大学出版社，2012年，第3页。

[8] 许伯年、王鸿逵：《义和拳在西郊一带活动述闻》，《津西文史资料选编》，第4册，1990年。

[9]《北通州近闻》，《申报》1900年5月26日（光绪廿六年四月廿八）。

[10] 在《申报》有记载："河东小王庄系津郡富绅杨长源之产，日前经该村安姓作中说合将滨河之地卖于某洋人业已成交。洋人带人前往勘地。该村居民多系长源号佃户，一闻主人将地卖于洋人，非惟绝其衣食之源，且虑将来栖身无所。故一见安某带领洋人至庄，俱各忿忿不平。竟于村内鸣锣号一时，男妇老少蜂拥而至，洋人见势不佳，急速换渡而回。村人见洋人已去，即拥至杨处请为佃户留此衣食之路，杨告以并未将地出卖，众人乃相率而返。"见《北通州近闻》，《申报》1900年5月26日（光绪廿六年四月廿八）。

[11] 林华国：《历史的真相——义和团运动的史实及其再认识》，天津古籍出版社，2002年，第69页。

[12] 山东大学历史系1960年7月整理的《义和团调查资料

革命文物研究

（天津）》抄存，第6、7页。

[13] 南开大学历史系编：《天津义和团调查》，天津古籍出版社，1990年，第9页。

[14] 山东大学历史系1960年7月整理的《义和团调查资料（天津）》抄存，第6页。

[15] 《拳匪未靖》，《申报》1900年4月15日（光绪廿六年三月十六）。

[16] 张玉德：《庚子事变回忆》，北京市政协文史资料研究委员会、天津市政协文史资料研究委员会编：《京津蒙难记——八国联军侵华纪实》，中国文史出版社，1990年，第1页。

[17] 中国社会科学院近代史研究所《近代史资料》编辑组编：《义和团史料》（下），中国社会科学出版社，1982年，第961页。

[18] 〔日〕佐藤公彦：《义和团运动的起源》，中国社会科学出版社，2007年，第649页。

[19] 〔英〕G·吉普斯著，许逸凡译：《华北作战记》（节译），选自天津社会科学院历史研究所编：《八国联军在天津》，齐鲁书社，1980年，第6页。

[20] 故宫博物院明清档案部编：《义和团档案史料》上册，中华书局，1959年，第163页。

[21] 〔日〕佐原笃介、浙东沤隐同辑：《拳事杂记》，《义和团》（一），上海人民出版社，2000年，第306页。

[22] 路遥主编：《义和团文献史料汇编》（日译文卷 日本参谋本部文件），国家清史编纂委员会·文献丛刊，山东大学出版社，2012年，第82页。

[23] 〔日〕佐原笃介、浙东沤隐同辑：《拳乱纪闻》，《义和团》（一），上海人民出版社，2000年，第122页。

[24] 路遥主编：《义和团文献史料汇编》（日译文卷 日本参谋本部文件），国家清史编纂委员会·文献丛刊，山东大学出版社，2012年，第82、83页。

[25] 中国第一历史档案馆编：《庚子事变清宫档案汇编》第1册，第146页。

[26] 路遥主编：《义和团文献史料汇编》（日译文卷 日本参谋本部文件），国家清史编纂委员会·文献丛刊，山东大学出版社，2012年，第52页。

[27] 廖一中、李德征、张旋如等编：《义和团运动史》，人民出版社，1981年，第166页。

[28] 如1900年7月6日仓场侍郎刘恩溥赴天津召集水会，沿途召集了武清、东安、通州三地的义和团（参见故宫博物院明清档案部编：《义和团档案史料》（上册），中华书局，1959年，第218页）；7月12日，袁世凯上奏由龙

殿扬召集义和团勇北上，其中在曹州召募4营义勇成军北上（参见故宫博物院明清档案部编：《义和团档案史料》（上册），中华书局，1959年，第293页）天津陷落后的7月16日，清政府派出长麟、文瑞分统京师义和团民赶赴通州、天津一带"扼要助剿"，阻挡联军继续北犯。

[29] 〔日〕佐藤公彦：《义和团运动的起源》，中国社会科学出版社，2007年，第698页。

[30] 山东大学历史系1960年7月整理的《义和团调查资料（天津）》抄存，第8页。

[31] 南开大学历史系编：《天津义和团调查》，天津古籍出版社，1990年，第10页。

[32] 山东大学历史系1960年7月整理的《义和团调查资料（天津）》抄存，第10页。

[33] 山东大学历史系1960年7月整理的《义和团调查资料（天津）》抄存，第10页。

[34] 山东大学历史系1960年7月整理的《义和团调查资料（天津）》抄存，第8页。

[35] 山东大学历史系1960年7月整理的《义和团调查资料（天津）》抄存，第10页。

[36] 杨寿臣，安次县葛氏沽人。原为地主，义和团兴起后，卖地筹款，成立乾字义和团。他所建三义庙总坛，系外州县于天津立坛最早者。"津城内外设坛数十处，群堆三义庙为首，号曰总坛，凡会议皆诣三义庙。"参见佚名：《天津一月记》，见佐原笃介、浙西沤隐同辑《拳匪纪事》（卷六），《义和团》（二），上海人民出版社，2000年，第142页。

[37] "津城内外设坛数十处，群堆三义庙为首，号曰总坛，凡会议皆诣三义庙。"参见佚名：《天津一月记》，亦见佐原笃介、浙西沤隐同辑《拳匪纪事》（卷六），《义和团》（二），上海人民出版社，2000年，第142页。佐原笃介的说法是在6月13日（五月十七）王志和（天津土棍儿）才树起大旗立了坛口。而南开大学调查资料三义庙立坛时间更早，记为杨寿臣所建三义庙总坛，系外州县于天津立坛最早者。其为安次县葛氏沽人。原为地主，义和团兴起后，卖地筹款，成立乾字义和团。

[38] 〔日〕佐藤公彦：《义和团运动的起源》，中国社会科学出版社，2007年，第688页。

[39] 〔日〕佐藤公彦：《义和团运动的起源》，中国社会科学出版社，2007年，第701～707页。

[40] 全国重点文物保护单位，坐落在天津市红桥区如意庵大街何家胡同18号。始建于明朝，是供奉八仙之一吕洞

宾的道观。1900年"乾"字团首领曹福田率静海一带义和团来津，在此设总坛口，并设双忠庙、如意庵、老爷庙、老母庙、玉皇庙等坛口，管辖静海、盐山、庆云一带的义和团及红灯照组织。1985年吕祖堂辟为天津义和团纪念馆。

[41] 南开大学历史系编：《天津义和团调查》，天津古籍出版社，1990年，第12页。

[42] 南开大学历史系编：《天津义和团调查》，天津古籍出版社，1990年，第174～191页。

[43] 南开大学历史系编：《天津义和团调查》，天津古籍出版社，1990年，第191～193页。

[44] 南开大学历史系编：《天津义和团调查》，天津古籍出版社，1990年，第191～193页。

[45] 中村达雄：《清末天津县的乡镇结构与义和团组织》，《山东社会科学》1991年第1期。

[46] 该表格部分史实参照山东大学历史系1960年7月整理的《义和团调查资料（天津）》抄存、故宫博物院明清档案部编《义和团档案史料》、中国新史学研究会主编《义和团》和《八国联军在天津》，其中亦有未载明首领姓名的各部组织。

[47] 路遥主编：《义和团文献史料汇编》（日译文卷　日本参谋本部文件），国家清史编纂委员会·文献丛刊，山东大学出版社，2012年，第91页。

[48] 〔英〕宝复礼（Frederick Brown）：《津京随军记》，杨思慎译，《八国联军在天津》，齐鲁书社，1980年，第309页。

[49] 路遥主编：《义和团文献史料汇编》（日译文卷　日本参谋本部文件），国家清史编纂委员会·文献丛刊，山东大学出版社，2012年，第83页。

[50] 路遥主编：《义和团文献史料汇编》（日译文卷　日本参谋本部文件），国家清史编纂委员会·文献丛刊，山东大学出版社，2012年，第51页。

[51] 故宫博物院明清档案部编：《义和团档案史料》（上卷），第208页。

[52] 路遥主编：《义和团文献史料汇编》（日译文卷　日本参谋本部文件），国家清史编纂委员会·文献丛刊，山东大学出版社，2012年，第83页。

[53] 路遥主编：《义和团文献史料汇编》（日译文卷　日本参谋本部文件），国家清史编纂委员会·文献丛刊，山东大学出版社，2012年，第91页。

[54] 路遥主编：《义和团文献史料汇编》（日译文卷　日本参谋本部文件），国家清史编纂委员会·文献丛刊，山东大学出版社，2012年，第90页。

[55] 故宫博物馆明清档案部编：《义和团档案史料》上册，第291页。

[56] 中国新史学研究会主编：《义和团》（二），第18页；胡滨译：《英国蓝皮书选择》，第46页。

[57] 故宫博物馆明清档案部编：《义和团档案史料》上册，第207页。

[58] 路遥主编：《义和团文献史料汇编》（日译文卷　日本参谋本部文件），国家清史编纂委员会·文献丛刊，山东大学出版社，2012年，第90页。

[59] 《静海县志》（天津市），天津社会科学出版社，1995年，第13、758页；《静海文史资料》第2辑，中国人民政治协商会议天津市静海县委员会文史工作委员会编，1989年，第60～65页。

[60] 故宫博物院明清档案部编：《义和团档案史料》上卷，第291页。

[61] 〔日〕佐原笃介、浙东沤隐通辑：《拳事杂记》，《义和团》（一），上海人民出版社，2000年，第274页。

[62] 《静海县志》，天津社会科学院出版社，1995年，第758页。

[63] 〔日〕佐原笃介、浙东沤隐同辑：《拳事杂记》，《义和团》（一），上海人民出版社，2000年，第279页。

[64] 路遥主编：《义和团文献史料汇编》（日译文卷　日本参谋本部文件），国家清史编纂委员会·文献丛刊，山东大学出版社，2012年，第128页。

[65] 据常家骐1977年9月整理的《关于天津义和团运动一些地点的调查结果》手稿，1976年1月3日走访田云程老人的记录，第6页。

[66] 据常家骐1977年9月整理的《关于天津义和团运动一些地点的调查结果》手稿，1974年2月2日走访义和团成员、刘十九的部下姚恩贵的记录，第3页。

[67] 〔美〕海格思：《"天津之围"——义和拳起事：中国义和拳之乱的历史》，《义和团文献史料汇编》（英译文卷下），国家清史编纂委员会·文献丛刊，山东大学出版社，2012年，第99页。

[68] 参见山东博物馆藏近代影像文物：（1900年旅华美国摄影师）詹姆斯·利卡尔顿所摄《从立体镜头看中国：义和团运动时期的大清帝国之行》（China through the Stereoscope: a Journey through the Dragon Empire at the Time of the Boxer Uprising），安德伍德公司出版。山东博物馆藏。

[69] 参照詹姆斯·利卡尔顿：《1900美国摄影师的中国照片日记》，徐广宇译，福建教育出版社，2008年，第122页。

[70] 参照詹姆斯·利卡尔顿：《1900美国摄影师的中国照片日记》，徐广宇译，福建教育出版社，2008年，第135页。

[71] 中国史学会主编：《义和团》（二），神州国光社，1951年，第39、171页。

[72] 此处数据援引苏位智《从华北到东北——沙俄与义和团战争》中所引述的俄罗斯海军国家档案，另亦有印证文献参见李德征、苏位智、刘天路：《八国联军侵华史》，山东大学出版社，1990年，第152页。

[73] 路遥主编：《义和团文献史料汇编》（日译文卷　日本参谋本部文件），国家清史编纂委员会·文献丛刊，山东大学出版社，2012年，第138页。

[74] 联军使用毒气火药制造的毒气炮弹，在随军记载中多次运用于天津战场，如7月11日用"阿尔及灵"号四英寸口径快炮攻打老龙头火车站，倾泻"苦味火药"；7月14日下午天津城陷后对水师营进攻时联军使用六磅哈乞开炮打出270发炮弹中，一半为苦味火药炮弹；"恐惧"号英舰英军最后一次炮轰南门鼓楼时亦使用苦味火药炮弹（日本经欧洲偷学制成的下濑毒火药），清军尸体多呈现土黄色，城内平民很多死于三硝基酚火药产生的有毒气体。

[75] 参见山东博物馆藏近代影像文物：（1900年旅华美国摄影师）詹姆斯·利卡尔顿《从立体镜头看中国：义和团运动时期的大清帝国之行》（China through the Stereoscope: a Journey through the Dragon Empire at the Time of the Boxer Uprising），释文为李小涛译。

[76] 参见山东博物馆藏近代影像文物：（1900年旅华美国摄影师）詹姆斯·利卡尔顿《从立体镜头看中国：义和团运动时期的大清帝国之行》（China through the Stereoscope: a Journey through the Dragon Empire at the Time of the Boxer Uprising），释文为李小涛译。

[77] 奈勒上校：《美军第十五步兵团年鉴》，《八国联军在天津》，齐鲁书社，1980年，第256页。

[78] 路遥主编：《义和团文献史料汇编》（日译文卷　日本参谋本部文件），国家清史编纂委员会·文献丛刊，山东大学出版社，2012年，第122页。

[79] 路遥主编：《义和团文献史料汇编》（日译文卷　日本参谋本部文件），国家清史编纂委员会·文献丛刊，山东大学出版社，2012年，第128、132页。

[80] 日本参谋本部编：《明治三十三年清国事变战史》卷二，1904年，第249～250页。

[81]〔英〕宝复礼（Frederick Brown）：《津京随军记》，杨思慎译，《八国联军在天津》，齐鲁书社，1980年，第256页。

[82] 小林一美（赵志明译）：《义和团战争与明治时期的日本军队》，《义和团研究会刊》，1985年1-2期，第18页。

[83] 路遥主编：《义和团文献史料汇编》（日译文卷　日本参谋本部文件），国家清史编纂委员会·文献丛刊，山东大学出版社，2012年，第138页。

[84] 汪洪亮：《一个英国观察家眼中的义和团运动》，《社会科学研究》2003年第5期。

[85] 施达格：《中国与西方：义和拳运动的起源与发展》，第162页，1927年英文版，转引自牟安世著《义和团抵抗列强瓜分史》，经济管理出版社，1997年，第286、287页。

[86]〔美〕明恩溥（原名阿瑟·亨德森·史密斯）（Arthur Henderson Smith）：《动乱的中国》，《义和团文献史料汇编》（英译文卷上），国家清史编纂委员会·文献丛刊，山东大学出版社，2012年，第4页。

[87] 周恩来：《在北京各界欢迎德意志民主共和国政府代表团大会上的讲话》，《人民日报》1955年12月12日。

内容提要

红色文化资源作为革命老区的独特优势资源，在革命老区乡村振兴中具有不可替代的时代价值，是推动革命老区振兴发展的重要力量。但在红色资源的实际开发利用中，存在开发利用不平衡、保护不到位、整合难度大等突出问题。革命老区要实现全面乡村振兴，必须深入挖掘、充分开发和利用红色资源，努力探索红色资源助推革命老区乡村振兴的发展路径。

关键词

湘鄂川黔革命老区乡村振兴　红色资源　开发利用路径

乡村振兴视域下湘鄂川黔革命老区红色资源开发路径思考
——以湖南革命遗址遗迹的开发利用为例

文／王文红　德州市博物馆

湘鄂川黔革命老区人民在党的领导下进行革命、建设、改革、复兴的一系列伟大实践过程中，留下了许多承载革命精神的红色资源。这些都是党和国家的红色基因宝库，将这些红色基因传承好、发扬好，讲好湘鄂川黔苏区故事，推动构建湘鄂川黔苏区红色旅游圈，带动老区振兴，是时代赋予的新命题。

一　湘鄂川黔革命老区红色资源的丰富内涵及时代价值

红色资源，是指中国共产党团结带领各族人民，在新民主主义革命时期、社会主义革命和建设时期、改革开放和社会主义现代化建设新时期、中国特色社会主义新时代所形成的具有历史价值、教育意义、纪念意义的物质资源和精神资源，具有重要的政治价值、文化价值和经济价值，是推动新时代乡村振兴的重要力量。

湘鄂川黔革命根据地从1933年12月开始着手创建，至1936年2月结束湘鄂川黔省革命委员会使命止，红色割据时间长达两年多，版图之广，革命人数之多，贡献之大，是红军长征后南方最后的根据地。根据地以湖南大庸、永顺、龙山、桑植为中心，包括湖南保靖、慈利、沅陵、桃源、常德、石门、临澧、澧县、津市等10余个县的大部分或一部分，总人口达200万，成为长江南岸苏维埃革命运动的重要战略区域。这片红色热土孕育了丰富的红色资源，见证了红二、六军团浴血奋战的斗争史，记录了军民团结如一人的鱼水情深，留下了红色史诗般革命壮举，是党和人民的宝贵精神财富。

红色资源承载革命历史、革命事迹和革命精神，是推进乡村振兴的重要政治引领。湘鄂川黔革命老区有着光荣革命传统，红六军团奉命先遣西征为中央红军探路，与红二军团建立革命根据地，发动湘西攻势，粉碎敌人两次"围剿"，成功策应中央红军长征，付出了巨大牺牲。在湘鄂川黔革命根据地的创建和发展过程中处处彰显着忠诚、担当、牺牲精神。新时代实施乡村振兴战略，特别需要这种对党忠诚、对人民忠诚的忠诚精神，坚守初心、勇担使命的担当精神，身先士卒，不怕牺牲的牺牲精神。要充分将红色资源的政治引领作用融入乡村振兴的精神血脉，利用这些丰富的红色资源教育引导广大党员干部发扬革命传统，牢记初心使命，走好新时代长征路。引导广大党员干部到老区，到广大农村干事创业，为乡村振兴提供强大干部人才力量。

红色资源蕴含深厚文化内涵，为推进乡村振兴提供坚实红色文化基础。乡村文化振兴是乡村振兴的重要方面，乡村振兴，既要塑形，也要铸魂。红色文化作为中国特色社会主义先进文化的重要组成部分，蕴含着崇高的革命理想、坚定的信仰信念、深厚的爱国情怀、高尚的道德情操，闪耀着马克思主义真理的光辉。将红色文化积极融入乡村振兴文化建设中，用通俗易懂的宣讲方式，使得革命英雄、先进人物的事迹深入人心，自觉接受红色文化熏陶，推进乡村文化建设，乡风文明形成。

红色资源本身就是丰富的旅游资源，奠定推进乡村振兴的重要经济资源。革命老区是中国革命的落脚点，蕴藏着丰富的红色资源，着力实现红色文化"软实力"向经济发展"硬实力"的转化，推进当地红色资源活化利用，吸引大批游客前来打卡，带动老区产业发展升级，增加就业机会，大幅增加当地群众收入，有效促进革命老区经济社会发展。

二　红色资源开发的可行性分析及存在的主要问题

1. 赋有当地特色的丰富红色资源是开发利用的坚实基础

分布广泛，数量巨大。红色资源主要分布在张家界、湘西、怀化、常德等湖南中西部的广大区域，星罗棋布，据统计，现存革命遗址遗迹有238余处，其中张家界108余处，湘西60余处，怀化20余处，常德50余处。主要集中分布在张家界，湘西永顺、龙山、保靖，怀化沅陵，常德、石门等地。还有不计其数的特别珍贵的具有教育意义和纪念意义的可移动文物资源、非物质资源等，全面丰富的展现了湘鄂川黔革命老区的革命总体面貌。

特色鲜明，种类丰富。按照2021年8月颁发的《湖南省红色资源保护和利用条例》，结合老区红色资源具体情况，主要分以下几类。

（1）重要机构、会议、事件、战役、战斗的遗址或者旧址，主要是湘鄂川黔省委、省革委会、省军区驻大庸（永顺）等机关驻地旧址，红二、六军团指挥部（王家大院）等指挥部旧址，各类红军标语旧址，十万坪大战等战斗遗址，游击队等驻地旧址，还有少数诸如丁家溶等重要会议遗址。

（2）重要人物和具有重要影响的英雄烈士的故居、活动地、墓地、殉难地和遗物，主要以贺桂如、覃辅臣等烈士墓为主，还有少量重要人物和烈士故居，如贺龙故居、廖汉生故居等。

（3）碑亭、塔祠等纪念设施或者场所，像是革命烈士陵园、革命烈士纪念碑、革命烈士纪念塔，纪念设施类所占比例较小。

（4）重要的著作、手稿、文电、报刊、影像、文件、宣传品等文献资料和档案资料，目前主要存于档案馆、纪念馆。此外，还有在民间流传的反映重大历史事件的红歌，像《马桑树儿搭灯台》等。

2.新时期新政策是开发利用的有力保障

党的十八大以来，党和国家高度重视红色资源的保护利用和红色文化的传承，颁行一系列政策，支持引导红色资源开发利用和红色基因传承发展，全国各地掀起红色文化旅游的热潮。习近平总书记指出，"依托丰富的红色文化资源和绿色生态资源发展乡村旅游，搞活了农村经济，是振兴乡村的好做法。"红色资源也是宝贵的旅游资源、"经济"资源，推进老区乡村振兴，需要充分发展红色旅游。

2021年2月，国务院印发《关于新时代支持革命老区振兴发展的意见》，将红色文化的传承列入重点任务，红色旅游成为重点领域重点发展项目。《意见》明确到2025年，革命老区红色文化影响力明显增强。到2035年，形成红色文化繁荣、生态环境优美、基础设施完善、产业发展兴旺、居民生活幸福、社会和谐稳定的发展新局面。

2021年7月，《湖南省红色资源保护和利用条例》颁行，这是湖南首部关于红色资源保护和利用的地方性法规，为红色资源开发利用提供了制度遵循。《条例》明确了红色资源的范畴，规定了红色资源保护与利用原则，提供经费保障，对保护与管理、传承与利用中哪些可为可不为做出了明确规定，将红色资源保护利用上升到立法高度。此外，8月30日省文旅厅印发《湖南省"十四五"文化和旅游发展规划》，提出构建"554"文旅发展新格局，通过省内互通、省际联动等聚焦文化强省和全域旅游基地建设，老区红色旅游成为其中重要组成部分。

3.红色旅游成为热门"打卡地"激活红色资源

以红色资源为主要内容的红色旅游成为热门选择，老区著名革命遗址遗迹成为热门"打卡地"。张家界永定区策划推出"热土永定 红色足迹"教育实践活动推荐线路。线路以红色旅游为主线，串联永定区丰富的自然生态、历史文化、乡村田园、都市风情等资源，推荐线路共6条。其中，洪家关旅游区红色旅游和乡村旅游红火，占旅游总人次的七成以上。乘着这股红色旋风，人们到红色热门景点参观热情高涨，有人的地方才能创造社会价值、经济价值，通过深度挖掘红色内涵以及研究一系列旅游营销策略，将红色景点和地区打造成观众乐于前往的网红"打卡地"，带动经济发展、老区振兴，正当其时。

4.存在的主要问题分析

开发利用不平衡。在湘鄂川黔革命老区红色遗址遗迹中，国家爱国主义教育基地、省级爱国主义教育基地、市级爱国主义教育基地处、县级爱国主义教育基地占有一定比例，未被评定为爱国主义教育基地占多数。从中能够反映出我省对老区红色遗址的重视，同时也要认识到具有相当数量的红色遗址还未定级，某些定级的红色遗址开发利用并不理想。目前，在开发利用上可分为以下几种情况：第一种，建立革命纪念馆。诸如永定区湘鄂川黔革命纪念馆，塔卧湘鄂川黔省委纪念馆等革命类纪念馆，建制完善，陈列合理，文物丰富，讲解有趣，游客量可观，在党史学习和红色教育中发挥了较大作用，成为当之无愧的党性教育基地和爱教基地。第二种，故居、旧址复原陈列类。诸如贺龙故居、红二方面军出发地旧址复原陈列室，这一类复原陈列将真实历史与现实结合，最大限度还原历史，成为比较典型的现场教学点，得到较多重视。第三种，占比例较大的战斗遗址类，分布在广大的农田、山林，保护难度大，分布范围广，较少受到重视和利用，有的市县会立碑文以示重视，仅此而已，发挥的作用十分有限。以上是积极开展利用的红色资源，还有相当数量红色资源因长期受自然、人为损坏，政府不作为，致其破损严重，甚至毁坏倒塌，不复存在。这些都反映出在开发利用上存在较大问题。

现状堪忧，保护形势严峻。据《湖南省革命遗址通览一书》2012年调查，湖南省革命遗址总数1832处，其中国家文保单位35处，省保单位178处，市保单位62处，县保单位240处，未定级单位1317个。湘鄂川黔老区革命遗址在各个保护级别中均占一定比例，尤其像湘鄂川黔省委旧址（大庸、塔卧）这类重要机构均是全国重点文物保护单位，但未定级所占比例较大，有些遗址遗迹因长期无人问津，损毁殆尽，保护工作势在必行。

资源整合难度较大。红色资源分布在不同市县区，行政区划跨度广，多头管理，且省旅游部门未出台统一规范管理制度，行政上整合难度大。这些红色资源主要分布在农村地区，基础设施、配套体系完善困难，开发利用受限多。加上遗址分布不均，集中、单个分布并存，开发利用规模大小不一，难以统一监管整合利用。

三 彰显红色资源优势，推动乡村振兴纵深发展

2020年以来，在世界变局加剧、新冠疫情冲击等多重因素影响下，我国旅游发展面临前所未有的困境和挑战，红色旅游也遭遇严重挫折。新冠病毒感染实施"乙类乙管"后，文化和旅游行政部门制定实施"乙类乙管"后行业疫情防控措施和疫情严重时的防控措施，确保各项疫情防控要求落实到位，保障文化和旅游活动正常开展，人员有序流动。旅游市场逐渐回暖，并呈强势复苏之态，要充分利用这大好形势，不断解决开发利用中存在的各种问题，乘势而上，用活用足用好红色资源优势，助力老区乡村振兴。

要整合红色资源，注重提升其文化内涵，打造红色旅游精品，大力推进文旅深度融合。要坚持以文塑旅、以旅彰文，找准契合处、联结点，形成兼具文化和旅游特色的新产品、新服务，为文化和旅游高质量发展注入新动力。一是引得来，做好红色资源的修缮和维护，为开展红色旅游提供坚实的载体展示基础。对于占比例较大的战斗遗址类，保护难度较大，当地政府可以立碑以示说明和重视；对于像是丁家溶会议等的单个遗址或红二、六军团进袭沅陵县城指挥部旧址——王家大院等的连片遗址类，在做好前期调查调研的基础上，聘请第三方专业公司，会同当地党史、文物部门制定修缮方案，争取省保、国保资金，加快推进修缮保护和活化利用。二是留得住，红色文化活

动（研学等）+红色文创产品齐发力。不仅要将游客引进来，还要留得住，让他们有兴趣来参观第二次、第三次并能带动周围人群参与进来，这需要各红色资源拥有主体，积极作为，结合在地民族文化特色，举办丰富多彩的文化活动，主动与当地旅行社、学校建立合作，唱响红色研学、红色旅游品牌。有条件的地方，可以考虑与文创开发商合作开发一批文创产品，在产生经济效益的同时，满足游客将文化带回家的精神追求，提升人民获得感、幸福感的同时，可以吸引游客二次、三次来参观。

湘鄂川黔老区有着深厚红色资源优势，但是"酒香也怕巷子深"，要加强宣传推介，提高当地红色品牌知名度。湘鄂川黔地处湖南西部地区，受地域限制，很多赋有教育意义的革命遗址遗迹不为人知，这就需要多平台传播、提升当地红色资源传播效力。通过举办重大节事、赛事等活动吸引游客，在利用传统媒介电视台、报纸、微博等广泛宣传的同时，要积极利用新媒体矩阵如抖音、快手、公众号等多渠道，通过网络达人推介老区红色资源，形成规模化宣传效应。

以国家重大文化项目为依托，为乡村振兴赋能增势。"十四五"时期国家深入推进重大文化工程——长征国家文化公园，其中湖南段的建设与湘鄂川黔老区息息相关。2022年2月，湖南省长征国家文化公园建设工作领导小组印发了《长征国家文化公园（湖南段）建设保护规划》，确定了"两线七园六带多点"的规划布局，湘鄂川黔老区作为重点建设展示区域列入其中，以长征精神为引领，串联起长征线路上的各个点位，全面激活各类资源要素，为本地区发展塑形、赋能，使长征国家文化公园成为巩固脱贫攻坚成果、推进乡村振兴和革命老区振兴的有力抓手。

总之，为更好实现老区红色资源在推动新时代乡村振兴中的重要作用，必须深入挖掘老区红色资源深厚内涵以树立文化品牌，同时加强宣传矩阵建设形成品牌宣传效应，不断加强农村建设并吸引游客，实现红色文化资源创造性转化、创新性发展，实现农业强、农民富、农村美，推动老区乡村全面振兴。

参考文献

1. 中共湖南省委党史研究院:《中国共产党湖南简史》,湖南人民出版社,2020年修订版,第52页。

2. 中共湖南省委党史研究室、中共张家界市委党史研究室:《湖南省革命遗址通览(张家界市)》,中共党史出版社、湖南人民出版社,2013年。

3. 中共湖南省委党史研究室、中共湘西市委党史研究室:《湖南省革命遗址通览(湘西土家族苗族自治州)》,中共党史出版社、湖南人民出版社,2013年。

4. 中共湖南省委党史研究室、中共怀化市委党史研究室:《湖南省革命遗址通览(怀化市)》,中共党史出版社、湖南人民出版社,2013年。

5. 中共湖南省委党史研究室、中共常德市委党史研究室:《湖南省革命遗址通览(常德市)》,中共党史出版社、湖南人民出版社,2013年。

抗日战争时期山东廉洁政府建设探析

——山东博物馆馆藏革命文物解读

文／孙艳丽　山东博物馆

内容提要

抗战全面爆发后，在抗日民族统一战线现实需要下，以马克思主义政治学说为理论依据，以各根据地局部执政的实践为支撑，中共中央发出"建立廉洁政府"的号召，积极构建廉洁政府。中国共产党在山东抗日根据地领导人民进行抗日斗争的进程中，始终将廉政建设当作党的建设和政权建设的重要内容，从民主政权建设、建立反贪污制度条例和思想教育等方面开启廉洁政府建设的新实践。

关键词

抗战时期　廉洁政府　政权建设　制度建设　思想教育

治政廉为首，廉乃政之本。从中华优秀传统文化、革命文化和社会主义先进文化中涵养克己奉公、清廉自守的精神境界，不断汲取修身为本、崇德尚廉、廉为政本、持廉守正等传统廉洁文化中的智慧和力量。山东作为文物资源大省，拥有数量众多的蕴含廉洁文化的藏品，如墨笔书正气的"忠孝""官箴"碑文墨拓，镜鉴观得失的汉唐昭明铜镜，象征文人高士清廉立身、风骨气节的陶瓷玉器、端砚方印、兰竹图轴和书法墨宝，更有抗战时期山东抗日根据地颁行的《防范贪污建立廉洁制度的决定》《山东省惩治贪污暂行条例》等珍贵革命文物，无不蕴含着丰富的哲学思想、人文精神和廉政理念等文化基因。

一　抗日战争时期山东廉政建设的历史背景

1.政权建设的目标

建设廉洁政府，是中国共产党领导下的抗日民主政权建设的需要和追求的目标。中国共产党自成立之始起，就非常重视廉政建设问题。1937年，抗战全面爆发后，历史转折关头中共中央举行了政治局扩大会议洛川会议发布了《抗日救国十大纲领》，明确提出要"铲除贪官污吏，建立廉洁政府"。在民族危亡的紧急关头，中国共产党将"建立廉洁政府"提到如此高度，体现了中国共产党人的政治远见以及建立廉洁政府对抗战形势发展的重大意义。1937年11月，陕甘宁边区政府成立，为保证政府工作人员的清正廉洁，保障新生政权的廉洁性，先后制定《抗日救国十大纲领》《陕甘宁边区抗战时期施政纲领》《陕甘宁边区施政纲领》一系列纲领性文件，还制定了《陕甘宁边区惩治贪污暂行条例》《陕甘宁边区政务人员公约》以及选举法、政权组织法、政权工作基础制度、干部管理通则等法律条文和规章制度，为廉政建设奠定坚实的法律基础，表明了中国共产党建立廉洁的抗日民主政府的决心。陕甘宁边区政府廉政建设的实践成为人民民主建设的"试验田"、廉洁勤俭政治的模范区。1940年7月山东省联合大会在沂南青驼寺开幕，山东战时工作推行委员会成立，标志着山东正式建立了以一省范围为主体的抗日根据地。中国共产党在山东抗日根据地领导人民进行抗日斗争的进程中，始终将廉政建设当作党的建设和政权建设的重要内容，在宣誓时申明"彻底实行民主政治，建立廉洁政府"，并进行了系列行之有效的党风廉政建设实践，赢得了广大人民群众的拥护，密切了党与人民群众的关系，有效地巩固了根据地，为取得抗战的胜利奠定了基础。

2.思想意识形态的影响

加强廉政建设是巩固抗日民族统一战线政权的需要。抗战时期，为不断增强抗日民族统一战线力量，工人阶级、农民阶级、小资产阶级、地主阶级以及民族资产阶级等纷纷进入革命队伍。随之，各种阶级和阶层人员自身惯有的一些腐败的恶习和思想毒瘤被带入革命阵营中，各种非无产阶级思想不断向共产党员内部渗透，侵蚀着革命队伍的肌体。作为共产党革命主力军，农民和小生产者等因长期受压榨和剥削，有很高的革命积极性和主动性，但思想上受传统封建思想的禁锢和落后生产方式的束缚，又有狭隘和保守落后的一面。虽然组织上入党，但思想上没有完全入党，无法抵御物质利益的诱惑，经不起残酷的革命战争考验。除此之外，国民党、日伪军以各种手段威逼利诱个别意志薄弱的党员，致使个别党员经不住诱惑，一步步陷入腐化堕落的泥潭，严重削弱了我党的革命力量，共产党时刻面临着被腐蚀的危险。同时，为不断加强根据地经济建设的基础，允许自由资本主义经济的存在和发展，允许以私营为主的多种经济成分并存，因而各种资本主义生产方式所带来的思想变化对革命队伍产生一定影响。以上种种原因，根据地内部出现了许多贪污腐败行为，严重影响了党与人民群众的血肉联系，弱化了党的凝聚力和战斗力，抗日根据地面临生死危亡的考验。山东抗日根据地廉政建设也面临同样严峻的问题和发展形势。

二 抗日战争时期山东构建廉洁政府的举措

面对日益恶劣的战争形势和思想意识形态多元化等内外环境的双重压力，山东抗日根据地从政权建设、制度建设和思想教育等方面加强约束和监督，巩固新生政权廉政。

1.加强民主政权建设

山东抗日民主政权建立伊始，坚持中国共产党的抗日民族统一战线方针，严格执行民主选举制度。在根据地以内普遍发动群众民主选举政权，中上层和基层分别实行间接、直接选举，维护人民的选举权和被选举权。1940年9月，省战工会制定《山东省战时施政纲领》，要求"实施民主政治。使一切赞成抗战、赞成民主者，不分党派、性别、信仰、种族、财产、文化程度，都能参加民主政治""实行选举、罢免、创制、复决等四权，村以上各级政权一律民选。"1940年3月，中共中央发出《抗日根据地的政权问题》的指示，指示各级政权严格实行"三三制"，民主政权人员按照共产党员占三分之一，非党的左派进步分子占三分之一，不左不右的中间派占三分之一的比例进行分配。中共中央山东分局发布《关于政权问题的新决定》，明确规定根据地政权建设规定"成立村、乡以上各级行政委员会，在委员中保证党员占三分之一，工农分子占三分之一，进步士绅及小学教员占三分之一"，要求"村、乡、区长则应以党员或进步的工农分子及坚决抗战与赞成民主的知识分子及其他人士充任"以确保党的领导地位。发布《山东省战时施政纲领》规定，"整饬司法，保障人民一切抗日之言论、出版、集会、结社、武装之完全自由"，并于1940年11月11日通过中国共产党历史上组织领导制定的第一部专门的人权保障条例《人权保障条例》，切实保障根据地所有人民的民主权利，团结抗日。

2.制定惩治贪污腐败条例

山东抗日根据地制定严格的惩治贪污腐败条例，努力铲除滋生贪污腐败的温床，为从严治党提供制度保障。山东省临时参议会为"厉行廉洁政治"，1940年颁行了当时山东省抗日民主政权的第一部反贪污暂行条例《山东省惩治贪污暂行条例》（图一），1941年颁行了《山东省行政人员奖惩暂行条例》等重要法令条例。

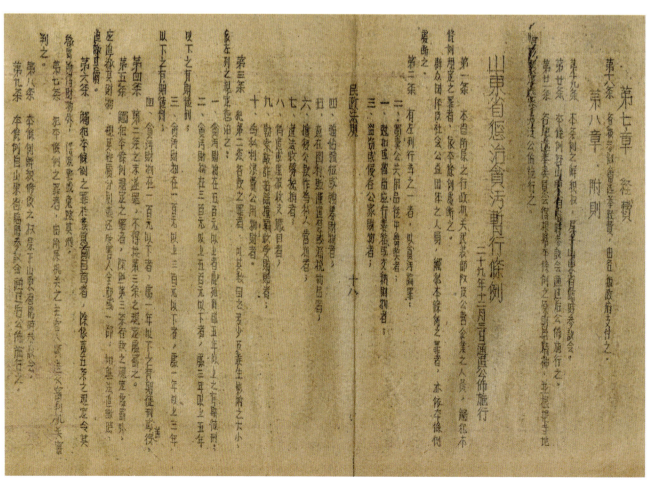

图一　抗日战争时期颁布的《山东省惩治贪污暂行条例》（山东博物馆藏）

《山东省惩治贪污暂行条例》首条便对贪污罪的主体进行严格的规定，"本省所属之行政机关、武装部队及公营企业之人员、群众团体及社会公益团体之人员，有下列行为之一者，即构成贪污罪。"山东抗日根据地决心从党自身内部加大惩治力度，在广大党员干部面前划出一条鲜明的红色警戒线。根据条例规定，贪污罪包括贪污、盗窃、受贿、敲诈勒索、挪用公款等几种罪行，涵盖内容广泛具体。在具体量刑上，该条例规定根据贪污数额及其影响大小，区别对待。贪污财物在五百元以上者，处死刑或五年以上之有期徒刑；三百元以上五百元以下者，处三年以上五年以下有期徒刑；一百元以上三百元以下者，处一年以上三年以下之有期徒刑；贪污财物在一百元以下者，处一年以下之有期徒刑。同时还应追缴其贪污所得之财物，无法追缴时，没收其财产抵偿，如属于私人者，视其性质分别发还受损失者的全部或一部。详细规定了对贪污所得之财物的后续处理方法和赔偿办法。明确了对于自首者减轻或免除处理以及发现贪污行为构成犯罪的后续处置问题等内容。这样明确而严苛的贪污罪种类、量刑标准及处理原则，彰显了我们党对腐败行为和腐败分子的零容忍态度，体现了从严治贪的立法宗旨，在以法护廉方面做出了重要探索。颁布《防范贪污建立廉洁制度的决定》（图二），对贪污的种类、处理方法以及根源进行了深入分析，对保持共产党队伍的纯洁性和健康发展起到极大促进作用。

3.开展整风运动

1942年至1945年，全党范围内开展了我党历史上第一次大规模的整风运动。1942年5月，山东抗日根据地开展整风运动，加强党的建设和山东干部队伍的思想、组织和作风建设，有利克服了各种非无产阶级思想，构筑牢固的思想防腐堤坝，提高了干部队伍的廉洁自律的自觉性，为廉洁政权建设发挥了重要作用。

三 抗日战争时期山东廉政建设的考量

抗战时期中共政权建设历史发展中，对廉洁政府的建构坚持"人民至上"立场，有很清晰的目标指向，取得了显著的成就，为中共廉政建设提供重要借鉴。

1.发挥凝心聚力的作用

广大人民群众通过切实的反腐败斗争的结果，逐

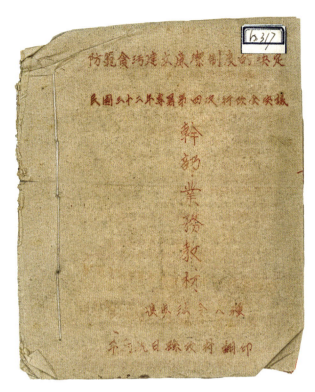

图二　抗日战争时期颁布的《防范贪污建立廉洁制度的决定》（山东博物馆藏）

渐认识到真正代表最广大人民群众利益的党是中国共产党以及中国共产党各地根据地人民政权。山东以首部反贪污条例《山东省惩治贪污暂行条例》为依据，依法查办了费南县政府二科仓库主任王俊德和费南县秘书处军用代办股长贪污案、沾化县土地局长王石甫贪污案、滕沂边办事处会计贪污案等典型案件。这些案件的查处，严厉打击了贪污腐败分子，及时震慑了意志不坚定者，遏制了贪腐之风蔓延，教育了广大党员干部群众。广大人民群众积极投身于抗日救国的斗争之中，紧密地团结在中国共产党周围，为实现中国从几千年封建专制政治向人民民主的伟大飞跃提供了强有力的基础，为实现中华民族伟大复兴创造了有利社会条件。

2.从制度层面推进廉政建设

国民党当局政治浑浊，政治腐败积重难返，廉洁政府的提出和构建过程肃清了社会风气，极大地推进了新民主主义的政治和社会建设。经过不断探索实践证明，推进廉洁社会政治建设的关键环节就是构建廉洁政府，廉洁政府的构建从制度建设层面促进了政治制度建设的廉洁。

3.为执政后中国共产党的廉洁政治建设提供宝贵财富

廉政建设最终是人的建设，廉洁执政建设过程中铸就了一支拒腐蚀，永不沾，强信念，守红线，铸底线的廉洁为民的执政骨干队伍。他们积极发挥"传帮带"的重要作用，为局部执政条件下廉洁政治建设作出了重要贡献。形成一系列完善的规章制度。廉政建设需要一系列完善的制度作为基础和保障，廉洁政府关于政治、经济、文化、社会和思想建设等制度建设丰富的实践经验为中共全国执政后的廉政制度建设提供了重要的借鉴。如，中华人民共和国成立初期的人民监督制度、财经制度、反腐倡廉的法律制度以及干部管理等一系列规章制度的建立，就以抗战时期廉洁政府构建的实践经验为依据。培育了优良的廉洁作风。优良的廉洁作风成为推进廉洁政治建设的宝贵财富和精神引领。

以史为鉴，开创未来。党的百余年奋斗历史，就是一部不断开展廉政建设的历史，不论是对全面从严治党、深入开展党风廉政建设和反腐败斗争，还是对于巩固党的执政地位、保持国家长治久安，都具有重要意义。

参考文献

1.苑朋欣：《山东抗日根据地廉政建设的思路与实践》，《临沂大学学报》2020年第2期。

2.节选自《益寿临广四边县物资统治局奖惩办法》，1943年。

3.节选自林伯渠：《林伯渠文集》，华艺出版社，1996年，第223、261、195页。

4.魏继昆：国家社会科学基金项目"延安时期中国共产党党内政治生态建设研究"的阶段性成果，2015年。

5.张传超：《山东根据地党风廉政建设研究》，《山东理工大学学报》2015年。

6.何非：《山东抗日根据地党风廉政建设经验及当代启示》，《山东行政学院报》2020年第6期。

7.安娜：《华北抗日根据地廉政制度建设研究》，《中共山西省委党校学报》2016年第10期。

8.魏继昆：《抗战时期中共构建廉洁政府论析》，2015年国家社会科学基金项目"延安时期中国共产党党内政治生态建设研究"的阶段性成果，项目编号为15BDJ056.2016.03。

9.丁龙嘉：《山东抗日根据地的民主政权建设》，《炎黄春秋》2008年第3期。

沉浸式展览方式下展陈动物标本管理、维护方法探索

内容提要

通过多次实践摸索，总结出适合山东博物馆"非洲野生动物大迁徙展"沉浸式展览中动物标本日常管理、维护方法。对标本进行定期巡视检查，记录灰尘沉积状况和破损等状态变化，除全展厅熏蒸杀虫外，根据动物标本类型如鸟类、哺乳类、爬行类制定不同的除尘、修复和保养程序。通过对标本进行维护保持其栩栩如生状态，达到沉浸式展览效果。

关键词

沉浸式展览　动物标本　管理　维护

山东博物馆"非洲野生动物大迁徙展"于2014年11月开展，展示标本由肯尼斯·尤金·贝林先生捐赠，展览利用沉浸式展览方式讲述非洲稀树草原动物迁徙、生存故事，通过还原草原的原始风貌，根据故事内容将动物标本在展厅开放式陈列，展示草原的辽阔、动物的野性和奔放，借以表现出大自然的优美和残酷。

沉浸式设计在于凸显"沉浸"效果，在有限的空间中借助声、光、电等技术，强化参观者的感官和认知体验，以产生处于虚拟世界的感觉[1]。博物馆引用沉浸式展览方式主要利用整体墙面环绕、全息投影、全面造景等辅助方式在展区中通过互动参与环节调动观众的能动性，与展品近距离交流与感受，增强感官体验[2]。"非洲野生动物大迁徙展"沉浸式展陈方式的运用使展览更具真实性和生动性，观众在展区参观过程中"身临其境"感受到了非洲草原动物迁徙的壮阔和艰辛，达到了较好的展陈效果。

相较于传统的橱柜式和封闭式小景观展陈方式，沉浸式展区中的动物标本长期暴露于开放式流动空气中，空气的湿度、温度变化会对标本皮张及其附属物产生影响；空气中飘浮着的沙土、盐粒、花粉、石灰、碱末等不同数量混合物，沉积于标本表面形成灰尘，对动物标本产生污脏、磨损、腐蚀或粘结等作用，也是传播繁殖菌类和害虫的掩护体。对比常规的库房动物标本管理保存方法[3~7]，处于沉浸式展览状态的标本因展厅环境更开放而对管理和保存提出了更高的要求，需要在常规保管方法基础上探索新的管理方式以适应展陈方式的发展。

"非洲野生动物大迁徙展"作为常设展览，自开展以来随着展览时间的推移，展区内展陈动物标本相继出现灰尘、虫蛀、开裂、褪色等现象，受限于展陈状态，需要在展览的同时完成展区标本的维护。山东博物馆相关工作人员根据展厅实际情况，借鉴库房标本管理、维护方法，自2015年开始隔年对"非洲野生动物大迁徙展"动物标本进行一次常规维护，逐渐摸索、制定出符合开放式展览标本的管理、维护方法，以期通过维护保持标

文／张月侠　焦猛　贾强　山东博物馆

本处于栩栩如生状态，达到沉浸式展览效果。

随着博物馆展陈方法和理念的创新发展，以及满足观众参观的主动参与性需求，越来越多的展览选择沉浸式展陈方式。对于自然类特别是大型动物主题展览，沉浸式展览环境下动物标本的管理和维护方法的探索，也为这类展览的管理提供了借鉴。

一　日常管理

沉浸式展览中标本状态会直接影响展示效果，"非洲野生动物大迁徙展"作为常设展览，自开展以来除每周一及节假日闭馆时间外持续对外开放，须建立展厅标本日常管理制度以确保标本状态适于展览。有别于库房管理方法，展厅标本常规检查方法的建立：场馆工作人员除展览期间不定时巡查外，每天展览结束后对展厅标本进行例行小检查，检查内容包括标本种类、数量，标本牢固度、是否存在安全隐患；每月进行常规大检查，摸查标本状态，如是否有破损情况和破损原因（人为破坏或自然破损），是否有虫蛀及灰尘沉积状况等，对检查结果汇总。除常规检查外场馆工作人员对突发状况及时汇报，做到早发现早处理。检查汇总结果则作为展厅展览动物标本维护、修复的依据。

二　标本维护方法

根据展厅标本状态检查汇总结果，沉浸式展览标本维护，主要为密闭熏蒸除虫、标本分类除尘、破损部位修复和褪色部位增色等方式。经过多次探索，总结出以下维护流程方法可行有效。

（一）熏蒸除虫

熏蒸除虫利用展厅闭馆时间，采用封闭空间法用硫酰氟（含量≥99.8%）熏蒸48小时后再排气换气；熏蒸后展厅场景中隐蔽角落放置飞蛾诱捕盒，定期检查诱捕昆虫种类和数量。

（二）标本除尘

展厅动物标本主要为爬行类、鸟类和哺乳类动物，不同种类的动物身体、皮张结构不同，它们的除尘、保养方式需根据标本自身特点制定不同方法。

1.鸟类标本

鸟类标本体表覆盖羽毛，根据构造和功能的不同，鸟的羽毛可分为正羽、绒羽、纤羽三种，其中正羽是覆盖在体外的大型羽毛，由羽轴和羽片构成，结构紧密，绒羽分布于正羽下面，纤羽数量少散生在眼缘、喙基部和正羽的下面。因正羽紧密覆盖，灰尘主要集中于鸟类标本表面，只需用中、小型羊毛板刷轻刷掉体表灰尘则基本完成鸟类标本的清理。

2.毛发长的动物标本

展厅内有非洲狮、斑鬣狗、角马、斑马、黑长尾猴、豚尾狒狒等哺乳动物剥制标本，这类标本特点是毛发多、长且浓密，灰尘透过毛发间空隙沉积，毛发深处存在脏污。这类标本清理先根据标本体型选择中、大号羊毛板刷顺着毛发生长方向刷去表面浮尘，用浸过稀释文物保护修复专用非离子型清洁剂（1∶100）半干纱布逆毛向轻擦拭一遍，去除毛发内灰尘，再用清水浸过半干纱布逆毛向轻擦拭三遍清理可能残存清洁剂，待毛发晾干后用宠物金属毛刷对标本毛发梳理、整形，恢复毛发自然状态。

3.毛发短的动物标本

毛发短的动物标本，如黑斑羚、红麋羚、东非剑羚、紫羚羊等，其毛发长度一般不超过1cm，有规律贴附于皮肤表面形成毛向纹理。这类标本因毛发短且排列规律密致，灰尘一般沉积于毛发表层，清理过程根据标本体型先选择中、大号羊毛板刷顺着毛发生长方向刷去表面浮尘，然后用浸过稀释清洁剂半干纱布顺毛向轻擦拭一遍，去除毛发表层灰尘，最后再用清水浸过半干纱布顺毛向轻擦拭三遍清理可能残存清洁剂，待毛发晾干后即可恢复自然状态。

4.无毛动物标本

非洲象、河马、鳄鱼等没有毛发或毛发稀少的动物标本灰尘主要分布于皮肤表层，易于清理，根据标本大小，体型小的需用中、小号羊毛板刷轻刷掉体表灰尘，如鳄鱼标本；中大型的河马及幼象标本需用大、中号板刷顺皮肤褶皱纹理方向刷除灰尘；大型标本如成年非洲象标本则需用吸尘器顺皮肤纹理方向吸除灰尘。

（三）皮毛保养

修复后有大量毛发的哺乳动物标本待皮毛晾干后在标本上方50cm处喷洒皮毛护理液，使护理液自然降落于皮毛表面，在毛发表层形成保护膜，达到保养效果。

（四）标本附属物清理

完整的剥制标本由填充物勾勒轮廓，外附以动物皮张，以及其他材质模拟的眼、角、牙齿等附属结构组成，其中义眼多为玻璃材质，角、牙齿等由聚酯仿形塑造。对于标本的附属物清理，义眼用沾有玻璃水棉球擦拭，牙齿、角、蹄甲等用除锈剂（WD-40）喷涂后用干纱布擦拭。

（五）标本修复

完成除尘工序后，通体检查标本状态，对开裂部位修复方法采用常规修复法[8-10]，用环氧树脂补土填充裂缝后塑形、油画原料补色或粘贴颜色相近毛发（羊毛）。

（六）标本增色

有些动物死亡后头部原有鲜艳颜色会褪淡或消失，如秃鹳和珍珠鸡等，为了展现动物逼真状态，标本在制作过程中部分部位会被人为增加颜色。在沉浸式展览环境中，标本上的颜料暴露在空气中以及灯光照射作用，随着展陈时间的延长，会出现褪色现象。在标本修复后或保养后利用油画颜料对褪色部位进行补色，尽量恢复为生活状态颜色。对于豚尾狒狒、斑马、羚羊等哺乳动物，其存活期间唇部、眼睑等部位裸露皮肤由唾液、眼泪润湿一直处于闪亮状态，被制作为标本后这类部位皮肤则容易出现干裂现象，用白乳胶薄涂晾干后，呈现出逼真的滋润效果，同时也对皮肤起保护效果。鸟类标本头部皮肤补色和哺乳动物标本特定部位增亮，都是在细节上对标本进行增色，模拟动物生存状态，达到栩栩如生效果。

三 维护结果

"非洲野生动物大迁徙展"展厅经诱捕发现危害昆虫主要为印度谷螟和衣蛾，均为常见仓储害虫，在中国分布广泛。两者对标本危害表现为其幼虫啃食鸟类标本羽毛正羽的羽片，造成两只秃鹳标本部分正羽羽轴裸露。经展厅全部空间熏蒸，对各类标本害虫：包括成虫、幼虫、蛹、卵等各种虫态进行消杀后。没有出现标本被继续啃食现象。用诱捕盒诱捕相同时间（一年）和位置对比发现，熏蒸后诱捕害虫数量远少于熏蒸前（图一），证明熏蒸杀虫对虫害有较好的抑制作用。

沉浸式展览区域内动物标本经过除尘、保养、修复等方式维护后，与维护前状态相比，效果显著，主要表现为标本整体呈现完整、整洁、如新状态（图二），细节部位如眼睛更加明亮，鳞甲、蹄、角光亮，眼角、唇部润湿，达到标本生动状态效果。

a   b

图一 诱捕盒诱捕结果

a. 熏蒸杀虫前   b. 熏蒸杀虫后

图二 标本维护前后效果对比

a、b：穿山甲标本维护前、后 c、d：秃鹫标本维护前、后 e、f：蓝角马标本维护前后

四 结果讨论

对于剥制动物标本的保存，有着严格的存放条件，要求相对恒温恒湿的环境，理论上温度在4℃～18℃之间，相对湿度为55%～65%[11]。沉浸式展览空间格局下，当地季节、展厅所处位置、室内通风情况，甚至保洁工作人员对展厅的常规清洁方法这些因素都会综合影响展厅温湿度及其变化。山东博物馆所在的济南市，位于山东省中部，中国华东地区，属于温带季风气候，春季干旱少雨，夏季温热多雨，秋季凉爽干燥，冬季寒冷少雪。"非洲野生动物大迁徙展"展厅位于博物馆建筑三楼，采用流动新风系统，经实测展厅年度温度20℃～28℃，而湿度为7%～70%，其中冬季采暖季湿度最低，夏季多雨季节湿度最高，可见季节是影响湿度变化的主要原因。

标本所处环境与外界环境间接相通，受开放空间流动空气影响最大，尤其是不同季节温度、湿度剧烈变化，在沉浸式展览的标本的诸多损害因素中，湿度变化对标本影响最大。展陈标本的制作多为玻璃钢填充塑型、外附石膏雕刻细节，最后包裹动物皮张，最内的玻璃钢结构稳定，受温湿度变化影响较小，但在温、湿度不同的季节，石膏反复吸水、失水导致呈龟裂状破碎，石膏与剥制皮张在温、湿度变化中膨胀系数的差异使标本容易于皮张薄弱处或缝合处开裂，裂口的形成促进了石膏的龟裂，而石膏的破碎进一步加剧了裂口的扩大或其他裂口的形成。

展厅空气中的灰尘主要由博物馆出、入口进入的外界环境空气携带，以及场馆工作人员和参观观众进入展厅时带进的灰尘、泥沙。这些细小的颗粒均匀的沉降在标本表面，当空气湿度大时，灰尘吸收水分则可能变成酸性或碱性的化学物质，直接腐蚀标本，灰尘也为微生物如霉菌的繁殖提供了条件，造成标本发霉、腐坏。

沉浸式展览空间格局下，流动空气除了携带形成灰尘的混合物，还会携带虫卵，部分昆虫成虫也会在开放时间通过进出口进入展厅，甚至也有可能由场馆工作人员和参观观众无意带入。无论是虫卵还是成虫，一旦有特定的昆虫以展厅标本或展览辅助景观如干草、树枝等为食，都会大量繁殖造成严重破坏。定期清理灰尘，除了保持标本的整洁状态，也大大降低了标本发霉、被虫蛀的几率。

综上所述，在现有沉浸式展示环境中不能保证标本存放的适宜温度和湿度，开放空间展览容易引起标本破损和灰尘等问题的情况下，对开放展览的标本管理和维护，无论是整体环境的熏蒸杀虫还是对每个展览标本个体的清理、修复、保养，都显得尤为重要和必要。

注 释

[1] 吴迪珂：《博物馆展陈中的沉浸式设计研究》，《大众文艺》2021年第12期，第27、28页。

[2] 王子璇：《博物馆展览中运用沉浸式体验的实践探索》，《文物鉴定与鉴赏》2020年第10期，第136～137页。

[3] 夏红：《谈剥制标本的管理与维护》，《农业与技术》1994年第7期，第51页。

[4] 王树新、梁玉实、刘英杰：《动物标本的日常管理与保藏》，《特产研究》2002年51卷第3期，第51～53页。

[5] 沙依拉吾、苏婷：《动物标本保藏与修复》，《新疆畜牧业》2013年第1期，第54、55页。

[6] 张丹：《危害动物标本的因素分析及其预防措施》，《吉林农业科学学院学报》2011年第20卷第4期，第61～63页。

[7] 韩雪雪：《科普馆管理保养与建议》，《中国畜牧兽医文摘》2017年第33卷第8期，第65页。

[8] 肖方：《陆生兽类标本的修复方法》，《大自然》2012年第2期，第34、35页。

[9] 肖丹媚、黄笑、许丹等：《动物剥制标本修复技术的改进》，《动物学杂志》2020年第55卷第5期，第651～654页。

[10] 任鹏霏：《海狮标本的修复》，《博物馆研究》2012年第118卷第2期，第75～77页。

[11] 赵昕：《馆藏动物标本管理保护方法》，《继承 发展 保护 管理——北京博物馆学会保管专业十年学术研讨纪念集》，北京燕山出版社，2010年，第442～446页。

海岱日新

——山东历史文化陈列之史前山东

文／周婳娜　山东博物馆

内容提要

早在64万年（±8万年）前后，山东境内开始有了古人类活动，及至一万年前，新石器时代拉开序幕，山东的新石器时代文化序列完整，一脉相承。山东史前展厅一共分为三大部分，按时间顺序包括旧石器时代、新石器时代和岳石文化时期，以时间为轴线，遵照史前文化发展脉络，渐进式讲述山东史前文明从古人类活动之初到走向文明辉煌的全过程。实证了中华五千年文明。

关键词

史前山东　历史文化　陈列

山东，地处黄河下游，东临无垠大海，泰山雄踞其中。历史悠久，人杰地灵，是中华文明的发源地之一。早在64万年（±8万年）前后，山东境内开始有了古人类活动，及至一万年前，新石器时代拉开序幕，山东的新石器时代文化序列完整，一脉相承，实证了中华五千年文明。山东历史文化展史前展厅改陈基于山东辉煌的史前文化，结合近年来考古发掘进展以及考古学、历史学等领域的相关研究成果，补充展览历史叙事和文化叙事中的缺环，以全方位展现山东史前文明的辉煌为展陈方向，重点突出山东史前文明走在前列的贡献和在中华文明起源中的重要作用。

山东史前展厅，时间跨度为距今64万年（±8万年）~3400年左右，以时间为轴线，遵照史前文化发展脉络，渐进式讲述山东史前文明从古人类活动之初到走向文明辉煌的全过程。展览一共分为三大部分，按时间顺序包括旧石器时代、新石器时代和岳石文化时期。

第一部分主要展现旧石器时代和细石器时代的山东，围绕史前人类、史前动物以及打制石器工具展开讲述。山东是中国古人类的起源地之一。在鲁中南山地丘陵、沂沭河流域下游的冲积平原、日照沿海和胶东半岛等地区，发现多处旧石器时代遗址和地点，比较完整地展示出中国早期人类及其文化的发展历程。经考古发现证实，山东古自然环境优越，是最早的人类起源地之一，距今64万年（±8万年）前，沂源猿人作为最早的"山东人"（图一），拉开了山东地区史前文化的序幕。在适合古人类生活的若干地理单元内，还发现了骑子鞍山、南洼洞、新泰乌珠台等多处旧石器时代遗址和地点，比较完整的展示出中国早期人类体质、智力的成长历程，也展现了中国旧石器文化在世界史前文化格局中发展演进、自成体系的重要地位。在展示内容方面，新增了沂水跋山遗址的考古新发现，丰富了山东旧石器时代中期的展示内容。跋山遗址的发现，对于建立我国东部旧石

图一

图二　象牙铲

器时代中期文化序列，论证中国乃至东亚人类的连续演化、生存环境具有重大价值。其中重点展示象牙铲（图二），此象牙铲距今9.9万年，是目前中国发现最早的磨制骨器之一。

对旧石器时代的空间展示（图三），还原山东史前的自然环境，步入展厅，以山岳与旷野的画面为背景呈现在观众眼前，在背景中投射出动物活动等影像，程控灯光的变化营造出天色的时光变换，结合沂源猿人头盖骨化石、跋山遗址的象牙铲、乌珠台人牙齿化石等展品再现远古人类形象，综合运用媒体、灯光、电光玻璃等展示技术勾勒文明轮廓，带领观众在对史前环境的沉浸式感受中回到远古时代。

大约在距今3万年至1万年，石器制造技术普遍出现小型化、复合化趋势，被称作"中石器时代"或"细石器时代"，由此开启了旧石器时代文化向新石

图三

时代文化的过渡。其主要文化特征是细小的间接打制石器。目前山东地区细石器文化遗存主要发现于沂沭流域和汶泗流域，共140多处，这些遗存不仅填补了山东从旧石器时代晚期到新石器时代早期之间的历史空白，同时也填补了我国细石器文化地理分布上的一个空白。

第二部分主要讲述新石器时代的山东。山东土著居民东夷族创造的史前文化，历经扁扁洞类型、后李文化、北辛文化、大汶口文化、龙山文化等不同的发展阶段，是发展序列完整、自成一系的史前文化体系，这一具有传承关系的文化序列，展现了东夷文化的源远流长，为探索中华文明的起源和发展提供了重要证据。

展线设计以文化发展序列为主线，紧扣农业与定居、礼制初兴、文明形成三组关键词，阶梯式展现史前文明的发展进程，让观众直观地感受到山东史前文明从蒙昧走向辉煌的全过程。

山东新石器时代以临淄赵家徐姚遗址出土的万年陶片为开篇（图四）。临淄赵家徐姚遗址位于淄博市临淄区，距今约1.32万年，是山东乃至全国旧石器时代

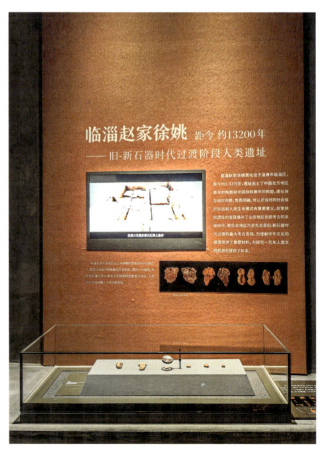

图四

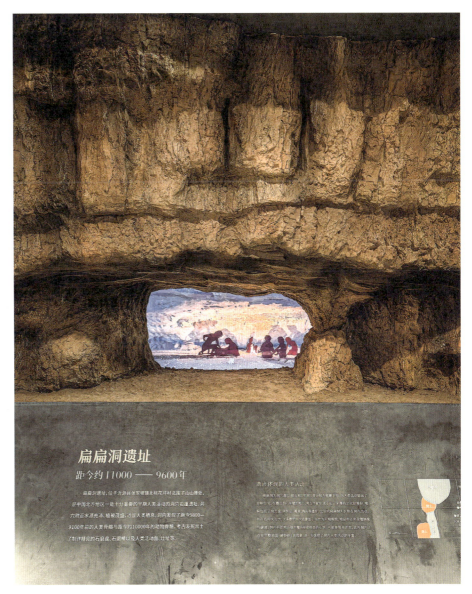

图五

向新石器时代过渡的重大考古发现。为认识中国北方地区尤其是山东地区旧新石器过渡这一重大的历史变革提供了关键证据，为理解中华文化的渊源提供了重要材料，为研究一万年人类文明起源史提供了标本。遗址年代关键，填补了山东地区史前考古学文化序列的空白，初步建立鲁北地区地层编年休系，为古环境复原提供重要依据。遗址保存相对完整，对于认识当时的社会组织形态和该阶段的人类生业模式有重要的意义。

扁扁洞遗址是中国北方地区一处十分重要的早期人类活动的洞穴岩厦遗址（图五）。考古发掘出土了制作精良的石磨盘、石磨棒以及古人类活动面、灶址等，磨盘上还发现了加工过坚果的证据，表明山东是世界范围内率先进入新石器时代的地区之一，开启了万年史前文化崭新一页。空间设计以扁扁洞做参考写实还原出洞穴内的空间意象，在岩壁上，有动态投射火光映射下的扁扁洞人的生活剪影影像；观众穿越山洞，也象征着展览由旧石器时代转入新石器时代，寓意早期人类开启了由穴居走向谷地和平原定居的新阶段。

后李文化距今约9000～7000年，遗址主要分布在泰沂山北麓的山前平原地带，优越的地理环境为农业的产生和发展提供了良好的基础。这一时期的先民，对自然的开发利用能力进一步增强，他们从山间走向河湖平原，在环壕聚落内建造起面积较大的方形半地穴式房屋，从事采集、渔猎，栽培粟、黍、稻等农作物，进行家猪饲养等生产活动，在渔猎采集的基础上探索出种植与圈养的农业生计模式，从食物采集者转变为食物生产者，整体上属于食物生产的广谱生业经济阶段。展陈通过对陶器、石器和各类生产工具的组合展示，来展现新石器时代初期农业经济和手工业的发展，并通过对聚落遗址的解读再现当时男耕女织、采集渔猎的"大同"社会的氏族生活场景。在展示设计方面，以史前先民的生活剪影为背景，以亲近自然的陶土色为基调，中心柜根据展品在生活中的使用顺序，做情景化陈列，并且叠加透明投影膜，借助投影视频向观众动态解读器具组合关系和工作原理。后李先民将生产生活中所见事物进行艺术化加工，制成一些情趣盎然的艺术品，栩栩如生、自然传神，展柜中也是将这些展品置于中心位置，让观众去感受原始艺术在古代先民丰富的想象力与创造力之中萌芽。

北辛文化距今约7000～6000年，这一时期的经济形态表现为以农业为主，家畜饲养、狩猎采集为辅的农耕经济模式，出现了较为先进的锄耕农业（图六）。制陶技术开始发展，发明了陶鼎等三足器。在生产活动中已出现不同的社会分工。三足陶器的出现带动食物的烹制方式发生了巨大变化。陶鼎的出现与使用对后世产生了深远的影响，最终成为国家权力的象征。在展陈形式设计上，从社会学角度再现和重构北辛文化时期的文化面貌，对专业的考古学材料（比如遗迹现象、考古发掘记录、图纸等）进行可视化表达。首先通过一个微缩模型重点表现北辛时期的一座半地穴式房屋，同时，配合该房址发掘的平面图，按同一比例尺度放置后李时期、大汶口时期的房址平面，对比展现三个时期房屋体量的变化趋势，跨越时间维度反映出家庭结构的变化；此外，墙面图版补充展示南北两地同期遗址的房屋样式，跨越地域维度认识山东史前社会的特点；最后，展柜内用线图插画与实体文物相结合的展示手法，展现北辛文化时期农业发展的时代进程。

大汶口文化距今约6000～4400年，是海岱文明起源和形成的关键阶段，孕育出以棺椁葬具、各种礼器等为代表的东方礼制（图七～一一）。城址的出现和社会分化的加剧，预示着我国文明之路的开启。在自身快速发展的同时，深度开展与周边地区的文化交流，共同谱写了中华大地迈向文明共同体的史诗篇章。进入到大汶口文化时期，山东的史前文明经过前期的积淀逐渐走向更高层次的繁荣。作为中国早期文明进程中极为重要的阶段，这一时期农业经济更为发达，手工业专业化程度高，礼乐凝聚族群意识的意义进一步凸显，具有东方特色的丧葬礼仪制度成熟，成为中原礼制的重要组成部分，在华夏礼乐文明形成过程中起到了重大的作用。展览中结合了近年来的重大考古发现，如焦家、岗上遗址考古发掘的重大成果，丰富展陈内容。在对文物的展示中，将通过文物组合，分专题展示饮食器、装饰品、骨角牙雕、玉石器、反映风俗信仰的文物等，通

图六

图七

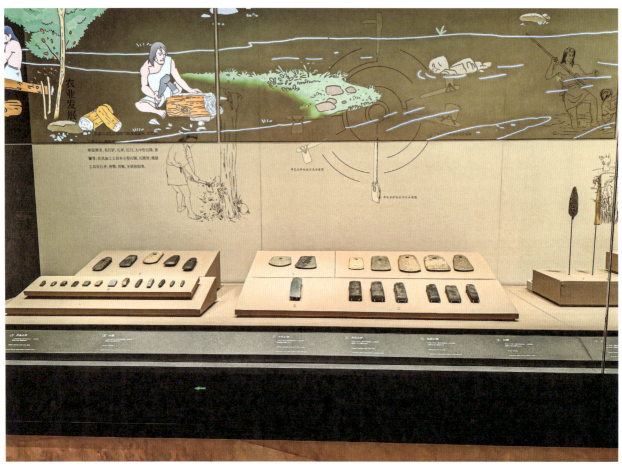

图八

图九

图一〇

图一一

过组合展示及黑白陶色彩对比展示等，展现山东史前先民在生活、礼仪、文化、艺术、习俗和审美方面的发展情况。对重点文物将进行科技化复原展示，如陶牛角号，将配备听音装置，使观众在观形听音的过程中加深对文物的了解。对大汶口文化时期出现的众多特殊习俗，展览运用全息投影的手段，三维呈现头骨人工变形、拔牙及口含小球这三组大汶口先民的习俗，弥补缺乏实物展品的缺憾及静态展示的不足；神秘的开颅术在对展品做旋转动态展示的同时，配合解读视频，让观众通过专家导读来认识最早开颅术的实例，了解大汶口先民走在前列的原始医疗知识与技术，以及独特的原始宗教观念和精神世界。对墓葬的解读是本部分的重点。大汶口文化时期，山东地区率先产生棺椁制度并日趋复杂化，海岱文化因素与中原仪礼融汇合流，共同凝聚成中华文明传统礼制的滥觞。展览提取焦家、大汶口、岗上遗址大墓及四人合葬墓四座高等级墓葬的结构，实物展品配合场景复原，再现莒县陵阳河遗址大汶口文化墓葬的葬具形制及随葬品组合，后背投影通过三维动画，采取3D爆炸图的形式，对多座高等级墓葬做动态剖析，详细解读大汶口时期的墓葬制度，展现棺椁形制与丧葬制度的规范化、区域多元化和复杂化。展墙和斜坡板上的图文信息，则以专题的形式，概述山东史前时期从后李文化到龙山文化墓葬的特征和发展演变过程，以数媒交互的形式深度解读棺椁制度的演变及对文明进程的影响。

龙山文化距今约4400～3800年，与古史传说中"唐尧虞舜"时代相对应，是山东地区史前文化的鼎盛时期（图一二~一六）。农业、手工业空前发展，快轮制陶、玉石器制作、建筑技术等，在同时期各区域文化中处于领先地位。这

图一二

图一三

图一四

一时期城邑林立，物阜人丰，龙山文化已全面进入文明社会的早期发展阶段，并对周边地区的文化演进产生强烈影响。龙山文化是史前展厅的高潮部分，这一时期聚落分级，城邦林立，中国已迈入古国时代。出现了古史记载中"万国林立"的盛世场景，山东的史前文明走向巅峰。展览以龙山文化的城子崖城址为重点展示对象，设置一个环形独立空间，用近360度环绕式的影片讲述城子崖遗址的故事，充分利用环幕展项包裹感强、沉浸体验佳的优势，使观众在环幕的宏大气势中，身临其境地重返城子崖古城，漫游于先民生产、生活、祭祀、创造的众多生动图景之中，感受城子崖的前世今生。局部墙面采用夯土元素，对"城"这一重要文明元素进行意向表达。结合城址，还将分组展示各类陶玉礼器、铜器、文字等文明元素，解读这些元素背后所承载的文明发展历程，用展览的语言再现龙山文化在技术方面的引领性、在礼制方面的首创性和在中华文明进程中的先进性，由此说明山东史前文化在中华文明起源中的重要作用，让观众沉浸式体验山东史前文明巅峰时代的辉煌。蛋壳黑陶是本部分的重点展示文物，蛋壳陶易碎而精美，代表了史前制陶技艺的巅峰；作为祭祀用的高级礼器，蛋壳陶的生产、消费、流通皆被贵族集团直接掌控，并显示出早期国家日臻完善的政权结构和城邦社会考究而规范的礼制。对蛋壳黑陶的展示，采用向心式的圆形空间，用背光勾勒蛋壳陶的独特造型，配合影像表现蛋壳陶的制作工艺，并且提取蛋壳陶外形的流畅曲线作为顶部和墙面的造型。综合运用光影、色彩、图形、动画等元素，再现蛋壳黑陶的薄、黑、光、亮等特点，解读蛋壳黑陶的

图一五

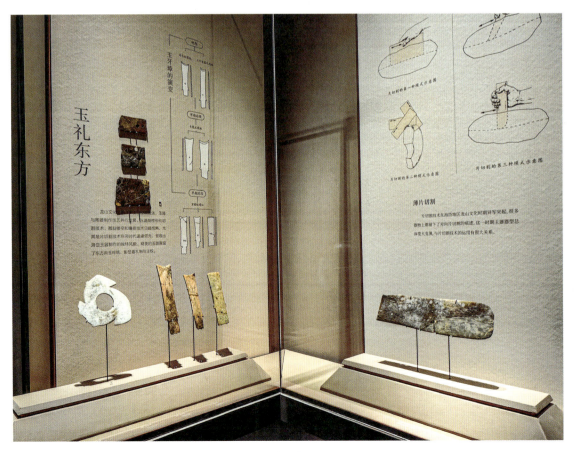

图一六

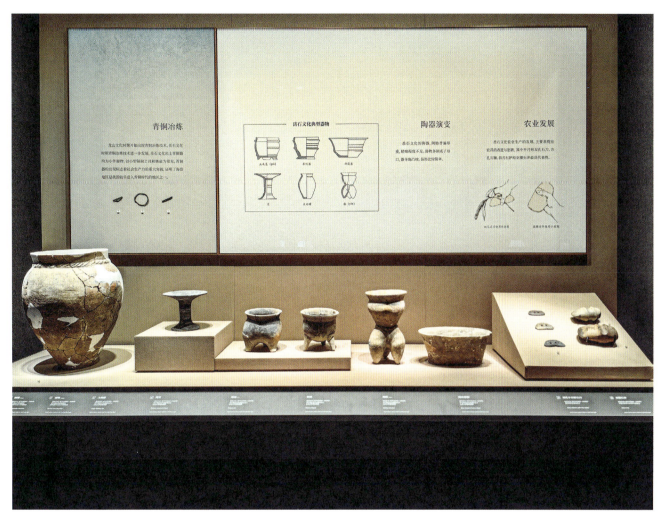

图一七

图一八

烧制过程及作为礼器的重要作用。与蛋壳陶空间相对的是陶鬶与牙璋、牙璧等礼器的展示，以空间抱团、嵌套的方式，形成展示上完整的礼制信息的组团。

岳石文化距今约3800～3400年，其年代与中原地区的二里头文化大体同时（图一七、一八）。分布范围北起鲁北冀东，南达江淮之间，西自鲁豫交界，东至黄海之滨。经过发掘的遗址有30多处，比较重要的有山东章丘城子崖、平度东岳石、牟平照格庄、青州郝家庄、泗水尹家城、菏泽安邱堌堆等。多处遗址出土小件青铜制品，标志着岳石文化时期的山东已经进入早期青铜时代。岳石文化时期的文化面貌发生了一定的变化，文化的转型迎来了历史发展的新篇章，为考古学留下了探索的空间，也为观众留下了思考的余地。本部分将展示一组岳石文化的石质工具、陶器和铜器。铜器的出现代表了新的生产力的产生，为新时代的到来做出了铺垫。岳石文化之后，由东夷族人创造的辉煌史前文化，经夏、商、周三代的积淀，为齐鲁文化的繁荣提供了深厚滋养，历秦入汉，最终融入中华文明的大潮流中，将中华民族上下五千年的历史文化连为一系，实证了中华文化五千年不间断的发展历史。

史前展厅最后部分，以山东地区考古学文化谱系的互动查询作为尾声，对展览讲述的后李文化—北辛文化—大汶口文化—龙山文化—岳石文化的完整考古学文化发展序列做一总结回顾，展现东夷文化的源远流长，使观众在展览结束之时，通过交互的方式对山东史前文化序列做更全面、更深入的了解，加深展览印象。展厅墙面做了由石器—陶器—青铜的质感过渡，并且在青铜质感的板材上刻画神鸟的意象形态，与商周展厅开端"玄鸟生商"的内容形成连贯叙事，吸引观众在"神鸟"意象营造的特殊氛围中走向下一个展厅。

展览大纲内容编写：周婀娜、周浩然。

展览形式设计：徐文辰、华金刚。

从文旅融合看博物馆展览体系的优化与创新

内容提要

新时代文旅融合要求博物馆的展览体系适时做出有利于旅游消费的优化和调整，并探索带有旅游属性的专题展览和配套措施，从而打造博物馆特色旅游线路，实现文旅深度融合。博物馆展览体系建设是博物馆的核心业务之一。展览体系一般由基本陈列和系列化的临时展览组合构成，并具有一定的比例结构。当前各类文化遗产保护机构逐渐成为文化旅游目的地。应对旅游产业的要求，博物馆的公共文化服务方式和内容要服从展览体系建设的战略转向，发挥文化优势，提高服务水平，使博物馆旅游成为文旅新业态的标杆。

关键词

文旅融合　展览体系　博物馆旅游

文/张红雷　姜鹿　山东博物馆

随着我国经济社会发展水平的不断提升，在新时代国内主要矛盾转变的背景之下，为适应文旅融合发展的新要求，作为公共文化服务体系中重要组成部分的博物馆必须及时做出符合自身发展规律的调整和转变，抓住机遇，迎接挑战。而在博物馆诸多业务工作当中，与文旅融合关系最密切的当属面向公众的服务类项目，比如社会教育、文创产业和开放展览等。从国际公认的博物馆定义可以看出[1]，展览是博物馆提供社会化服务的核心业务之一。因此，就当下文旅融合快速发展的大环境中，优化并创新展览体系，转变策展理念，提升展览质量，是博物馆自身业务调整的重要抓手之一。本文将就如何适应文旅融合，完善展览体系问题进行反思和分析。

一　文旅融合给博物馆展览工作带来的压力与机遇

文旅融合是时代所需，是社会发展的必然要求。博物馆作为服务社会的重要文化机构，其知识生产和传播功能要借助旅游产业的外部力量实现升级和强化，并完成博物馆自身各项职能的优化和整合，其中陈列展览的品质提升是重中之重。

（一）文旅融合的时代背景

从"改革开放新时期"到"社会主义新时代"，国民经济的高速发展使人民生活水平大幅提高，旅游产品的内容从单纯的观光购物转向了更高品质的体验和求知。从最近二十年国家层面颁布的相关文件政策中可见文化与旅游的关系是逐步加强加深的[2]。作为国家的大政方针，"文旅融合"是顺应时代潮流的引导相关产业升级发展的重要举措。"以文促旅，以旅彰文""文化是旅游的灵魂，旅游是文化的重要载体"这是"文旅融合"的核心要义。但是，文化和旅游这两大原本互相独立的行业真要融合发展，依然存在着诸多难点，因为文旅融合的目的是让文化和旅游高质量发展，为国民经济提供新动能，需要从理念、职能、资源、产业、科技等全方位的深度融合，而不是"拉郎配"一样地炒概念[3]。而文化行业长期以来属于意识形态领域，旅游本质上是一种商业活动[4]，文化产业与旅游产业的经济运行方式也存在着巨大差异，双方融合的难度颇大。从文化行业的角度看，文化知识的生产、文化信息的传播、文化活动的组织等诸多方面都要面临来自旅游业的服务标准和经济效益的双重要求与压力。因此，要做出多方面的调整和转变。

（二）博物馆展览工作面临的压力

作为公益类文化事业单位的博物馆，肩负有文化保护、文化研究和文化传播的职责和使命，是由"非营利的常设文化机构"这一基本属性所决定的。在博物馆的定义中，"为社会及其发展服务"是它的天职[5]。可以说，博物馆的全部工作都是致力于保存文化记忆、促进文明进步、向广大民众提供文化服务和休闲社交场所，因而有所谓"城市的客厅"之说[6]。但是，正因为博物馆的社会公益性，其工作的主要方式就不会关注经济效益，为民众提供的各种服务都是局限于普适性和基本标准的、无差别性。换言之，面向公众开放的博物馆无法提供私人订制服务，比如一个展厅或一件文物只向特定人员开放，这会被指责违背了博物馆职业道德。

可是，文旅融合却使博物馆不得不面对来自旅游行业的游客消费压力。博物馆的服务对象由无差别的抽象的社会公众，突然转变成带有明确参观游览目标要求的外地旅游者。博物馆需要按照旅游服务的行业标准为游客提供文化消费服务，不论在基础设施、游览环境的舒适性上，还是在展览设计、讲解服务的人性化上都要能够反映某种旅游产品的主题特色。这近似于某种订制服务，对于博物馆来说是新的挑战和压力。博物馆要改变传统的工作方式甚至思维方式。

展览是博物馆面向公众开放的场所和与之沟通的主要途径，旅游者在博物馆的主要消费内容也是参观展览、听取讲解和文创购物等等。因此，博物馆面临的多种旅游压力中展览的压力是最集中也是最突出的。这首要表现在游客对展览的认读理解受参观时间的限制而产生了很多困难。对游客而言，只有轻松而精炼的陈列语言才能产生吸引力和自信心。那种严谨而翔实得近乎刻板的文字叙述，那些整齐而规范得近乎单调的陈列设计，是出于社会教育的目的而无法满足游客探新求异的欣赏需求。同一个展览如何兼顾教育与欣赏，同时满足两类不同人群？

其次，作为旅游消费行为的一部分，游客在参观体验的过程中必然寻求一定的满足感和获得感，通过所谓"看得见，摸得着，闻得进，咽的下"等等感官直觉行为来确认展厅内的游览价值，甚而上升为一种个体记忆和自我评价，并分享这种记忆和评价来获得额外的尊严和赞许。博物馆展览能否无限制地提供给游客这种满足感和获得感吗？著名的"故宫跑"现象只是比较极端的特例，用无比珍罕的文物来兜售满足感获得感的做法无法推广到绝大多数普通博物馆身上。文物不可再生，是宝贵的社会财富，必须长久保存，流传后世。博物馆在坚守保存社会记忆的使命之下，如何平衡社会效益与经济效益，如何妥善处理保护与开放的关系，如何让"代际公平"成为旅游体验的前提？这些冲突与矛盾使博物馆人必须从策展思路和设计理念上做出转变和创新，才能克服压力，实现文旅双赢。

（三）博物馆展览体系建设可以把握的机遇

众所周知，对文化遗产的收藏研究和展示传播是一座博物馆的两大核心业务。前者是地基，后者是房屋，是公共文化服务的终端产品。公众在博物馆里接受教育、进行文化消费的主要媒介就是展览，因而展览必须以丰富多样的内容与形态来增强观众吸引力，保持观众的"消费黏性"。同时，展览的主题特色要与博物馆的创立宗旨和定位一致，带有品牌效应。所以，满足公众不同需求的不同种类的展览构成了一座博物馆的展览体系。通常，一座典型的博物馆会以基本陈列（常设展示）和若干短期展览构建自身的展览体系。其中，长期展示的一般是反映博物馆创建缘由和主要内涵的固定陈列，而各种特色化的系列临时性短期展览一般是博物馆人长期规划与观众兴趣（呼声）相互博弈的产物。比如，地域文明系列、特色藏品系列、科普教育系列、古典艺术、多样性文化形态系列等等。

传统意义上的博物馆展览体系建设是建立在单向度的文化输出的目标要求之下的博物馆自觉行为，而文旅融合带给博物馆的重重压力使博物馆人不得不面对来自旅游消费市场的挑剔和误解。如前所述，各种矛盾的焦点首先集中在展览上，而展览不是孤立的，是由博物馆展览体系所定位和设计的，服务于一定范围的观众群体的，不同性质的展览在同一时空中呈现，共同构成博物馆对外形象系统。针对旅游市场的特点和要求，博物馆展览体系需要调整总体结构和创新具体展览项目，需要在规划思路上重视旅游因素，由文化输出转变为文化交流，使博物馆的总体形象从高高在上的文化教育者转变为开放包容的文化服务平台。这是促进博物馆高质量发展的重要机遇。

二 博物馆展览体系的优化和调整

陈列展览是博物馆向社会传播思想文化知识、弘扬社会核心价值的重要途径。应对文旅融合的新要求，博物馆要对现有展览体系（长期陈列和短期展览）进行改造提升，同时也要及时深入研究展览创新途径，强化旅游特色。

（一）现存展览的优化改造

新时代文旅融合使各地博物馆迎来了前所未有的巨大观众潮，改造优化已有展览是博物馆改善参观条件的最直接手段。同时，自从2008年全国国有博物馆免费开放以来，博物馆改扩建进入了一个新的周期。2010年前后投入使用的固定陈列距今已经十年有余，当时采用的展陈理念和建造技术都与新时代经济社会发展的大环境不相协调。因此，各地博物馆在最近几年内相继面临着新一轮的改扩建需求。有的已经完成了基建工程，有的正在进行项目验收。充实新的收藏研究成果，提升展陈空间质量，是目前大部分博物馆固定陈列改造项目的主要做法，其目的很明显都聚焦于打造一个适用于旅游参观需要的视听盛宴。于是，各种昂贵的多媒体技术和展陈设备被广泛应用到固定陈列中。超低反射玻璃、LED漫射冷光源、增强现实、5G超高清影院这些几乎成为展陈手段的标配。相反，传统的场景雕塑被逐渐弱化和摒弃。或者把场景与新媒体技术融合一体，打造动态场景。这相对于传统刻板的展柜陈列来说，新的陈列语言无疑极大丰富了展览效果，使内容更加通俗、直观、易懂，符合游客的游览习惯。

一座博物馆的固定陈列必定是其自身特色的集中反映。或者是地域文明，或者是行业历史，或者是典型人物传记，或者是重大事件的来龙去脉。而一般意义的游客常常不是本地居民，访问博物馆是为直观了解旅游目的地的历史或者风物民情。固定陈列需要面向游客提供一个在全面翔实的叙事内容基础上的浓缩精华版的导览线路，以最少的时间、最短的距离，讲述一个重点突出积极正面的他乡故事。博物馆因此可以成为一次文化旅游的起点。在博物馆的参观体验将影响旅游后续环节中的游览心理和情绪。如果一条旅游线路集中于亲子教育主题，那么博物馆的陈列导览线路就不能严肃和枯燥，而应以轻松风趣为主调；如果一场研学文化游在博物馆中找不到明晰的文化脉络为开端，那么后续的研学活动将会非常含混不清、误会重重。当下，博物馆的固定陈列必须同时满足本地居民的参观学习之需和外地游客访问探究之乐，两者之间如何平衡，依然是摆在博物馆人面前的一道难题。

在博物馆展览体系中，固定陈列是主要构成部分，必须长期展示，尤其受到博物馆决策者的重视。文旅融合所带来的难题，迫使固定陈列的优化改造只能朝向叙事逻辑的柔性化和陈列空间的广场化发展，这样才能给社会教育保留必要的展示信息量，同时也给未来未知的旅游线路预留下尽可能大的操作空余。在目前的博物馆固定展览改陈项目中不乏这样的案例。有的以人类学为理论基础，打造一方水土育一方民情的《湖南人》，每一个展览局部都能独立成篇，主题明确，既可以通览，也可以择其关键重点解读。较好地兼顾了旅游者的特定路线规划需求。也有博物馆以通史线性脉络为主轴，在关键节点上采用"纪事本末体"的史传结合的方法来重点阐释了一些特色鲜明的展品展项。比如，儒学圣地、运河文化等等，为明星展品保留了专属的快捷通道，把线性叙事和多点叙事融汇一体，既突出了区域文明特征，又较为充分地把复杂展项内涵讲明说透，为游览线路的设计提供了多种选择。

（二）用文化魅力提升特色展览的旅游吸引力

一座博物馆一般以长期展览为主，以短期展览为辅。这种长短结合的展览体系是大多数博物馆的常规做法，它兼顾了博物馆的核心收藏与外延展品之间的平衡，使展览常变常新，吸引观众反复走进博物馆，不断发现新的收获。

从微观上看，各家博物馆都会因地域、行业或者藏品差异而各不相同，也都保有各自特点的专题陈列，或长期或短暂，多为配合重要活动而举办。比如大量的古玩精品展、名家书画展、地方民俗展等等。这些专题性展览首先吸引了相关的文物爱好者，少量明星文物还能引发话题性围观。但对于旅游者往往并不友好，因为学术性过于强烈，而使大部分普通观众（也包括游客）只能打卡留影，而不能深入理解和学习。

有特色的临时性专题展览通常是长期固定陈列的延伸和补充。如果固定陈列是构筑一座博物馆文化形象的正立面，那么临时展览就构成了它的多角度侧面。外地游客在参观主要展览之余，若和专题特点突出的临时展览不期而遇，则能产生额外的惊叹与感触，会对博物馆及其所传播的特色文化形成比较全面的认识。比如江南一座省级大馆在通史陈列之外，专辟展厅为国庆特展提供场地，以馆藏为主，融汇了数十家馆外机构藏品，打造了一场古琴文化盛宴。本地观众一饱眼福之余，外地游客也了解了江南文化在古琴艺术中的作用。江南这一特定区域形象在游客心中将不仅是自然风土和历史故事混和，更添加了一道高雅艺术的风景线。相反，如果不是古琴，而代之以绚丽无双的陶瓷，那将是一种殷实富庶的江南形象了。

出于文化普及的目标，学术性表达要让位于通俗化表达。这在文旅融合的新时代里正在演变成一种基本共识。目前全国六千余家博物馆分布在各地、各行业之中。为避免"千馆一面"，各馆需要立足于特色藏品和差别化定位，贴近现实，开拓策展思路，以文化魅力激活旅游吸引力。

三　博物馆展览体系的创新和发展

为适应旅游市场的需要，而对已有的展览进行改造提升，是一种优化活动，那么针对文化旅游新业态而专门开发的博物馆旅游项目，则是一种全新的融展览、购物、休闲于一体的文化服务项目。

（一）文化旅游的新业态——博物馆旅游

旅游是闻名于世的绿色产业，"绿水青山就是金山银山"。近年来，旅游产业的升级促发了旅游项目由简单的观光游向文化体验游的转变。传统的文化旅游是指对文化名胜的观光游览，而新的发展趋势是从观赏文化的形貌向体验理解文化的内涵转变，游客的旅游角色从一个观察者升级为一个学习者。因此，文化旅游的对象就不再局限于文化名胜而是扩展到有吸引力的特色文化活动上。千里迢迢赶赴一场嘉年华会或体育赛事或文化讲坛，这都可以算作一次义化旅游。而博物馆利用所藏文物资源，融合展览参观、研学体验、购物休闲于一体，打造专项旅游线路，改造博物馆环境，实现景区化管理，为游客提供了专业的接待服务。于是一种新型的文化旅游业态——博物馆旅游就在文化消费日益火热的当前应运而生。

（二）带有旅游属性的博物馆展览

博物馆旅游人口的主体是青年学生，这与其正处在人生中主要教育阶段的完成期有关。这一时期是身心成熟而求知欲旺盛的黄金阶段，博物馆为其提供了学校教育之外的深化内容或者拓展课程。博物馆不同于正规学校，具有更广泛的包容性和自由度。在博物馆学习更容易演变成一场充满奇遇的旅游。因此，博物馆展览对于青年学生群体的吸引力是最大的。这从各地博物馆观众的统计分析报告中可以得到佐证。此外，在博物馆消费购物娱乐的主流也是青年学生，正是他们在社交媒体上的快速分享才造就了一个个网红打卡地。

针对青年学生的上述特点，博物馆创新旅游属性的展览要勇于尝试寓教于乐的策展思维，敢于放弃传统的社会教育模式，转向更多地关注可参与的娱乐性和益智性的沉浸体验项目。展览的策划和设计因而不可避免地带有旅游业的思维方式，甚至可以直接由有策展兴趣的旅游者来参与。参观展览就像一顿自助餐，这将使他们获得极大的成就感和自豪感。博物馆因此将会成为旅游者心中远方的朋友。比如一个动漫主题的展览完全可以打造成一个微型的游乐场，充斥着各种角色秀和剧本游。旅游者根据个人喜好自选一种或者多种角色扮演，与展览设施互动，犹如一场化装舞会。因时间安排的需要，旅游者也能随时退场。因此，展览将会是碎片化的非线性的叙事逻辑，以多元并置的方式向旅游者提供多种路线选择，导游也会隐身成全能的监护者而不是领头羊一样的控制者，以给旅游者尽可能多的自由空间。

四　结语

新时代博物馆面临新的使命和挑战，其展览体系的构建要与文旅融合的新要求相适应。在稳定基本公共服务的前提之下，博物馆要关注舆情热点和风尚潮流，与旅游产业深度融合，优化展览体系，创新展览模式，树立"文化＋教育＋旅游"的多元一体从战略思维，把公共文化的博物馆特色做强做足。

注　释

[1] 李耀申：《博物馆定义的国际化表达与中国式思考》，《博物院》2019 年第 4 期。

[2] 范周：《文旅融合的理论与实践》，《人民论坛·学术前沿》2019 年第 11 期。

[3] 范周：《文旅融合的理论与实践》，《人民论坛·学术前沿》2019 年第 11 期。

[4] 〔澳〕希拉里·迪克罗（ Hilary du Cros ）：《文化旅游》，商务印书馆，2017 年，第 131 页。

[5] 李耀申：《博物馆定义的国际化表达与中国式思考》，《博物院》2019 年第 4 期。

[6] 单霁翔：《博物馆的社会责任与城市文化》，《中原文物》2011 年第 1 期。

参考文献

1. 〔澳〕希拉里·迪克罗（ Hilary du Cros ）：《文化旅游》，商务印书馆，2017 年。

2. 谢晓婷：《博物馆临时展览体系化思考：基于苏州博物馆的实践》，《中国博物馆》2023 年第 1 期。

3. 刘金宏：《博物馆陈列展览结构调整的对称性原则：兼谈广东省博物馆陈列展览新体系的构建》，《中国博物馆》2004 年第 1 期。

4. 赵丽帆：《博物馆临时展览策划的体系化构建》，《客家文博》2022 年第 4 期。

现当代国画艺术展策展理念初探

——以『三魂共一心——纪念于希宁诞辰110周年展』为例

文／代雪晶 史源 山东博物馆

内容提要

现当代国画艺术作品作为博物馆藏品的重要门类之一，丰富了博物馆的藏品体系。越来越多的现当代艺术大师及其家属将其作品捐赠给博物馆，反映了艺术家德艺双馨的高尚情操，亦是当下博物馆践行"为了未来收藏今天"理念的一种实践。以"三魂共一心——纪念于希宁诞辰110周年展"的策展实践为例，从陈列价值取向、陈列主题拟定、空间布局营造、展览模式创新、场景装置创意等五个方面探析博物馆现当代书画艺术展的策展理念，以期为此类展览的策划提供理论指导。

关键词

现当代国画艺术展　价值取向　主题拟定　空间营造　展览模式　场景装置

引言

现当代国画艺术展系指以现当代国画艺术家创作的艺术作品为展出对象的展览，属于艺术类展览，对陶冶情操、愉悦身心具有重要作用，是博物馆践行美育的重要载体之一。与现当代美术馆相较而言，博物馆拥有自成体系的藏品体系，在已有藏品体系中，"为了未来收藏现在"已然成为博物馆的收藏原则之一，故此，博物馆应扩大藏品收集范围，完善藏品收藏的体系化，收藏在国内外具有一定影响力的现当代书画名家的艺术作品，践行博物馆的社会使命，为博物馆美育奠定丰富的藏品基础。现当代国画艺术作品作为博物馆藏品体系的重要分支，以其为核心展品的策展具有一定的特殊性，现结合"三魂共一心——纪念于希宁诞辰110周年展"（下文简称为"三魂共一心"展）的策展实践，从陈列价值取向、陈列主题拟定、空间布局营造、展览模式创新、场景装置创意等五个方面探讨现当代国画艺术展的策展理念。

· 准确的陈列价值取向定位

所谓"陈列价值取向"，即"陈列组织者、设计者和制作者对陈列的态度、构成、方法及作用等方面的价值判断和追求，是他们在陈列过程中面对各种选择取舍时的基本依据。"博物馆现当代国画艺术展以现当代著名国画艺术大师的作品为展示主体，旨在传承弘扬中国国画艺术。此类展览多以捐赠品为主，旨在体现博物馆对现当代艺术家"德艺双馨，回报社会"高尚品格的弘扬，亦在吸引更多的国画大师及其家人将作品捐赠给博物馆，

图一　主展区效果图

通过博物馆这一公共文化服务平台，惠及更多社会民众，让优秀的国画精粹代代相传。故此，此类展览的价值取向应以"褒扬现当代国画艺术大师的高尚品德"为主旨，进而推广"博物馆是收藏与传承人类记忆的主要场所"这一核心理念，推动博物馆社会捐赠工作的有序开展。

"三魂共一心"展选取著名国画艺术大师于希宁先生捐赠的47件精品之作，另遴选于德琦先生于2022年捐赠的部分书画作品，将展览空间划分为两大区域（图一、二），即于希宁先生的代表性作品为主体的精品展示区，以及于德琦先生捐赠品为独立展区的新增展品区，让观众在这两大展览空间内既能得到于老精品之作的美学熏陶，又能感受到于老家属对于老"德艺双馨"精神的支持，在新增展品区获得对于老创作生涯的深度认知。两大展区均以"德艺双馨，回报社会"为陈列价值取向，共同营造了于老高风亮节，心系大众的高尚品德，较好地呈现了展览的价值定位，践行了博物馆服务社会的使命。

二　综合评估拟定陈列主题

"主题"类陈列是以特定的概念为纲并贯穿整个陈列，将陈列中相关的碎片化内容串联组合，在陈列主题的统辖下呈现展品特定的内涵信息。艺术家的作

图二　辅展区效果图

品高度融合了其人格，通过作品，观众得以走进艺术家的人生成长历程，感受艺术家的人格闪光点与艺术文脉的绵延。聚焦某位艺术家，将其精华作品作为展示主体的展览，属于典型的"主题"类陈列。故此，此类展览陈列主题的拟定需要涵化艺术家及其作品，提炼萃取艺术家代表性的精神内核，以此为统领，确定展览基调、展品遴选及展览空间营建。作为中国现当代书画艺术的杰出代表，于希宁先生以人品、画品兼具的"德艺双馨"而为学界和社会所熟知，其国魂、人魂、画魂"三魂共一心"的座右铭，其"七至邓尉，四临超山"，不惧寒冷，不畏年事已高，于风雪中创作梅花的创作情怀，让"三魂共一心""梅痴"等成为其个性化的标签。在传统文化"创造性转化、创新性发展"的当下，创立、塑造、弘扬具有中华民族精神气质的美的载体与美的品质成为当代书画展的核心要义所在。有鉴于此，博物馆策划当代书画作品展是发挥博物馆实现传统文化创造性转化、创新性发展的重要抓手之一。基于馆藏品的现状，结合书画家的精神标识，策展团队创造性的选取"三魂共一心"作为展览的主标题，意在以精神性的理念作为展览主题，在这一主题的统辖下，开展策展的相关工作（图三）。

图三　"三魂共一心"展示效果图

三　重构展馆空间布局

传统博物馆书画展因展品多为有机质文物，多以橱柜式平面排布的方式予以展示，受限于展厅展柜固有的空间布局，展线的设计需以既有的展柜布局为核心，由于展柜玻璃的存在，观众难以裸眼观察展品，影响了观展体验效果。现当代国画展展品多为现当代书画名家名作，作品年代尚不久远，经过现代托裱装裱工艺处理后，可以卷轴或置入镜框等方式予以裸展，以现代美术展的方式悬挂于展厅中，为观众营造真正的裸眼观展情境，实现了最佳的观展体验效果（图四）。

为凸显展品，重塑展馆空间布局，打造白色立方体，营造现代简约式陈展氛围，为展品创造无干扰的展陈氛围。方正的展陈空间、白色的展墙、聚焦的灯光、笔直的展线，为平面式的书画类作品营造了最佳的展示环境。当博物馆遇见美术馆，美术作品在博物馆的展示应吸收美术馆的展陈优势，打造适合美术品展示的展陈空间。为打造山东博物馆"当代艺术家作品

展"系列展览体系，山东博物馆投入物力、人力，建设适合当代艺术品展示的展厅空间。白色的海吉布覆盖于展墙上，营造了典雅自然的白色立方体展陈空间；笔直的通道，两侧平行的展墙，极目望去，平铺的书画作品秩序井然地分列两边，营造了一种通透的空间氛围；方正的中心区域，对角线的通道空间让观众得以徜徉在这一核心展陈区域，静心欣赏核心展品，巨幅画作《春满乾坤》以一面独立展墙予以展示（图五、六），构成强大的视觉冲击力，既展现了展品的重要性，又让观众感慨画家的艺术创作情怀，达到了较好的展示效果。

四　创新展中展之展览新模式

博物馆现当代书画展品多为现当代书画名家或其家人通过无偿捐赠的方式赠予博物馆，这是艺术家本人或其家人高风亮节品质使然的结果。通过这种方式，艺术家的作品得以通过博物馆这个公共文化服务机构让公众得以欣赏，进而提升公众的文化素养和美学修

图四　展览轴测图

图五　"春满乾坤"展示效果图

陈列策展研究

图六　"春满乾坤"展示实景图

养，提升国民整体素质。作为回报，艺术家希望其捐赠的作品能通过博物馆展览的方式定期与公众见面，从而发挥其作品应有的社会价值；博物馆展览也是吸引艺术家及其家人捐赠更多作品的最直接、最有效的方式。

　　早在2013年，山东博物馆着力打造的"山东名人馆"，集中展出了于希宁先生的40余幅作品。在于老诞辰110周年之际，山东博物馆有幸得到于希宁先生的侄孙于德琦先生捐赠的200余幅于老书画作品，丰富了馆藏资源，为系统全面研究于老的艺术创作风格提供了更为丰富的藏品资源。在于老诞辰110周年之际，山东博物馆精心策划"三魂共一心"展，展览集中展出于老2013年捐赠的47幅代表性作品，同时，为了将于德琦先生捐赠的于老作品与公众见面，发挥这些新捐赠品的社会价值，展览专门设置展区"于德琦先生捐赠于希宁作品"，在展览出口处悬挂巨型垂幕（图七），上书"于德琦先生捐赠于希宁作品"，一则表示对于德琦先生捐赠行为的高度肯定与认可，一则提醒

公众该区域为新增馆藏捐赠品，吸引公众效仿于德琦先生高风亮节之风范，号召更多的艺术家及其家人能将其作品捐赠到博物馆，发挥其作品最大的社会效益。

　　这种在展厅入口处设置主展标、在展厅出口处设置辅展标的展中展方式，既展示了艺术家的代表性作品，又展示了新捐赠的艺术家作品，展现了艺术家的德艺双馨，展现了艺术家家人的高风亮节，实乃博物馆扩充当代书画品收藏的典范之作。

　　每一位艺术家都有其独一无二的创作风范，诸如创作题材、创作风格，在现当代艺术家作品展的策展过程中，策展人需深度挖掘艺术家的创作风范，攫取艺术家的代表性艺术元素，通过提炼概括等形式设计元素将之转化为现代装置艺术，以直观形象的方式向公众传达艺术家的艺术风范。

　　于希宁先生是著名的当代国画大师，其喜梅、爱梅之情志铸就了其善梅的艺术创作特点，其梅花创作，融合了画魂、人魂与国魂，造就了其"三魂共一心"的座右铭，后人以"梅痴"为其雅号并流传至今。作为于

图七 于德琦先生捐赠于希宁作品大幅垂布

老诞辰110周年的纪念展，重温先生的座右铭"三魂共一心"，展览空间氛围的营造围绕"梅"来展开。故此，展览序厅采用现代投影的方式，于老的代表作"铁骨立风雪 幽香透国魂"的巨幅梅花作品被投射到白色展墙上，其上投射梅花散落的动态视频，与展标设置的梅林融为一体，观者在驻足观看中，感受到了于老在梅林中创作巨幅梅花作品的执着与不易。为提升画面效果，策展人选取"梅花三弄"这一经典古琴曲，与视频同时播放，悠扬的琴声遍布整个展厅，营造了梅魂、人魂、国魂于一体的音效氛围，在循环往复的琴声中，梅花的洁白芬芳与画家的高尚节操融为一体，听琴也即品人，再度强化了画家独特的艺术元素，提升了观展效果。在展厅序厅，观众通过这种融合声、光、电于一体的现代装置，快速融入展览主基调，走进梅园、走进于老的艺术创作世界、走进那个画魂、人魂、国魂三魂共一心的艺术家的精神世界（图八）。一曲"梅花三弄"飘荡在展厅上空，在悠扬的琴声中观众沉浸在梅花的清雅高洁中，感受到梅花在寒风中迎风摇曳呈现的坚毅不屈的多样形态。

图八 "梅园＋多媒体"白色立方体展示区

在展厅中心区域，策展人设置于老书房的意念场景，透过半开的窗门，透视书房外的梅园，还原于老创作梅花的场景，再现"画魂、人魂与国魂"三魂共一心的艺术家精神世界，让观众再次沉浸于于老的艺术创作精神世界中。在此，梅花不再仅仅是梅花，梅花化身为于老的身份象征，化身为艺术家的代表性符号，让观者在离开展馆后，依然能记得这些梅花作品，记得那位创作梅花的艺术家，达到了通过艺术家作品展纪念艺术家的展陈目的，在满足捐赠者及其家人对艺术家追念的心理需求的同时，也满足了公众欣赏当代艺术品，深度识读艺术家艺术风范的观赏需求。

为进一步丰富观众对艺术家创作风格的了解、对艺术家艺术生涯的系统认识，展览设置了两处多媒体播放区域，分别展示艺术家的艺术创作视频与艺术家的生平年表。这种集合声音、文字、图像、视频于一体的多媒体装置最大化地阐释了艺术家及其作品，增进了观众对展品的认知。

结　语

博物馆现当代国画艺术展以其鲜明的时代性、鲜活性、艺术性而成为当代人精神文化生活的浓缩，"为了未来而收藏现在"这一博物馆收藏理念让现当代书画艺术成为博物馆收藏的新宠。在社会捐赠成为社会风尚的当下，策划展览让新捐赠的展品与公众见面成为博物馆回馈捐赠人的最佳路径。有鉴于此，现当代国画类艺术展的策划在陈列价值定位、陈列主题拟定、展陈空间营造、展览模式创新、现代装置设计等诸方面应遵循一定的规律，"三魂共一心"展的相关策展实践为此类展览的策展理念提供了一面镜鉴。

参考文献

1.宋向光：《博物馆陈列的性质与价值取向》，《中国博物馆》2005年第2期。

2.宋向光：《博物馆陈列的实物性元素及内容结构分析》，《东南文化》2016年第2期。

试论非革命类小型博物馆开展革命题材展的策展思路
——基于『见证——庆祝中国共产党成立100周年钱币展』的实践分析

文/周博 北京中轴线遗产保护中心

内容提要

博物馆是开展革命教育、传承红色精神的重要展示和宣传场所。每当重大历史节点，各类型博物馆、纪念馆、故居等都会举办展览，发挥教育阵地作用。当下在同质化明显的众多革命展览中，策划出有突出特点、打动观众的展览并非易事。"见证——庆祝中国共产党成立100周年钱币展"从全新视角策划诠释了红色革命精神，展览获得了较高的社会认可与评价。本文以本展为例，从策展特色到实现方法进行分析，探讨总结出策划特色革命主题展的有效策略。

关键词

革命题材展览　策展特色　实现方式

引言

2021年是中国共产党建党100周年的伟大时刻，为纪念百年伟业、践行总书记明确要求"革命博物馆、纪念馆、党史馆、烈士陵园等是党和国家红色基因库。要讲好党的故事、革命的故事、根据地的故事、英雄和烈士的故事，加强革命传统教育、爱国主义教育、青少年思想道德教育、把红色基因传承好，确保红色江山永不变色。"[1]的系列讲话和论述，全国各地举办了众多庆祝建党百年的主题展览。

"见证——庆祝中国共产党成立100周年钱币展"（以下简称"见证"展）正是在这样的伟大背景下策划的主题展览。展览由北京市钱币学会、北京市古代钱币展览馆联合主办。内容主要以中国共产党领导下各阶段钱币变化历程为切入点，通过货币和实物等展品向广大观众展示百年来在中国共产党的领导下我国货币的发展变迁。"见证"展以中国共产党百年历程为时间线，以百年间发行流通的货币为载体，通过"红色记忆""屹立东方""时代旋律"和"走向复兴"四个部分追忆了中国共产党一路走来的艰苦岁月，回顾了硕果累累的改革开放壮举，重温了社会主义建设事业的伟大成就。此次展览选用中国共产党自成立以来发行的各个时期的钱币及其他展品共537件（套），其中绝大部分藏品来自民间收藏家的大力支持。

同样的纪念节点和展览方式，各大博物馆、纪念馆都会推出相近地主题展览，在相同命题下如何做出自己的特色，策划出对广大观众影响深刻的展览，是每馆策展人重要的研究课题。尤其是作为本身非革命类属性的博物馆，在策划革命主题展时通常缺乏相关经验。想要办出特色鲜明、打动观众的展览需要周密的筹备策划：前期分析预设是目标、盘点自身资源是前提、传递革命思想是根本、树立鲜明特色是宗旨、创新策展视角是导向、实现方式手段是关键。本文正是以此为出发点，探讨分析"见证——庆祝中国共产党成立100周年钱币展"的策展思路和特色。

一 "见证——庆祝中国共产党成立100周年钱币展"策展历程

"见证"展从策划到实施，展览大纲经历了三次全盘推翻重来的过程，整个策展过程历经两年零十个月，展览主题、展览内容以及形式设计都全部进行了颠覆。

展览主题从最初的红色货币发展史的设计，不断修改提炼，最终改为以钱币为线索挖掘其背后的祖国发展历程的主线；陈列设计经历了初期以革命圣地造景为手段，到以人民币上造型为元素，再修改到具象化到意化抽象展示的复杂过程。展览策划过程经历了立项—收回项目—重新立项的曲折历程。主创团队两易主笔，最终由全馆业务人员共同创作完成，其中克服了人民币法的严苛要求、克服了经费上的不断压缩、克服了珍贵展品的借展难题、克服了施工周期的极限挑战等一系列困难，最终为国家和人民交上了一份满意的答卷——成功地被国家文物局列为庆祝建党百年红色革命重点推荐展览。

二 "见证——庆祝中国共产党成立100周年钱币展"策展特色

时间的沉淀和打磨除了历练了主创团队，更大地收获是展览逐步明确梳理出了清晰的思路和主要目标，通过展品和叙述，展现突出本馆特色、更加贴近百姓、传承红色精神的展览。经过梳理，笔者作为策展团队的成员，对展览的特色和运用策略进行了分析：

（一）大主题小题材新思路——视角独特性

中国共产党成立100周年是宏大的主题，如此重大的事件、厚重的历史，各家博物馆都铆足了劲头，调集精兵强将来策划办展。面对鳞次栉比的革命主题展，综合性博物馆主题恢宏资金雄厚、革命类纪念馆藏品丰富、专家研究力量强大，无论从藏品、资金、

学术、人力各个方面都充满优势。古币馆作为一家以古建遗址为基础的专题类小型博物馆，以上优势皆不具备。那么如何在各方面条件都是劣势的情况下办出切题又吸引人的展览，对策展团队是不小的考验。

选题是展览策划的第一步，与众不同才能脱颖而出。要想在众多规模宏大的革命主题展中不被湮没，就必须找到自身的闪光点，研究深挖，小而美，精而专，努力做到虽小尤亮，另辟蹊径往往是制胜之道。古币馆是一家以德胜门箭楼遗址为建筑基础、以展示中国古代货币为题材的专题性博物馆。在本次100周年庆祝活动中，展览既要弘扬伟大的建党革命精神，又不能完全脱离自身的展示类型。经过反复研究，策展团队最终将落脚点放在了"钱币"上，以建党百年来发行使用的货币这个视角，来折射反映出百年中国社会经济翻天覆地的改变。

（二）历史脉络中找叙事——讲述故事性

展览是做给广大人民看的，亲民性、接地气的展览才能真正走入千千万万的百姓心中。无论何种题材，使用讲故事的方法永远不会过时。有故事才能有兴趣，有兴趣才能深入走进。明确了方法，接下来如何选故事、讲故事，还要恰如其分地讲好故事，是故事选择策划的重点所在。

在红色革命展中，故事的选择和讲述故事的节点是需要考究分析的。讲述展品故事性的过程并不是简单的介绍就可行的，其中会面临很多问题：专题性展览，展品相对单一就是一个重要问题。以本次展览为例，第一单元"红色记忆"体量最大，展线最长占整个展线的三分之一，展品数量占据整个展览的近一半左右。很多钱币在品相上印制粗糙，同中华人民共和国建立后发行的货币相比，美观程度和观赏度都有相距甚远。特别是经过战争的洗礼，很多钱币完整度不高，甚至有些模糊不清。展柜中大量辨识度不高且色彩灰暗的钱币铺在一起，时间久了势必会带给观众审美疲劳，产生乏味感。此外展柜空间有限，大部分钱币只能归类标注所在根据地的名称，很难通过更为细致的文字进行说明，这也是造成观众更难理解深入展品背后的原因。

根据实际问题，策展团队采用了以下几个方法来

"讲故事"：第一，重点选择"有故事的展品"，具体原则：1.选择背后故事内容丰富的；2.具备与众不同特点和重要意义的；3.钱币历程里的之最；4.展品形象突出有特点的。第二，注意摆放文物的距离和节奏，尽量平衡展品组类数量，避免同一主题下安排扎堆，而另一主题的钱币过少，把展线上的文物进行量化整理。第三，注重讲解词编写的时间和节点，如前后两个文物尽量选择不同题材或特点鲜明、故事性强的，并以各时期、各重点根据地介绍进行串联，以点线面相结合的方式把大量货币穿起来，使观众在观感上随时都有新鲜点，视觉上有变化。

（三）搜寻身边的革命证物——挖掘亲民性

展览是为广大人民群众服务的，亲民性、接地气的展览才能真正走入千千万万的百姓心中。长期的办展经验证明，与百姓身边联系最紧密的人与事物，最能打动观众，观众更易与展览产生共鸣。在策展过程中，对于展品的挑选和把握是有很高要求的，特别是红色革命展览的文物展品，更是需要考证准确的信息来源，以便对其背后涉及的历史知识进行准确梳理。

革命文物的征集也是我们的重点工作，如何通过展品让广大干部群众读懂百年货币发展历程，从内心深处找到归属感，进而感悟初心使命，是我们在策展过程中一直在思考和谋划的问题。唯有经历才有感受，不同年龄段有着不同的生活阅历。在众多展品中，国库券、外汇券、各套人民币受到了人民群众的特别关注，这类展品勾起了很多上了年纪的参观者的回忆，触景生情，感触颇深。在展品征集过程中，为了让展品更加接地气，更加贴近百姓生活，除了相关的货币和纪念币外，我们还尽可能地征集来与其时代背景相关的实物或生活用品进行佐证，作为辅助展品展示，如第二套人民币2角券正面主景为《"毛泽东"号火车》，我们专门联系铁道博物馆，借到毛泽东号火车的模型一同展示，并以此为实例深挖其背后的内涵深意：以"毛泽东号"机车的诞生，见证了工人阶级跟党走的意志，见证了铁路工人支援革命战争的历史进程，体现了在毛主席英明领导下，发展交通事业，促进城乡交流的工业发展。

此外，在细节方面，策展团队也格外用心，例如留言簿的选择——特意搜集到当年生产建设风格的笔记本用来做留言簿，既符合场景氛围，又有强烈地时代代入感，很多老同志看后感慨万千，纷纷留下真挚感言。

总而言之，在展览中对辅助展品的用心钻研深挖，彻底站在观众的视角去审视，才能拉近距离，将展览内涵真正送入大众内心深处。

三 "见证——庆祝中国共产党成立100周年
钱币展"实现形式

（一）立体旋转式陈列，精品展示造亮点

钱币类展览不同于其他类别的展示，其特点是尺寸和体积小，展示手段相对单一，单枚钱币展示没有突出视觉效果，难以引起关注，而大量的钱币排在

一起整体视觉效果上又有很多雷同感，缺乏变化和细节。针对这一特点，策展团队在钱币的陈列设计上做了一番特别设计，通过筛选将展览中的一组经典展品——第一套人民币进行了重点安排，力争打造出展览的"吸睛"亮点。

第一套人民币是整个人民币发行体系中种类最多的、图案最丰富的，总计达六十多种，由于其流通时间短，版类众多，能够组成全套且保存完好的非常罕见。正是第一套人民币的发行为建立全国统一的人民币市场奠定基础，它见证了中国人民银行的成立，新中国集中、统一的金融体系正式形成，是我国金融发展的重大象征，在人民币发展历程中具有举足轻重的地位。这套展品经历了各种艰难曲折才成功借到。面对数量多、体量大的珍贵展品，展示、保存策展团队都是动了一番脑筋。人民币是双面的艺术，但展柜中的纸质展品只能展示一面，想要全方位展示给观众，最好是两套正反面一起展示。毋庸置疑，借展两套的如此奢求是难以实现的。为了带给大家全面不带遗漏、不带遗憾地展示，同时要保证展品展示的绝对安全，策展团队进行了多轮方案的测试、修改，经过不懈地努力，终于研究出了最佳展陈方案——立体转式陈列台，将纸币每张制作为独立展示夹，使用中轴贯穿的方式，像串糖葫芦一般将纸币连接在一起，形成纸币展示墙，使展品和观者形成互动，观众可以自主地翻转每一张纸币，最终圆满地解决了这个难题。在展览过程中，第一套人民币成了最火爆的展品（图一），展示方式受到了观众的肯定。

（二）文创、互动巧结合，开拓事半功倍新模式

"让文物活起来，把文物带回家"是观众走出博物馆的教育延续性的体现，除了在展厅里，展馆之外则是更广阔的空间。本着这个出发点，展览设计了现场互动教育项目——动手印制明信片活动。这也从另一个角度展示了钱币的相关技术体系——印刷技术。在专业人士的指导下，观众现场学习凸版印刷技术，用凸版印刷机亲自印制出红色革命题材图案的明信片，形成了可以自己制作的文创产品（图二）。图案内容上我们选取了展览中相对应的八种红色精神，专门设计雕刻，定期更换雕版，这种常换常新的方法对于吸引观众再次甚至多次走进展览参观，有着很好的效果，实施过程中确实有部分观众是为了集齐整套明信片而再来的。整个展期，我们也多次接到观众来电咨询凸版图案是否更新。事实证明，这种不断更新互动内容的方式，能够有效吸引观众多次入馆参观，达成事半功倍的效果。

文创品开发是展览的配套组成部分。现场印制的套装明信片进行过专门的设计包装旋即成为了展览的文创品，它巧妙地将教育活动和文创产品开发合二为一，这种做法既解决了开发文创品经费不足的遗憾，也缓解了场馆缺乏工作人员的压力，现场工作人员既能售卖文创产品（图三），也能辅导互动教育活动，这种"文创开发＋教育互动"结合为一体的做法也是本次展览的一个巧妙之处。

（三）新媒体知识娱乐扩内容，拓展场馆之外大空间

展览内容表达往往受制于现场等诸多因素限制而不能充分展开表达，数字

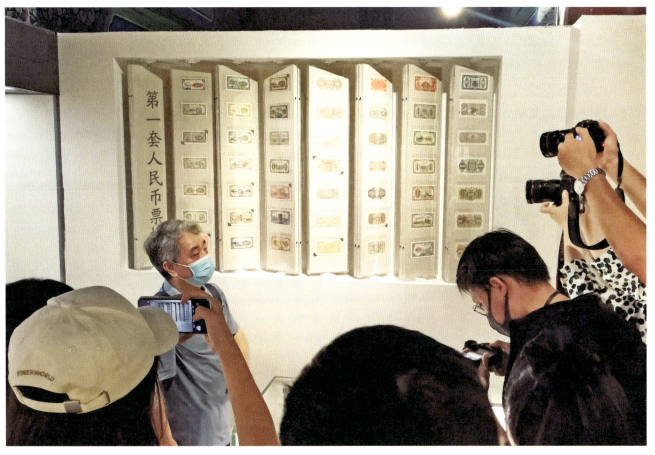

图一　第一套人民币展示

图二　现场互动印刷

图三　互动兼文创纪念品

媒体的运用彻底打破了时间和空间的维度，解决了这一困扰。

　　整个策展过程中"见证"展受到两大问题制约：其一，展览中涉及很多人民币的相关知识，由于受到人民币使用法律限制，人民币上的图案、设计与印制、背后历程等都有极其严格的规定，不能以任何形式展示，但这些内容又是了解人民币发展历程的重要组成部分。为此，策展团队搜集了大量公开发行的相关纪录片和人物专访等视频资料，在展厅中滚动播放。此举一方面省去了展板上大体量的说明文字，一方面解决了相关的限制问题，用多媒体的方式将展览内容实现了大量知识的补充和延伸，也同时解决了展览场地受限的问题。

　　互动性和娱乐性是博物馆教育的重要手段，在展厅尾声部分，我们专门制作了多媒体互动小游戏"探秘人民币"，同样是受到场地和版面所限，第三、四、五套人民币的详细介绍在展览主体中无法展开讲述，策展团队便将此部分知识融入游戏环节，以跳棋的路径方式随机出现人民币中的面额请观众作答，之后再给予更多延伸介绍。小小的游戏涵盖了大家日常最常见的内容，观众不论年长年少都被深深吸引，很多观众乐此不疲地将所有选项都跳一遍，才满意离开，这无形中使观众主动地把三套人民币的所有知识都进行了浏览，并且在兴趣的促使下学习效果显著。这种借助数字媒体的表现方式，十分有效地解决了展厅物理空间不足和展览知识内容量大的矛盾，并且加强了展览的娱乐性和互动性（图四），达到了辅助观众深入理解展览内容的目的。

图四　多媒体互动小游戏

四　探讨和总结

本文旨在讨论非革命类小型博物馆在策划红色主题展览上的方法和策略，虽然革命主题不是大部分专题场馆所擅长的领域，但经过"见证"展的实践探索，可以总结出几点具有普遍性的经验，以供参考探讨。

（一）自我深挖

任何一个博物馆无论规模大小，都有自身的精髓特色，这是大馆、综合馆所不具备的。自己最了解自己，只有自己塌下心来认真思考研究才能挖掘出紧贴自身的擅长品类。

（二）精准定位

相对于自我认知后，找准最契合目标主题又能发挥自身特色的目标结合点最为关键，这也是极其考验策展团队能力的，眼光是否精准、思路是否清晰、定位是否准确，都不能出现偏差。

（三）创新精神

创作思想要打破陈规，不走寻常路。非革命类小型场馆唯有创出特色，立意标新才能走出专业馆、综合馆的光环。策展人要放开眼界，多学习、多走出去，倾听结合年轻人的想法，这都是有效的路径。

（四）灵活巧用综合手法

小型博物馆在重要文物、场地、经费受限的种种制约下，应利用自己能利用的一切手段，采用多种策略和形式手段，利用自己小而灵活的方式弥补不足，达到事半功倍的效果。

注　释

[1] 欧阳敏：《以联合办展和"云展览"模式提升革命文物展示传播水平》，《中国博物馆》2021年第3期。

山东邹城唐代石窟佛造像病害分析及保护对策

文／杨可龙　山东省文物考古研究院

内容提要

山东邹城唐代石窟佛造像于2006年被公布为山东省文物保护单位。由于历史原因，凤凰山石窟造像窟前建筑已消失，造像长期处于露天环境中，受日照、风吹、雨淋等自然因素影响和人为破坏，凤凰山石窟佛造像出现表面风化、裂隙、污染变色、脱落及生物病害等，且造像部分区域多种病害重叠，亟需对造像本体进行保护加固。为实施个性化保护措施，本文对石窟佛造像的现状和病害进行了初步调查，分析讨论了造像的病害机理，做了样品分析。在此基础上提出具体的防护措施，有针对性的去除石窟造像病害，避免对石窟造像造成保护性破坏。

关键词

石窟佛造像　病害调查　病害分析　防治措施

山东邹城唐代石窟佛造像位于济宁邹城市张庄镇圣水池村北约200米，凤凰山南麓（图一），当地人称"凤凰山石窟造像"。在凤凰山岩体的崖壁上开凿有一立面呈梯形的壁龛，佛造像位于壁龛正中，佛造像通高4.2、底部宽2.9米。佛像面部丰满圆润，双耳垂肩，双眼微睁，圆弧长眉，鼻子宽厚，唇角微翘，线条流畅，神态平和慈祥，体态健壮丰满，雕刻精美，整个造像威武庄严，具有典型的唐代佛像风格。造像前方平台上散置有残碑、残赑屃、石柱础及其他石质构件等，是窟前建筑的历史见证。

一　凤凰山石窟造像主要病害调查

石质文物风化是由于外界自然因素的破坏作用而导致石质表面或表层出现病害。凤凰山石窟造像的表面风化主要表现形式为表面粉化脱落、表面片状剥落、表面溶蚀（图二）。其中表面风化脱落主要集中在造像面部及身体，表面片状剥落主要集中在造像身体，而表面溶蚀病害主要集中在造像下部及壁龛底部。

石质文物的裂隙可分为浅表性裂隙、机械裂隙和构造裂隙三大类型。根据裂隙特征，凤凰山石窟造像裂隙病害主要表现为机械裂隙和构造裂隙（图三）。造像存在数条较大的机械裂隙，最大的一条从造像头部一直延伸至造像身体下部，长约3.1米，裂隙最宽处达10厘米。机械裂隙经外力扰动后，易使造像受力不均，从而影响造像的整体稳定性，现已造成造像下巴处破损。凤凰山石窟造像的构造裂隙病害主要集中在造像身体部位和壁龛内，壁龛内的构造裂隙还是崖体内水分的出口，对裂隙周围的石材造

图一　凤凰山石窟造像

成了溶蚀。造像周边崖体也存在多处构造裂隙，并与造像身体部位的构造裂隙相连。

　　石质文物的表面污染与变色是指石质文物表面由于灰尘、污染物和风化产物的沉积而导致石质文物表面污染和变色现象（图四）。表面污染与变色常见的表现形式主要为大气及粉尘污染、水锈结壳和人为污染。经现场勘察，凤凰山石窟造像上三种表面污染与变色病害均有发现。凤凰山石窟造像为露天保存，历经一千多年的自然侵蚀，表面有大量的灰尘和风化产物污染，灰尘中含有各类微生物，风化产物污染在造像表面形成松散的结构，影响造像的整体外观。石窟造像目前为自然开放状态，造像上发现有多处人为涂鸦的痕迹，加之当地民众宗教信仰活动，致使造像表面变色。

图二　表面风化脱落

图三　裂隙病害

　　生物对石质文物的侵蚀是指自然界中某些低等生物如真菌、细菌、苔藓植物或高等生物如爬山虎等附着于石材表面，在有水和适宜的温度下，开始发育生长，形成各种各样的斑迹（图五）。常见的生物病害主要有三大类：植物病害、动物病害和微生物病害。据现场调查，石窟周边岩缝有渗水，凤凰山石窟造像上崖顶及崖壁缝隙间、靠近地面龛台等存在植物生长，微生物、地衣、苔藓等在石窟及造像上多有发生，形成大小不一的菌斑。此外，微生物分泌的酸性代谢产物还会腐蚀造像石材。

　　受历史和自然因素的影响，凤凰山石窟造像的赋存崖体本身也存在着各种各样的病害（图六），出现有裂隙、风化、生物病害等现象，崖体稳定性存在一定的安全隐患。在造像东侧紧邻崖壁有水池，当地人称"冷泉"，潮湿的环境利于植物与微生物生长，为生物对造像及崖体的侵蚀提供条件。

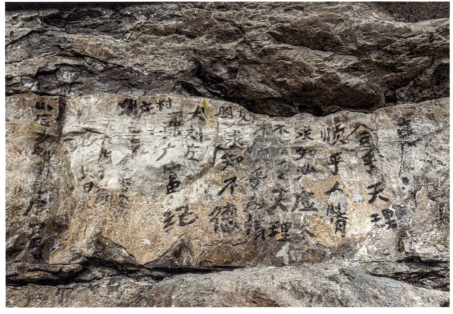

图四　表面污染与变色

图五　生物病害

二 凤凰山石窟造像病害机理分析

（一）岩石、土壤取样分析

为加强石窟造像保护的针对性和病害机理分析的科学性，本文对造像身体下部土壤、窟前平台处土壤、造像身体下部岩石和造像下部后期修复材料四处取样品，并开展了 XRD 物相分析和易溶盐的离子色谱检测，获得了岩石和后期修复材料的成分信息分析。物相分析结果如表1所示。

易溶盐含量检测利用离子色谱仪对所取样品进行易溶盐含量的测定。阴阳离子的分析条件如表2所示。根据土样浸泡处理时的固液比，对仪器分析结果进行计算。为方便使用，土样中的离子含量表示成百分含量，分析结果见表3。

易溶盐的离子色谱法分析结果显示，造像身上所取的土壤样品易溶盐含量较低，后期修复材料中的易溶盐含量最高，约为2.7%。从离子种类上来看，土壤样品中阴离子主要为氯离子，硝酸根和硫酸根离子的含量较低，阳离子则以钠离子的含量最高，镁离子的含量较低。岩石样品与后期修复材料中的各离子含量与土壤中不同，阴离子主要为硫酸根离子，阳离子主要为钙离子。整体来看，凤凰山石窟造像本体岩石中易溶盐的含量较高，超过1%。而较高的硫酸根离子含量表明岩石可能是受大气中二氧化硫影响的结果。

（二）凤凰山石窟造像病害机理分析

依据现场勘察和样品分析，凤凰山石窟造像病害产生的主要因素可归纳为内部因素、自然因素和人为因素三种。其中内部因素是指造像岩石的质地与性质；

图六 周边环境调查

表1 凤凰山石窟造像样品XRD结果

取样位置	主要物相
造像身体下部土壤样品	石英、方解石、钠长石、白云母、绿泥石
窟前平台处土壤样品	石英、方解石、钠长石、白云母、绿泥石
造像身体下部岩石样品	白云石、方解石、石英、生石膏、蛇纹石
造像下部后期修复材料	生石膏、石英

表2　阴阳离子分析条件

名称	阳离子	阴离子
分析柱	CS12A	AS14
淋洗液	20mmMSA（甲烷磺酸）	Na_2CO_3（3.5mm）/$NaHCO_3$（1.0mm）
淋洗液速度	1.0ml/min	1.2ml/min
系统压力	1320psi	1219psi
抑制其电流	59mA	24mA

表3　造像样品易溶盐分析结果

样品	各种离子的百分含量（%）							总盐量（%）
	Cl^-	NO_3^-	SO_4^{2-}	Na^+	K^+	Mg^{2+}	Ca^{2+}	
造像身体下部土壤样品	0.3377	0.0215	0.0231	0.2876	0.0766	0.0281	0.0475	0.8222
窟前平台处土壤样品	0.7785	0.0658	0.0717	0.4203	0.1093	0.1009	0.1810	1.7275
造像身体下部岩石样品	0.0034	0.0009	0.8725	0.0007	0.0033	0.0514	0.3262	1.2584
造像下部后期修复材料	0.0278	0.0098	1.7406	0.0175	0.0045	0.0389	0.8573	2.6965

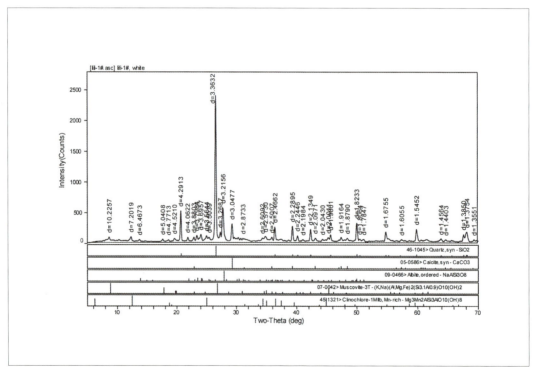

图七　造像上土壤样品 XRD 图谱

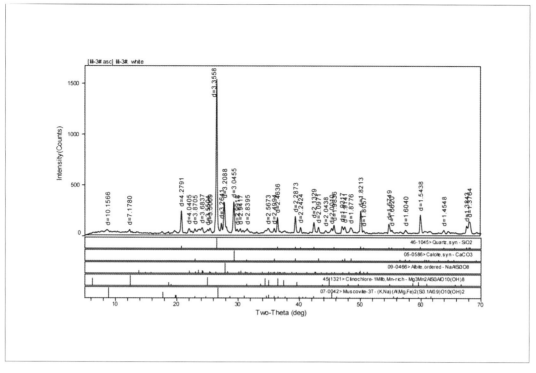

图八　窟前平台上土壤 XRD 图谱

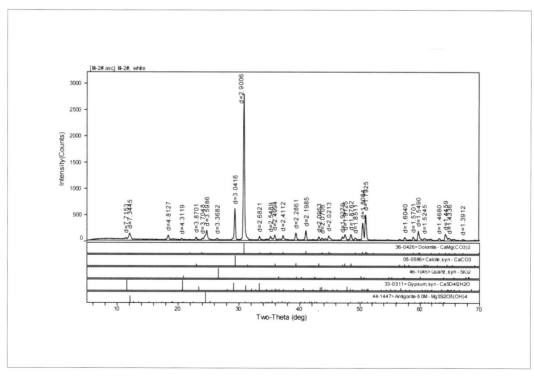

图九　造像上岩石样品 XRD 图谱

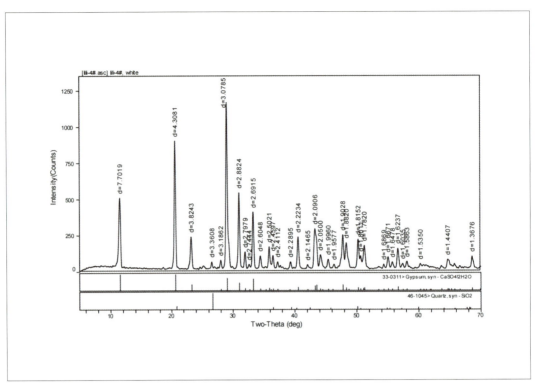

图一〇　后期修复材料 XRD 图谱

自然因素是指佛造像所在地的温度、湿度、水等物理因素，CO、SO_2 等化学因素以及植物、微生物、动物等生物因素；人为因素主要指人为破坏。这三方面的因素综合作用，使凤凰山石窟造像的保存状态不容乐观。

（1）内部因素

内部因素是指佛造像岩石的质地与性质。据物相分析可知凤凰石窟造像岩体的基岩为白云岩（生物碎屑沉积岩），其主要成分有钙元素，极易受到水、温湿度等自然因素的侵蚀，岩体发生表面溶蚀流淌现象，在石刻表面形成一层钙质结壳即水锈结壳。目前造像顶部、龛壁内以及造像下方均有大面积灰白色或灰色的水锈结壳，部分在灰尘及微生物代谢产物作用下已成黑色。此外，佛造像所在的凤凰山属新太古代晚期岩浆岩地质和古生代寒武纪地层地质构造，主要出露寒武纪朱砂洞组、馒头组、张夏组地层，属于为溶蚀、剥蚀丘陵地貌。在历史演变过程中，山体本身会出现一定程度的表面风化剥落和裂隙病害。

根据样品物相和成分分析，因内部因素，岩体受侵蚀的外在表现为表面风化中的化学风化，机理是水溶液与石刻中的矿物进行化学反应，使石刻逐渐分解的作用。具体而言，在含碳酸盐的岩上雕刻艺术品，其主要成分在纯水中不易溶解，但当水中含 CO_2 时，则易于溶解，形成重碳酸钙，其化学反应方式如下。

$$CaCO_3 + H_2O + CO_2 \rightarrow Ca(HCO_3)_2$$

方解石　　　　　　　　　　重碳酸钙

重碳酸钙粉末呈白色，晶体无色透明，且易溶于水，可被流水带走，导致石质文物产生溶沟和溶洞。另外岩体中长石的成分与水中的 H^+ 和 OH^- 分别结合形成新的化合物，发生水解作用，形成高岭石、氢氧化钾和二氧化硅，其化学反应式如下。

$$4K[AlSi_3O_8] + 6H_2O \rightarrow Al_4[Si_4O_{10}]$$

钾长石　　　　　　　　　　高岭石

$$(OH)_8 + 8SiO_2 + 4K(OH)$$

氢氧化钾和二氧化硅呈溶液或溶胶状随水迁移，只有难溶的高岭石呈粉末状残留在石刻文物表面。

（2）自然因素

自然因素是指佛造像所在地的物理破坏和生物破坏。

- 物理破坏

物理破坏主要包括温湿度变化、水的作用、可溶盐作用等。一般情况下，随外界温度的变化，物体会产生热胀冷缩现象。岩石是热的不良导体，白天石质文物在阳光下暴晒，温度升高，表面体积膨胀而内部很少受到热力的影响；夜间岩石逐渐冷却，内部却因缓慢传入的热力影响而膨胀。由于环境温度的变化使石材产生热胀冷缩，经过长期历史演变，致使其稳定性下降，具体表现为石材开裂、起皮、疏松、脱落等，佛造像的表面片状剥落、裂隙等病害的产生就和温度的影响有着密切关联。

温度的变化引起湿度的变化，可溶盐会随着水的传输被迁移到岩体表面，温湿度长期反复变化会引起可溶盐的溶解与重结晶，结晶使石刻病害部位变得疏松，逐渐脱落。降雨可顺裂隙深入到岩石的内部，在冬季，岩体裂缝内的渗水或降雨因温度降低而结冰，体积发生膨胀，温度上升冰又融解，这样反复的结冰、消融会对岩体产生严重的冰劈破坏，一方面使裂缝不断扩大，另一方面降低了裂缝处的力学性能，加剧造像的裂隙病害。

- 生物破坏

生物破坏主要体现在微生物、植物对造像的影响。在相对湿度较高的季节，湿度较高会使造像表面滋生苔藓、地衣、真菌等微生物，微生物在新陈代谢过程中，呼吸出的CO_2溶解于水产生酸性溶液，分泌出的草酸与周围岩体中的阳离子反应形成草酸盐，分泌的柠檬酸和地衣酸等溶于水可与多种阳离子形成螯合混合物，改变岩体的化学成分，加速岩体的分解。植物根部生长会撑裂岩石，不断地使岩石裂隙扩大加深。此外，微生物和植物腐烂后可形成含钾盐、磷盐、氮的化合物和各种碳水化合物的腐殖质，腐殖质的存在也可促进岩石物质的分解。

- 人为因素

当地群众自发的在造像前进行焚香、烧纸等宗教信仰行为，是造像表面产生烟熏病害的主要因素。此外佛造像表面还存在人为涂鸦，影响造像外观。

三 唐代石窟佛造像病害防治对策

现场勘察结果表明，凤凰山唐代石窟佛造像存在多种病害，诸多病害长期综合作用使石窟佛造像遭到破坏。对于唐代石窟佛造像的保护加固应以造像病害机理分析为基础，结合当地的自然环境和人文环境，明晰石质造像病害的原因，进而采取适宜的保护加固对策。

对唐代石窟佛造像石质保护与修复不能根据前期的病害调查和分析立即开展保护修复工作，而要先做好前期准备工作，即对病害做样品采集和造像保存环境的资料搜集等。具体地说，首先要对其所处的地理位置、人文环境、佛造像的尺寸、外貌特征等基本信息进行详细记录、拍照、绘图。其次要整理造像所在自然环境包括地温、湿度等资料，为科学检测分析提供基础资料。再者要开展前期勘察研究，对石质污染物、石质风化物等进行样品采集，先对样品进行科学检测分析，确定修复所用的材料和工艺是最有效的，为更好的实施保护措施做铺垫。

（1）表面清洗

人工物理清洗法。造像本体表面的生物病害、石灰修补病害采用物理清洗法。即采用手铲、手术刀、硬质毛刷等手动工具人工清除表面生长的植物、动物巢穴和后期修补的石灰。对于较为坚硬的泥土和石灰可先用去离子水、2A（乙醇：水1：1）溶液等软化后再予清除。

化学清洗法。化学清洗法主要针对造像表面钙锈结壳。参考目前国内外有关研究成果，结合岩石样品的成分，在造像选取结壳样品用离子交换树脂（弱阳性）加去离子水和AB57（去离子水1L，可溶性盐碳酸铵160g（NH$_4$)$_2$CO$_3$，碳酸氢钠20g NaHCO$_3$，EDTA100g）进行实验，具体做法是先清除钙锈结壳层表面尘土，然后采用强吸水纸浆将离子交换树脂或AB57敷帖到钙锈结壳物表面，保持敷帖层湿润，每一天更换一次，并用手术刀进行剔除试验，如钙锈结壳物松动可用手术刀剔除就可以停止敷帖，用物理方法将垢锈物逐一清除并用蒸馏水反复清洗。实验周期为7天，结果显示离子交换树脂（加去离子水）和AB57能有效去除石材表面钙垢结壳，石材表面孔隙结构及雕刻纹饰能清晰显露出来。因此，在处理凤凰山石窟造像钙锈结壳时可选用离子交换树脂（弱阳性）加去离子水和AB57。

机械清洗法。机械清洗法主要针对造像表面微生物，对于难以去除的黑色污染和水锈结壳也可以选用。对于表面微生物的清洗，采用蒸汽清洗机大面积进行，局部角落缝隙中微生物蒸汽清洗不便，配合采用物理清洗法。对于难以去除的黑色污染和水锈结壳，采用超声波洁牙机并辅以化学清洗法进行剔除。在清洗过程中有可能出现水和其他溶剂挂流现象，清洗时，可在清洗区下方使用脱脂棉吸收向下流淌的清洗剂。清洗结束后可使用蘸乙醇的脱脂棉及时擦洗清洗区表面，去除残余清洗剂。

（2）脱盐处理

吸附脱盐是风化严重的石质文物保护主要的修复方法之一。根据前文易溶盐含量检测，凤凰山石窟造像易溶盐含量较高。按照当前较为科学稳妥的研究成果，在凤凰山石窟造像上选取一块脱盐区域，采用 Westox Cocoon脱盐纸浆进行脱盐处理。一个周期为6~10天。及时分析可溶盐含量，循环脱盐，直至脱盐区域含盐量少于0.5%。不同脱盐区域周期时间不一。经脱盐区域实验，Westox Cocoon排盐纸浆适用于凤凰山石窟造像进行脱盐处理，且Westox Cocoon排盐纸浆采用医药级过滤纸制作而成，具有极高的内表面积，孔隙率、纯度高，其pH值为8左右，施工简单。

（3）裂隙加固

根据现场勘察，凤凰山石窟造像的裂隙病害主要是机械裂隙和构造裂隙。为防止造像裂隙受到进一步的自然风化，采用裂隙灌浆法进行保护加固处理，其主要目的是填充裂隙，提高岩体的整体强度。结合物相和成分分析，造像文物灌浆加固材料要具备渗透性好、不会产生含盐副产物、抗风化、抗冻融性、

山东博物馆辑刊（2023年）

文博科技

耐温湿度变化等性能。当前，已成功用于石质文物修复的两种水硬石灰有NHL_2、NHL_5，其成分CaO、β-CS及C_2AS可产生较好的胶凝作用。经过气硬过程和水硬过程产生的胶凝体不但早期强度互补，透气、透水性好而且可以与修复加固的文物本体很好兼容及牢固结合，满足文物修复的要求。因此处理凤凰山石窟造像裂隙时可选用NHL_2、NHL_5作为灌浆加固材料。

（4）微生物防治

物理清洗和机械清洗法去除了造像表面的微生物，但是由于藻类及苔藓地衣的小根系长入岩石表面孔隙或微裂缝中，在适宜条件下，微生物会迅速生长繁殖，继续对造像本体造成破坏。依据微生物病害机理分析情况，采用微生物防治剂来杀灭各类微生物达到长效防治的目的。参考已有研究成果，采用较常使用的季铵盐类杀菌剂、"霉敌"、氟硅烷生物治理剂、四水八硼酸钠（BPSN）四种材料进行实验。选取造像病害区域后先进行表面清洁。将表面浮尘土用毛刷轻刷干净。然后在病害区域表面均匀涂刷各类微生物防治材料，涂刷两遍。实验过程中需随时观察生物根系是否出现枯死或萎缩状况，且需注意观察周期。经实验，氟硅烷生物治理剂和四水八硼酸钠（BPSN）的防治效果一般，2个月后仍有微生物生长，而1%～3%霉敌处理后石质文物颜色发生了一定程度的改变。综合来看，季铵盐类杀菌剂的效果最好，不仅可以有效去除微生物及其残留污染，而且对石质文物本体的颜色无明显改变，达到凤凰山石窟造像保护的目的。

（5）表面加固

结合当地的自然环境，对凤凰山石窟造像部分风化严重，已形成片状剥落、粉化脱落的病害区域，可采用合适的加固剂对其表层进行加固处理，如国内外常用的传统石材保护剂芬考岩石增强剂，补充石刻表层因风化损失的部分，恢复或保持原结构的力学特征，防止岩石结构的进一步损失。在施工过程中，保护剂用量可根据岩石的具体情况增减。

四 结语

凤凰山石窟造像是邹城重要的历史文化遗存。通过调查发现，造像存在表面风化、裂隙、污染变色、脱落及生物病害等多种病害，诸多病害长期综合作用使石窟造像遭到破坏，亟需开展保护加固。在对病害机理分析和造像本体取样分析的基础上，提出表面清洗、脱盐处理、裂隙加固、微生物防治和表面加固等有针对性的措施，避免对石窟造像造成保护性破坏。鉴于造像的病害形式与国内其他石窟或造像的病害呈现形式基本一致，部分防护措施做了前期实验，部分防护措施在参考国内现有研究成果和成熟做法的基础上选择性适用，防护效果有待进一步检验。

本文实验数据来自于邹城凤凰山石窟造像抢救性保护工程设计方案。

参考文献

1.国家文物局：《石质文物病害分类与图示》WW/T 0002－2007。

2.邹城市人民政府：《山东邹城凤凰山省级地质公园规划》（2015～2025年）。

3.石玉成：《石窟文物病害成因分析及其对策研究》，《自然灾害学报》1997年第1期，第104～110页。

4.王翀等：《露天石质文物生物风化研究进展》，《文博》2015年第2期，第86～91页。

5.陈建平：《龙门石窟预防性保护探讨》，《中国文化遗产》2019年第1期，第75～81页。

6.孙瑜：《大同睡佛寺石窟病害及保护方法研究》，《工程抗震与加固改造》2018年第4期，第130～136页。

《白色暗花纱绣花鸟纹裙》

仿制与赏析衣线绣孔府旧藏

文／宋爱华　山东博物馆

内容提要

本文介绍了鲁绣中"衣线绣"绣法的来源与特点，分析了孔府旧藏白色暗花纱绣花鸟纹裙的款式、图案以及刺绣工艺。并以第一视角讲述了将衣线绣应用于孔府旧藏白色暗花纱绣花鸟纹裙的仿制工作全过程。这一工作不仅还原了花鸟纹裙的精美，还促进了鲁绣技艺的研究与传承。

关键词

孔府　衣线绣　鲁绣

2019年10月，我接到一项任务，为山东博物馆举办"衣冠大成"展览而仿制一件孔府旧藏"白色暗花纱绣花鸟纹裙"。

初见这一明代文物，第一次近距离领略这备受人们宠爱的花鸟纹裙，便被它那简约而淡雅的风格及自然生动的图案而打动，当我发现裙子上的绣花正是久已闻名的"衣线绣"时，激动的心情难以言表！因为"衣线绣"这一古老的鲁绣特色几乎几百年来不为人知，绣品更是十分罕见。令人惊喜的是它的绣线竟与我们发掘的"衣线"一模一样！跨越几百年，作为鲁绣传人，我们能有机会来复刻孔府旧藏花鸟纹裙，感受它那一针一线的神韵和隔空传递的温度与灵感，内心十分激动，这也恰好是我们传承、研究和挖掘鲁绣明代历史的绝好时机！

一　衣线绣的来源与特点

衣线绣是当今考古中发现的最为古老的鲁绣，是久违的一项古老技艺——柞蚕丝加捻而制成的衣线进行刺绣。它是以山东地区为代表的北方山野林间常见柞蚕，吐出的蚕丝双合股加捻而成的绣线，其光泽度好且质地坚牢，耐磨性优于普通桑蚕丝，非常适用于手工绣制欣赏品和服饰等实用品。从收藏于故宫博物院的明代衣线绣作品《芙蓉双鸭图》《荷花鸳鸯图》《文昌出行图》，到明代的孔府旧藏服饰文物中皆可以看出它区别于其他绣线的独特魅力。明代以后，随着北方战乱，桑地减少，衣线绣逐渐淡出人们的视线。自清末至今，衣线绣的实物、藏品及相关记载十分少见，衣线究竟是一种什么样的线更不为现代人所知。

2014年，我在整理遗存的刺绣资料时，意外地发现了久存的衣线绣线样，通过彼时在世的老艺人张明珍和老领导马培淦的确认，该线样正是解放初期遗留至今的衣线。这一重要发现，破解了多年来不为人知的衣线绣之谜，从此我便踏上了衣线的还原、染色、刺绣针法探索和衣线绣的研究之路，期望能亲自绣制出衣线绣的作品早日展现给大家，并能将这一最为古老的鲁绣技艺传承下去，而孔府旧藏花鸟纹裙的仿制是实现我这一想法的最佳契机。

二　孔府旧藏白色暗花纱绣花鸟纹裙赏析

（一）款式

孔府旧藏白色暗花纱绣花鸟纹裙为马面裙式，其形制特点是：裙分为两大片，裙两侧打褶，中间为"光面"，俗称"马面"。马面裙是明清时期最典型的裙类款式。此件花鸟裙的面料为本白色暗花纱，是在平纹组织的地子上以二经绞组织显花，纹样为折枝梅花（图一、二）。

裙长88厘米，裙左右两侧各有0.8厘米宽的卷边。每片裙除马面部分外，还有相等的8个5厘米宽、5厘米深的平行折，按中间对折、左右相向各有4折分布，马面部分宽21.5厘米。裙上部镶宽12、长124厘米的白色暗菱纹纱裙腰，裙腰两端各有一个4.5厘米的穿鼻，无腰带。左右相向各打四褶。

图一　山东博物馆藏明代衣线绣白罗花鸟裙

图二　山东博物馆藏明代衣线绣白罗花鸟裙

（二）图案

　　裙子下端绣花部分可谓花鸟裙的经典所在，在本白色暗花纱的面料上，约30厘米宽、157厘米长的面积里有着内容和寓意各不相同的刺绣花鸟图案：代表花鸟之王的牡丹和凤凰；代表百年好合的荷花鸳鸯；代表夫妻同心协力比翼双飞的燕子；代表吉祥喜庆寓意的喜鹊登梅；代表爱情信使的青鸟；还有代表快乐美好的翡翠鸟。图案中的不同花卉也分别代表了不同的寓意：梅花寓意高洁；松树寓意万古长青；竹子寓意节节高升；牡丹寓意富贵；荷花寓意圣洁；菊花寓意高贵与长寿；大丽花寓意大吉大利；石榴花寓意子孙满堂和热烈美好的爱情；生命力顽强的迎春花寓意爱情长长久久；芍药花寓意美丽富贵夫妻相互依恋。绵延的山石、小桥及涓涓流水则给人一种安定祥和的感受，并象征着爱情细水长流、坚如磐石。图案中的蝴蝶则象征着对忠贞爱情的向往与追求。所有的图案内容都赋予了吉祥美好的寓意。

（三）刺绣

　　花鸟纹裙上图案的针法有接针、散套针、打籽、齐针、放射针、平绣、拧针等，还用金银线作为刺绣花纹的轮廓线，使得花鸟纹裙更添几分奢华与富丽。整件花鸟裙高贵典雅、款式大方、色彩搭配自然美观、图案生动且寓意美好，这或许也是现代人特别是汉服爱好者喜爱并穿着花鸟裙的缘故吧！

三　花鸟纹裙的仿制过程

复刻花鸟裙自始至终可谓困难重重，从选料、手工染料、定制绣线、手工染线、落稿、手工刺绣、裁剪到手工缝制要经过近10道工序。首先，找寻同款面料便是一大难题（图三）。其次，在不能近距离查看文物的条件下，只凭记忆手工染出50余种与文物保持高度一致的色线则更是一大难题！当寻遍所有面料厂家未果、而短期内又无法定织同款面料的情况下，加之展期日渐临近，我感受到了前所未有的压力。在绝望中我想到了一位久别的朋友——拼布艺术家金缘善，通过她又辗转找到韩国的朋友，几经周折直至春节临近才终于买到了一块地纹颜色虽与原件不同但质地织法与之相近的面料！要保证仿制的花鸟裙与原件一致，首先就要对面料的颜色进行处理。我用煮好的红茶水与绿茶水进行勾兑，然后将面料放入其中浸染，经过反复晕染比对后终于染出了与原件花鸟裙颜色高度吻合的面料。

与面料染色相比，绣线染色可谓是又脏又累难度又高，由于只复制一件文物，所染绣线颜色虽多但单色数量较少，又由于成本原因几经周折定制的绣线数量有限，因此，染色既要节省成本又要求绣线颜色与原件高度一致，这给整个染色过程增加了较大难度。面对展期一天天临近，在较短的时间里，又不能直观对照文物的情况下，仅靠在库房近距离观看几次，就能染出近乎一致的50余种绣线，对于我来说是一次较大的考验。于是，疫情期间我独自在工作室反复对几十种绣线的调色、染色、固色、漂洗、整理等多道工序进行了近千次的实验，终于染出了与原件花鸟裙基本一致的绣线，确保了复制工作的正常进行。

整个绣制的过程在我看来，是一次向先人前辈学习的好机会，虽然有几十年的刺绣经验，但用捻线手工刺绣还是第一次。花鸟纹裙的图案看上去虽然简单，但它却改变了我们多年的刺绣习惯。首先，文物为了用加捻的绣线刺绣不使图案看上去厚重笨拙，整个图案基本是单面运针，即需要在不太紧密的面料上扎下去便紧接着回针而不能绕行。绣直线则更是如此，既要将线段绣直又要丝毫不能看出接针的痕迹。绣制花鸟则大部分运用了单面运行的齐针和散套针且晕色必须自然生动。叶子的绣制基本是靠单面排列出叶子的形状，然后直接用浅色线单线绣出叶脉，与我们平时绣树叶不同。特别是刺绣背面的处理花费了我不少心思，为防止扯线、开线，我采用了正面打结坠到反面暗藏小针脚后再剪断绣线的双保险方法，确保了花鸟纹裙正反面的美观耐用。过程中，从颜色到针法我都非常严格地按照文物原样进行复制，就连花芯里打籽的大小和数量都与文物完全一致，历时近2个月终于绣制完成了这件不少人心目中的"白月光"——白色暗花纱绣花鸟纹裙。

花鸟纹裙缝制也很讲究。特别是它的下摆镶一根2毫米宽金属质地的装饰窄带。因缝制位置不同，正反面针脚的大小和间隙也不相同。整个手工缝制过程是对我手艺的另一项考验，为了尽量与原件保持一致，我仔细量过各处的针脚并画成短线记录下来，然后严格按照标准缝制。由于几十年来，我们依靠缝纫机缝制服装已成习惯，用手工在没有依托的情况下缝制出如缝纫机般大小、间

图三　复制衣线绣白罗花鸟裙

隔等同而且绝对平直的针脚确实不易。在克服了种种困难之后，终于完整的复制成功了这条白色暗花纱绣花鸟纹裙（图四）。

当我在微博分享花鸟纹裙复刻过程的视频后，得到了近20万粉丝的浏览量，后续也不断接到来自全国各地乃至海外的花鸟纹裙订单。能使这样一件精美的花鸟纹裙以今日之工还原并呈现给大家，我内心倍感欣慰，也深感文化传承之重。

花鸟纹裙的成功复制，由衷的感谢山东博物馆领导赋予的良机，感谢老朋友们的帮助，感谢团队的齐心合力，也感谢自己百折不挠的毅力！它的成功复制，拓宽了进一步深入研究与传承衣线绣技艺的道路，成为解读衣线绣特色与针法密码的良好开端。

图四　复制衣线绣
　　白罗花鸟裙

文旅融合背景下的博物馆教育创新

——以山东博物馆『海岱日新——山东历史文化陈列』为例

文／赵倩儒　张玥　山东博物馆

内容提要

文化与旅游的融合与发展，使博物馆在教育领域的作用日益凸显。在此背景下，"如何对博物馆的教育形式与教育内容进行创新"则成为当下值得探讨的命题。本文以山东博物馆"海岱日新——山东历史文化陈列"为例，探讨文旅融合大背景下博物馆教育的新模式，通过引入教育创新方法、创新技术应用等手段，积极促进观众对历史文化的认知与传承。

关键词

博物馆公共服务　博物馆教育　文旅融合

随着时代发展和文旅工作的推进，"文旅融合"一词开始频繁出现在公众视野中。党的二十大报告指出，"坚持以文塑旅、以旅彰文，推进文化和旅游深度融合发展"，为新时代新征程文旅融合工作指明了发展方向，提供了根本遵循。博物馆是保护和传承人类文明的重要场所，陈列展览是博物馆的基本教育形式，因此发挥好、利用好通史展览讲好文物故事是传播历史文化、促进文旅工作发展的重要途径和手段，也是博物馆社教工作的根本遵循。

山东是文化旅游资源大省，山东博物馆一直把博物馆的教育功能放在重要位置。特别是在进行山东通史展社教工作规划过程中，始终正确把握山东文化和旅游工作理念的时代内涵，始终胸怀"国之大者"，把提高政治站位与展览工作站位统一起来，提升"大格局"理念，以在全国文化和旅游高质量融合发展上做出新贡献为标志，提升"贡献度"为理念。文旅融合战略的推进，为博物馆教育体系的构建提供了全新的机遇。以山东博物馆通史展为基础的博物馆社教，更是在不断地创新，力求构建科普教育新空间，探索知识共享新模式。

一　利用馆藏资源打造研学品牌

博物馆研学项目是以博物馆教育为核心内容，通过实践教学的形式对学生进行知识、技能和情感态度等多方面培养和教育的活动过程，其最终目标是提高青少年学生综合素质（图一），并在此过程中激发学习兴趣，形成正确价值观和世界观、人生观与价值观等。

近年来，山东博物馆一直致力于黄河文化研学的探索，并开辟出了一条有特色的黄河文化研学之路。我们以黄河文化为主题，构筑了沉浸式交互研学空间，以沉浸式场景研学、混龄互助等方式开启了博物馆研学新模

图一 学生们展示自己的研学成果

式，同步推出的"陶于河滨"黄河文化主题研学活动，采用新媒体和科技装置，与展厅虚实互动，全方位、多视角诠释黄河文化的物质内涵、精神实质和时代价值，让文物讲述黄河文化故事，让黄河文化故事驻留研学者心中，让研学者成为黄河文化的传承者、传播者。研学教育作为旅游与教育融合发展的产物，其教学形式已经从传统课堂模式向场馆化、情境化模式发展。山东博物馆此次充分利用丰富的历史文化馆藏资源，在开发研学旅行项目时，将通史展中相关文化元素结合，对某一时期的文化故事或某一类型的重点文物展开设计，紧密结合中小学跨学科教学中的传统行文化元素，将山东"六十多万年人居史，一万年文化史，五千多年文明史，三千年齐鲁文化发展史，近现代奋斗史"作为研学线路上的一个个走在前列的故事，转换成一个个研究性项目，为中小学生提供主题鲜明、逻辑性强、内容丰富的研学旅行课程体系。通过专题化的研学旅行进行山东通史的文化传播，这不仅可以有效增强研学旅行课程的实践性、现实关联性、趣味性、启发性，更是塑造山东博物馆研学旅行品牌，加大研学旅行对外影响力的重要举措。

二　探索游戏互动型博物馆教育实践新模式

游戏互动型教育实践作为博物馆教育功能和数字化建设的结合，使观众在数字化展项与教育性的游戏结合中加深对知识的理解，也扭转了博物馆教育单向、线性的固有模式，有助于博物馆社会价值的实现。

山东博物馆以展览空间为载体，特别侧重青少年在自主学习过程中的沉浸式参与，使实践者产生可以预见的互动学习心理满足，进而明显提升青少年的实践热情（图二）。因此，在教育实践设计之初，就将交互式教育游戏设计纳入到教育功能实现的重要手段中来。

山东博物馆通史展览的游戏互动型教育活动设计，以"愉悦的交互体验、引人入胜的情境、及时的反馈、合适的困难程度、合理的游戏规则与机制、明确的游戏目标"六条为设计原则，采取"基于沉浸体验的游戏关卡设计及难度调节、适宜青少年心理的艺术手法对游戏整体情境的升华、以教育内容为指导的游戏题材结构设计"三项策略。结合通史展览重要文物及历史背景，设置以故事为主线融合游戏元素把对博物馆基础知识的学习、考察变成主动探究式的智力解疑，串联与表征山东通史的教育知识内容，拓展了蕴含儒家文化传承的渠道，为博物馆数字化建设的多元化提供了新思路。不仅提升参与游戏的青少年自主探索学习的兴趣，也提供了一种良好的参与体验。

三　讲解"分形叙事"把握地方史的特殊性

首先，展现地方历史文化的特色，是博物馆通史陈列担负的使命，也是观众了解一个城市历史文化面貌的重要窗口。在通史陈列的讲解中，首要的一点就是需要给听众勾勒明确、清晰的地方历史轮廓，这是观众正确理解展览的基础，也是博物馆知识体系构建的保证。山东博物馆通史陈列的讲解，追求一种在宏观视野下的细致入微，而不是不明全局的"盲人摸象"。讲解内容着重注意在宏观历史层面的地方史梳理，对历史节奏的把握尤其是本地区在中华文明史中各个时期历史地位的把握，做到在宏观中提炼当地历史文化的定位和地位。同样，对于展示本地区历史文

图二　学生们体验"陶于河滨"研学课程

化的文物，也将其放在全国范围内，世界范围内，在丰富的世界文明中，凸显灿烂的中华物质文明，彰显山东对中华对世界文明的贡献，在对比中寻找特色，以物件延伸历史，避免出现以单纯的展品串联来讲解通史展（图三）。

同时，经典的通史展讲解内容虽是讲历史，但又不是单纯的输出历史，而是有主线的线形叙事，在历史事件中海选出一条主线索，再将整个展厅中的展项利用多条支线穿插进来。山东博物馆通史展的这种讲述结构既出于和策展意图一脉相承的释展需求，又出于以"讲好一个完整故事"为目标的追求。此次山东通史展的讲解内容，不仅仅保留了线形叙事的经典讲述方式，同时根据主线内容的重要节点进行"设问"，以问题为起点形成多条线索进行"分形叙事"，也就是从原本每个展区有一个核心讲解主题变成了每个具体展项都有一至多个主题，这在很大程度上开放了经典的线形叙事。而文本形态则从一段讲解词变成一个附带关键词、概念阐释、背景资料的"问题包"，使整个通史展的讲解内容做到清晰、充实，又满足了不同观众的"问题"需求。

治世不一道，便国不法古。我们对历史的阐释手段也在时代发展的洪流中不断迭代创新。在多学科交叉的大趋势、文旅融合的大背景下，希望我们博物馆人永怀"胸中有誓深于海"的赤诚，将涓涓不断的源头活水注入对博物馆宣教工作的思考中，续写新的篇章。

图三　山东博物馆工作人员为观众讲解史前文化